thèmes et textes

collection dirigée par Jacques Demougin

M. Bourdin

Balzac

une mythologie réaliste

par

PIERRE BARBÉRIS

Docteur ès-lettres
Maître de conférences
à l'École Normale Supérieure de Saint-Cloud

Librairie Larousse
17, rue du Montparnasse et 114, boulevard Raspail, Paris-VI

© Librairie Larousse, 1971.

Librairie Larousse (Canada) limitée, propriétaire pour le Canada des droits d'auteur et des marques de commerce Larousse. — Distributeur exclusif au Canada : les Editions Françaises Inc., licencié quant aux droits d'auteur et usager inscrit des marques pour le Canada.

ISBN 2-03-035001-X

Table des matières

Du même auteur, dans la même collection :

le Père Goriot

L'un des ouvrages les plus célèbres de Balzac est étudié dans ses composantes secrètes et profondes (l'image du père, l'initiation et la réussite par les femmes, la vie par personne interposée, la légitimité comme le destin de l'ambition, « vice du monde moderne », l'amitié, l'exclusion de la femme de l'univers viril), dans son matériel littéraire (Paris, le jeune homme), dans sa technique-thème et dans sa technique-sujet, dans son fonctionnement significatif (un roman venu d'autres romans et ouvrant sur d'autres romans, incapable de ne partir que de soi seul et de se clore sur soi-même, roman de l'intersection dialectique, non d'un lieu dramatique privilégié artificiellement découpé dans le réel), dans son style (création d'une prose romanesque). Non pas des morceaux choisis, mais, à partir du texte et de l'idée aussi qu'on en a reçu, une relecture à la fois de l'extérieur et de l'intérieur de la mise en place d'un mythe moderne.

Textes disponibles
Textes à lire

Les instruments ont été entièrement renouvelés depuis vingt ans. On trouvera ici la liste des éditions et des livres qui donnent actuellement le dernier état des textes et des questions, ou qui n'ont pas été réellement remplacés.

Bibliographie

W. H. Royce — *A Balzac bibliography. Writing relative to the life and works of Honoré de Balzac (Indexes to a Balzac bibliography)*, Kraus reprints, New York 1969.

> Réimpression offset en un volume des deux volumes publiés en 1929-1930 par The University of Chicago Press.

P.-G. Castex — « État présent des Études balzaciennes », *l'Information littéraire,* n° 5, 1955.

R. Pierrot — Notices des tomes I à X de *la Comédie humaine,* Gallimard, Bibliothèque de la Pléiade, tome XI (voir plus loin).

> Ces notices remplacent l'*Histoire des œuvres d'Honoré de Balzac* du vicomte Charles Spoelberch de Lovenjoul, Calmann-Lévy 1888, dépassée et devenue introuvable.

Depuis 1960, R. Pierrot et R. Rancœur donnent, dans *l'Année balzacienne,* éditions Garnier, un relevé systématique et exhaustif des publications consacrées à Balzac : bibliographie, éditions collectives, éditions séparées, ouvrages biographiques et critiques, articles.

Iconographie

Album Balzac, iconographie réunie et commentée par J.-A. Ducourneau, Gallimard, Bibliothèque de la Pléiade, 1962.

> Cet important ouvrage, édité hors commerce, est actuellement épuisé et doit être consulté en bibliothèque.

Balzac, Paris-Match, collection « Les Géants », numéro culturel hors série, 1970.

P. Métadier — *Balzac en Touraine,* Hachette 1968.

Répertoires

L.-F. Hoffmann — *Répertoire géographique de « la Comédie humaine » : I. l'Étranger,* Corti 1965; *II. la Province,* Corti 1968.

F. Longaud — *Dictionnaire de Balzac,* « les Dictionnaires de l'homme du XXe siècle », Larousse 1969.

F. Lotte — *Index des personnages réels et des allusions littéraires* et *Index des personnages fictifs,* Gallimard, Bibliothèque de la Pléiade, tome XI.

Chronologie

R. Pierrot — *Chronologie de la vie et de l'œuvre de Balzac,* Gallimard, Bibliothèque de la Pléiade, tome XI.

R. Pierrot et J.-A. Ducourneau — *Calendrier de la vie de Balzac.*

> Publication commencée dans les *Études balzaciennes* et continuée dans *l'Année balzacienne.* Ce calendrier très détaillé et donnant toutes les références et justifications en est actuellement à l'année 1839.

Biographie

Une biographie scientifique reste à écrire. On doit se contenter pour le moment du *Balzac, ou la vie de Prométhée* d'André Maurois, Hachette 1965, vivant, mais qui donne une image affadie de Balzac et ne tient pas compte de tous les travaux de l'érudition moderne. On peut également lire encore la *Vie de Balzac* d'André Billy, 2 vol., Flammarion 1944. En fin de compte, la meilleure biographie actuellement disponible est constituée par les cinq volumes de la *Correspondance* et par les trois volumes de *Lettres à Madame Hanska* édités par R. Pierrot chez Garnier et aux Bibliophiles de l'Originale. On comparera avec le petit livre que Laure Surville a consacré à son frère : *Balzac, sa vie et ses œuvres d'après sa correspondance,* Librairie nouvelle 1858.

Textes de Balzac

Éditions collectives

Les premiers romans pseudonymes, communément désignés sous le titre de « romans de jeunesse », ont été réédités en fac-similé des éditions originales, de 1961 à 1965, par les « Bibliophiles de l'Originale » sous la direction de J.-A. Ducourneau :

> *L'Héritière de Birague,* 2 vol.
> *Jean-Louis ou la fille trouvée,* 2 vol.
> *Clotilde de Lusignan ou le Beau Juif,* 2 vol.
> *Le Vicaire des Ardennes,* 2 vol.
> *Le Centenaire,* 2 vol.
> *La Dernière Fée,* 1 vol.
> *Annette et le criminel,* 2 vol.
> *Wann-Chlore,* 2 vol.

Cette édition a l'avantage de donner le premier texte de Balzac et non celui qu'il avait remanié et souvent censuré en 1836 pour l'édition Souverain et qui avait été jusqu'alors reproduit. Pour *la Dernière Fée* (1823), qui connut en 1824 une réédition augmentée en 3 volumes, les textes ajoutés figurent dans P. Barbéris, *Aux sources de Balzac. Les romans de jeunesse* (voir plus loin) qui complète la collection et fait l'histoire et l'analyse de cette première production balzacienne.

Les éditions de *la Comédie humaine* sont nombreuses. Mais on s'oriente depuis longtemps vers la publication des *Œuvres Complètes,* Balzac ne pouvant plus être cerné uniquement dans son œuvre romanesque organisée. Pendant longtemps, l'édition de Marcel Bouteron (10 vol., Gallimard,

Bibliothèque de la Pléiade) a fait autorité. D'un maniement commode, elle ajoutait aux romans de nombreuses ébauches et donnait des tableaux indispensables. Un volume supplémentaire, comprend, outre les *Contes drolatiques,* les œuvres ébauchées, les préfaces, des notices de Roger Pierrot et deux index du Dr Lotte. Il manquait à l'édition de la Pléiade, outre le *Théâtre* qu'il fallait lire dans l'édition illustrée Conard, publiée par Marcel Bouteron et Louis Longnon, les articles, brochures, etc., qu'il fallait chercher dans les trois précieux volumes d'*Œuvres diverses,* également de l'édition Conard.

Une nouvelle édition, œuvre collective de spécialistes, est en préparation dans cette même Bibliothèque de la Pléiade, sous la direction de P.-G. Castex. Elle fournira outre *la Comédie humaine,* toutes les ébauches actuellement connues. Chaque texte fera l'objet d'une présentation, d'un historique critique, d'une liste de variantes et de notes explicatives. Le premier volume est prévu pour 1974.

Entre l'ancienne édition de la Pléiade et la nouvelle, d'importants efforts ont été faits pour procurer des éditions aussi complètes que possible, dans de bonnes conditions de présentation. Quatre éditions doivent être prises en considération :

1. *L'Œuvre de Balzac,* publiée dans un ordre nouveau par Albert Béguin et J.-A. Ducourneau, 16 volumes, *Club français du livre,* 1950 (plusieurs rééditions depuis). Cette édition présente comme particularité de donner les romans selon un classement chronologique d'intrigues. Théâtre, œuvres diverses, choix de lettres. Plusieurs tableaux. Présentation par divers écrivains et spécialistes.

2. *Œuvres complètes de Balzac,* publiées par la Société des Études balzaciennes (sous la direction de Maurice Bardèche), 28 volumes, 1956 (réédition 1968). Outre *la Comédie humaine,* théâtre, œuvres diverses et surtout en appendices de nombreux textes inédits (ébauches, versions abandonnées, poésies, etc.), notices historiques. Cette édition, qui n'est pas réellement complète, comporte quelques lacunes et erreurs dans les textes reproduits.

3. *La Comédie humaine,* collection l'Intégrale, aux Éditions du Seuil, publiée par Pierre Citron, 6 volumes. Cette édi-

tion comprend pour chaque œuvre de nombreux éléments de dossier.

4. *Œuvres complètes illustrées de Balzac,* dirigées par J.-A. Ducourneau et publiées sous le patronage d'un comité national comprenant Jean Pommier, Julien Cain, Gaëtan Picon et P.-G. Castex, 1965, 31 volumes prévus. Cette édition monumentale comprend :

— la reproduction en fac-similé de l'exemplaire Furne de *la Comédie humaine* corrigé de la main de Balzac et conservé à la Collection Lovenjoul à Chantilly. Les corrections manuscrites de Balzac en marge sont transcrites dans des notes en fin de volume. Bien entendu on a ajouté les textes qui n'avaient pu figurer dans l'édition Furne.

— *Œuvres ébauchées,* textes entièrement revus sur les manuscrits.

— *Préfaces.*

— *Contes drolatiques,* édition nouvelle de Roland Chollet, avec mémento et glossaire.

— *Œuvres diverses.*

— *Théâtre,* édition nouvelle de René Guise.

— *Lettres à Madame Hanska.*

— deux volumes de notices historiques et bibliographiques.

Éditions séparées

De nombreux textes ont été publiés dans des éditions critiques ou semi-critiques (présentation, texte, variantes, notes, bibliographie) :

Béatrix (M. Regard), Classiques Garnier.
Le Cabinet des antiques (P.-G. Castex), Classiques Garnier.
César Birotteau (P. Laubriet), Classiques Garnier.
Le Colonel Chabert (P. Citron), Droz.
La Cousine Bette (P.-G. Castex), Collection Astrée.
Du gouvernement moderne (B. Guyon), Petite Bibliothèque romantique.
Eugénie Grandet (P.-G. Castex), Classiques Garnier.
L'Enfant maudit (F. Germain), les Belles Lettres.
L'Envers de l'histoire contemporaine (M. Regard), Classiques Garnier.
Falthurne (P.-G. Castex), Corti.
La Femme de trente ans (P. Citron), Garnier-Flammarion.
Histoire des Treize (P.-G. Castex), Classiques Garnier.
L'Illustre Gaudissart (B. Guyon), Classiques Garnier.

Illusions perdues (A. Adam), Classiques Garnier.

Louis Lambert (Marcel Bouteron, J. Pommier), Corti.

Le Lys dans la vallée (M. Le Yaouanc), Classiques Garnier.

La Muse du département (B. Guyon), Classiques Garnier.

Les Paysans (J.-H. Donnard), Classiques Garnier.

Les Petits Bourgeois (R. Picard), Classiques Garnier.

Le Père Goriot (P.-G. Castex), Classiques Garnier.

La Peau de chagrin (M. Allem), Classiques Garnier.

La Rabouilleuse (P. Citron), Classiques Garnier.

Scènes de la vie privée (la Maison du Chat-qui-pelote, le Bal de Sceaux, la Vendetta) (P.-G. Castex), Classiques Garnier.

Sténie (A. Prioult), Courville.

Un début dans la vie (G. Robert), Droz.

Une ténébreuse affaire (S.-J. Bérard), Cluny.

Traité de la prière (Ph. Bertault), Boivin.

La Vieille Fille (P.-G. Castex), Classiques Garnier.

Depuis quelques années, la collection Garnier-Flammarion (GF) donne des textes sans appareil critique, mais précédés d'une chronologie, d'une préface et d'une bibliographie.

Lettres

Correspondance (édition R. Pierrot), 5 volumes, Classiques Garnier.

Lettres à Madame Hanska (édition R. Pierrot), 3 volumes, Les Bibliophiles de l'Originale (relié) et éditions du Delta (broché).

Cette édition remplace les fameuses *Lettres à l'étrangère*, 4 volumes, Calmann-Lévy, dont le texte comportait des coupures et des inexactitudes.

Études critiques

Des revues non spécialisées (*Europe, la Nouvelle Critique, Revue d'histoire littéraire de la France, Revue des sciences humaines*) publient des articles sur Balzac. Toutefois, la recherche et la réflexion sont centralisées dans *le Courrier balzacien* (1948-1951), puis dans les *Études balzaciennes* (jusqu'en 1960), enfin dans *l'Année balzacienne* (éditions Garnier, depuis 1960).

Les cours de Sorbonne (C.D.U.) ont publié des polycopiés sans date, difficiles à trouver, à consulter en bibliothèque :

M.-J. Durry : *Un début dans la vie.*
P.-G. Castex : *Scènes de la vie privée.*
Romans et contes philosophiques.

Les études d'ensemble ou les monographies, les essais critiques sont innombrables. Beaucoup de ces livres ont vieilli, dépassés par les découvertes de l'érudition ou par l'évolution de la problématique et de la réflexion. On peut les consulter pour se faire une idée de l'évolution d'une question. Mais, il faut considérer comme actuellement nécessaires à toute approche sérieuse de l'ensemble de Balzac (documentaire ou théorique) les ouvrages suivants :

A. Allemand — *Unité et structures de l'univers balzacien,* Plon 1965.

P. Barbéris — *Aux sources de Balzac. Les romans de jeunesse,* Les Bibliophiles de l'Originale 1965.
Balzac et le mal du siècle, 2 volumes, Gallimard 1970.
Le Monde de Balzac, Arthaud 1971.
Mythes balzaciens, Armand Colin 1971.

F. Baldensperger — *Orientations étrangères chez Balzac,* Champion 1927.

M. Bardèche — *Balzac romancier,* Plon 1945 (édition abrégée) ; chez Slatkine, à Genève en 1967, a paru une réimpression de l'édition complète (exemplaire de thèse) avec notes et appareil critique.
Ouvrage classique et l'un des tout premiers à être sérieusement informé, mais idéaliste et qui a vieilli. Reste indispensable à toute initiation.
Une lecture de Balzac, les Sept Couleurs 1964.

A. Béguin — *Balzac lu et relu,* in *l'Œuvre de Balzac,* édition Béguin-Ducourneau, tome XVI.
Balzac visionnaire, Skira 1946.

Ph. Bertault — *Balzac et la religion,* Boivin 1942.

> Contient d'importants renseignements historiques, mais déformé par des présupposés catholiques.

R. Bouvier et E. Maynial — *Les Comptes dramatiques de Balzac,* Sorlot 1938; réédition et remise à jour sous le titre *De quoi vivait Balzac?* (1949).

Colloque Balzac, organisé par le Centre de Recherche et d'Études Marxistes à la Mutualité en novembre 1964, in revue *Europe,* février 1965.

E. R. Curtius — *Balzac,* traduction d'Henri Jourdan, Grasset 1933.

J.-H. Donnard — *Balzac, les réalités économiques et sociales dans « la Comédie humaine »,* Armand Colin 1961.

> Ouvrage qui a fait date : Balzac n'a pas inventé. Peu de vues synthétiques et de direction d'ensemble.

H. Evans — *Louis Lambert et la philosophie de Balzac,* Corti 1961.

V. Grib — *A marxist analysis,* traduit du russe par Samuel G. Bloomfield, Critic Group, New York 1937; traduction française en préparation par P. Barbéris.

B. Guyon — *La Pensée politique et sociale de Balzac,* Armand Colin 1947; réimpression, avec une importante et significative post-face en 1968.

> Ouvrage classique qui demeure à consulter mais est surtout, aujourd'hui, à lire comme production idéologique. S'attacher à la post-face.

P. Laubriet — *L'Intelligence de l'art chez Balzac,* Didier 1961.

> La seule étude d'ensemble de l'esthétique balzacienne.

M. Le Yaouanc — *Nosographie de l'humanité balzacienne,* Maloine 1959.

> Malades et maladies dans l'œuvre de Balzac.

G. Luckas — *Balzac et le réalisme français,* traduction P. Laveau, François Maspero 1967.

P. Macherey — *Pour une théorie de la production littéraire,* François Maspero 1966.

> Un chapitre est consacré aux *Paysans.*

F. Marceau — *Balzac et son monde,* N.R.F. 1955; réédition augmentée 1970.

> Répertoire descriptif.

P. Nykrog — *La Pensée de Balzac, essai sur quelques concepts clefs,* Munskgaard 1966.

> Livre capital qui tente de définir les structures fondamentales de la mythologie balzacienne, mais insuffisamment reliées à leur origine et leurs composantes socio-historiques.

G. Picon — *Balzac par lui-même,* Ed. du Seuil 1956.

M. Reboussin — *Balzac et le mythe de Foedora,* Nizet 1967.

A. Wurmser — *La Comédie inhumaine,* Gallimard 1964; édition définitive en 1970.

> Ouvrage qui a fait date lui aussi. Balzac envisagé comme le romancier de l'argent et comme un bourgeois qui a dévoilé les secrets de la bourgeoisie.

Sept grandes monographies ont été consacrées à des romans :

S.-J. Bérard — *La Genèse d'un roman de Balzac « Illusions perdues »,* 2 volumes, Armand Colin 1961.

J. Borel — *« Le Lys dans la vallée » et les sources profondes de la création balzacienne,* Corti 1961.

M. Fargeaud — *Balzac et la Recherche de l'Absolu,* Hachette 1968.

B. Guyon — *La Création littéraire chez Balzac. La Genèse du « Médecin de campagne »,* Armand Colin 1951; réimpression augmentée en 1969.

A.-M. Meininger — *Honoré de Balzac, « les Employés »,* édition critique et commentée (exemplaires multigraphiés édités par le C.N.R.S.).

A. Lorant — *Les Parents Pauvres d'Honoré de Balzac,* Droz 1969.

J. Pommier — *L'Invention et l'écriture dans « la Torpille » d'Honoré de Balzac,* Minard 1957.

Ce ne sera pas sa faute si les choses parlent d'elles-mêmes et parlent si haut.

BALZAC, *Le Dernier Chouan,*
Introduction de la première édition,
1829.

Avant-propos

Même s'il se veut livre d'initiation et même s'il réussit à l'être, ce livre sera quand même lu d'abord et jugé par ceux à qui en un sens — du moins le croiront-ils — il n'apprendra rien et qui s'en serviront non vraiment pour lire mais pour relire. Ceux qui y découvriront Balzac — disons plus vraisemblablement un Balzac différent de celui qui leur venait Dieu sait d'où et de qui — ne le comprendront bien que le jour où après une longue pratique ils pourront eux aussi le relire et par là se relire. Il est absurde et il est vain de ne pas vouloir voir que, dans le cadre d'une pratique culturelle qui fonctionne, il n'est pas de lecture naïve, pas même un jour, dans le passé, aujourd'hui ou demain, de degré zéro de la recherche et de la documentation, mais seulement des séries successives ou partiellement superposées, comme des tuiles, de redéparts et de réajustements, de nouveaux groupages ou de nouvelles coupes et de nouvelles traverses. Toute lecture part d'autres lectures, bien ou mal informées, mais toutes ayant été des risques pris, des actes, une écriture. Jamais une sorte de technique incolore et neutre. Encore moins un acte transcendant et désintéressé. Quel que soit le sujet, connu, à connaître ou à reconnaître, il n'est jamais découvert ou retrouvé qu'au travers de lectures qui, bien ou mal, ont voulu s'écrire. Là est sans doute la véritable révolution critique d'aujourd'hui, conséquence de l'accumulation par l'Histoire et par le matérialisme historique des matériaux de leur propre philosophie, et de leur propre réflexion sur eux-mêmes. Comme il n'est plus d'écrivains délivrant des messages à des indignes, à des obscurs et à des respectueux, mais comme il est des producteurs de textes écrivant à la fois sous une sorte de dictée collective et à partir de leur propre mythologie et vision du monde pour les lecteurs qui constamment les récrivent alors même qu'ils les comprennent, les admirent, les assument ou les vivent, il n'est plus de maîtres ni de critiques qui puissent se prétendre objectifs, non compromis et non compromettants. Il existe certes toujours des textes à lire, mais l'on en revient toujours au même point : il ne saurait exister, en histoire et en critique littéraire, d'Indicateur ou de Guide. Tout critique a d'abord été lecteur, et lecteur de lectures. Tout texte, toute œuvre préexiste, avec son cortège de commentaires ou de légendes, avec les retombées de sa consommation de diverses manières et à divers étages par des lecteurs en apparence muets et passifs, mais dont la masse a peu à peu constitué un poids, un consensus négatif ou positif, une censure, une sur — ou une sous — lecture. En tout cas une forme de lecture et une lecture-forme. Il n'y a jamais d'alpha absolu pour une critique, et l'Histoire ici comme ailleurs préexiste sous toutes ses formes à tous les individus et à toutes les initiatives individuelles.

C'est pourquoi ce livre, qui se veut informé et faisant le point des connaissances disponibles et vivantes, se veut aussi et surtout incitation à lire et d'abord à le lire. Ici comme ailleurs, un risque a été pris, l'ébauchoir poussé d'une certaine façon et selon la découverte d'une veine du bois. Nodier disait en 1824 du plus désintéressé semblait-il et du plus irréductiblement individualiste des poètes : « M. de Lamartine a trop d'esprit pour ne pas reconnaître qu'il doit beaucoup lui-même aux circonstances, à l'âge de création littéraire dans lequel il a paru ». Les critiques de Droite, en ces temps de réaction contre l'optimisme et l'idéalisme libéral bourgeois, étaient singulièrement matérialistes et ils admettaient, au travers de l'œuvre unique, l'idée d'une sorte d'écriture et de dictée historique. Au travers de toute expression comme au travers de toute analyse, c'est toujours l'humanité et c'est toujours de l'humanité qui travaille. Ce livre ne saurait donc être en aucun cas un Balzac vrai vers lequel on aurait pu ou vers lequel on pourrait aller, à plus forte raison un Balzac définitif que l'on pourrait enfin découvrir et livrer, c'est-à-dire, fût-ce subtilement, imposer au public. Mais, dans les conditions actuelles de lecture, et pour qui le peut ou le veut, une sorte de Balzac maximal. Ce livre est un mode d'emploi. Ce n'est pas une pochette surprise.

Lecture qui couvre et ouvre des champs nouveaux. Lecture des lectures donc. Mais aussi lecture et suggestions de lectures ou de relectures dans l'histoire (littéraire) et par l'histoire (littéraire). Il n'est pas question de prendre Balzac par un bout (lequel?) et de le parcourir un peu n'importe comment, au gré de thèmes, d'humeurs ou de structures qui n'auraient pas à fournir leurs justifications et qui existeraient dans l'indéterminé, mais de le saisir dans l'existant et dans un réel textuel. Pour lire Balzac, il faut connaître le XIXe siècle, savoir d'où il vient, quels sont ses problèmes, qui y a parlé, et quel langage; il faut connaître l'histoire de sa littérature. Balzac ne sera donc pas ici abordé comme quelque nébuleuse ou galaxie relevant de la simple écriture. Une lecture de texte qui n'est pas informée, qui n'a pas cherché des documents et donc des éclairages nouveaux, qui n'a pas resitué son objet par rapport au réel comme par rapport aux montages ou aux ignorances de l'historiographie traditionnelle, ne peut être qu'une lecture trompeuse. L'histoire littéraire de la Restauration et de la monarchie de Juillet est à faire, à partir d'une masse immense de documents qui n'ont jamais été réellement exploités. Ceci n'est pas un essai sur Balzac, mais une tentative pour mettre Balzac en perspective.

Dans le cadre du respect et de l'exploitation de la chronologie, on procédera toutefois non par étapes continues et pourvoyeuses d'artificielles ou illusoires suites et harmonies, mais par blocs et flashes, éventuellement par anticipations et retours, par changements de rythmes ou de coupe, susceptibles de situer et de définir avec la complicité du lecteur divers étages et possibilités de lecture. On notera aussi un recentrement de Balzac et de son image sur les années de formation de l'homme, d'élaboration de l'œuvre et d'affûtage de ses armes. C'est que d'abord ces années

19

sont longues (près de quinze, et la moitié de la course), et c'est aussi que là a réellement commencé de se mettre en place ce qui devait structurer la grande épopée réaliste. Est-ce pour rien qu'une multiple censure a si longtemps joué contre la grande coulée textuelle et biographique qui va de la rue Lesdiguières à *la Peau de Chagrin?* Le goût s'insurgeait contre l'idée de donner toute son importance à cette période de gribouillages, et une idéologie mutilante du réalisme refusait de prendre en considération ce qui n'était pas encore directement, comme on dit dans les manuels, analyse des passions ou description d'une société. Mais le texte balzacien ne saurait être mis à l'écart de l'histoire de tout ce qu'il a contribué à élaborer. Les moments successifs de Balzac et du siècle, événements et ensembles signifiants, ne seront ainsi jamais sacrifiés à quelque vue triomphaliste et finale que ce soit. C'est que, si l'Histoire est une suite et une logique, elle n'est pas toujours nécessairement un clair chemin.

On terminera, bien sûr, par la critique : elle témoigne aujourd'hui encore de tout ce que Balzac continue à aider à naître ou, simplement, à faire sortir de son trou. Explicite, elle est preuve et vestige, autant que les œuvres d'expression directe, de l'idéologie et de la réaction d'une époque. Explicitée, tout l'implicite qui est en elle, tout l'encore impensé, tout ce qui est en travail, aide à dire où l'on en est et où peut-être l'on va.

Texte, critique, auteur

Sur l'idéologie du chef-d'œuvre

Il s'agit ici, en tenant compte des progrès accomplis tant dans la recherche et dans la connaissance documentaire que dans la réflexion et dans l'interprétation, de donner une image aussi juste que possible de Balzac, du roman balzacien et du roman tel qu'en un sens il n'a plus pu ne pas être après Balzac. Il s'agit aussi de proposer quelques clés pour qui entend ne pas s'en tenir à une lecture de simple consommation. Encore que l'on consomme de moins en moins du Balzac et des histoires balzaciennes sur le mode passif qui fut longtemps de règle : comme il est normal pour toute œuvre par rapport à laquelle on prend du champ (chronologique et théorique), plutôt qu'à simplement s'émouvoir et rêver, on vise, et c'est bien là un autre roman, à comprendre la manière dont elle fonctionne et témoigne; on s'interroge sur l'entreprise et sur l'aventure de l'homme qui choisit d'écrire, sur un phénomène de production littéraire et de signification, sur la constitution d'un univers et d'une vision du monde, sur ce qu'elles sont devenues au travers de lectures jamais désintéressées. On n'est plus exactement soumis à une littérature parachutée : on réfléchit sur la littérature, sur sa nature et sur sa fonction dans une sorte de plain-pied qui fait que désormais, précisément, la littérature est entrée dans la zone d'action des sciences humaines. On commence à lire Racine ainsi, et Zola, et Victor Hugo, et Péguy, et tout le monde, les mythes et les images, les structures spécifiques prenant la place, pour le lecteur, du simple narré, du simple affirmé, du simple *dit*. C'est le propre de notre époque et des révolutions méthodologiques qui s'y accomplissent : il n'est plus de Panthéon littéraire naïf, de volumes somptueusement alignés et reliés en vue de la seule et brute délectation, lus simplement, par exemple, dans l'ordre et selon la manière définitivement voulus par l'auteur ou par les éditeurs. Il arrive encore aux marchands de métrages de reliure d'user de cet argument : découvrez l'univers merveilleux de Untel. Mais, parce que la lecture historique et génétique a forgé ses propres armes, parce que la lecture interprétative et structurelle ou thématique a mis au point quelques instruments d'analyse, le lecteur moderne en vient toujours à voir dans une œuvre de poésie, comme de jeu ou de fiction, un texte, un document, quitte à retrouver, avec de meilleurs motifs, par-delà ces efforts nouveaux, de nouvelles raisons de comprendre et d'admirer. Plus exactement : de mesurer une importance et une efficacité.

Dans la perspective traditionnelle (enseignement des indignes par les dignes et des infirmes par ceux qui possédaient la science), l'œuvre était simplement donnée à lire et à admirer, les modernes et les chefs-d'œuvre étant l'aboutissement des anciens et des précurseurs, aidant à comprendre les épigones et les attardés, constituant toujours comme une sorte de maximum culturel ou de fin de l'histoire (littéraire ou non), la critique, ou son pâle substitut une certaine forme d'explication de texte, n'ayant tout au plus pour fonction que de justifier l'admiration bien due à cette réussite finale et de lui fournir si possible des raisons objectives s'ajoutant au « sens » et au « sentiment » du texte, qui définissaient implicitement l'appartenance à une élite et des fonctions d'élus. L'œuvre avait une valeur esthétique : l'écrivain écrivait bien — ou fort; on admettait à la limite le choc, le scandale. L'œuvre avait une valeur morale : l'écrivain avait bien connu l'homme, le fameux homme éternel et — ou bien — il suggérait une leçon à laquelle il fallait parvenir et — ou bien — assimiler. Toute cette pédagogie — au plan scolaire, universitaire, journalistique ou critique, comme à tous les étages de l'approche des textes et de l'appréciation

des œuvres — ne tient plus. La notion d'idéologie, aujour-
d'hui vigoureusement réactivée, permet de dépasser les
prétentions positivistes et normatives d'une critique plus
soucieuse d'ordre moral et de « formation » (par qui? pour
qui?) que de pertinence scientifique et de fidélité au texte et
à l'Histoire en tant que tels et quelles que fussent les conséquences. Cette idéologie du chef-d'œuvre a causé d'innombrables ravages, et d'abord en ce qui concerne cette capitale
question : quels textes lire d'un auteur, et dans quel ordre les
lire?

Par exemple : on publiait, on lisait, on donnait à lire les
œuvres uniquement dans leur forme dite *définitive,* les états
antérieurs, naïfs, spontanés, originaux, ceux qui avaient été
réaction pleine à l'immédiat ou manifestation d'un art en
pleine élaboration, tout ce qui n'avait pas encore été plus ou
moins artificiellement et plus ou moins heureusement
arrangé, raboté, perfectionné (?), systématisé, se trouvant
rejeté dans les ténèbres ou dans quelque préhistoire sans
intérêt réel. Il était postulé qu'il existait comme un être des
textes, une forme comme éternelle et définitivement valable,
une maîtrise souveraine et définitivement affranchie, victo-
rieuse de l'Histoire, échappant à l'anecdote, une écriture
enfin lavée de l'écriture et que l'on devait, comme telle,
admirer. Il y avait un dieu dans un sanctuaire, un modèle et
des tables de la loi. Momifiés dans les œuvres complètes et
dans la dernière édition revue par l'auteur, celle qu'il avait
vouée à l'éternel, les textes, rescapés du contingent, s'ins-
crivaient enfin dans le spirituel. Ici se pose à propos de Balzac
— mais il s'agit en fait d'une question beaucoup plus large
que balzacienne — une question grave.

Comment lire Balzac?

C'est la même question que, par exemple, comment lire
Corneille? On peut certes « retrouver » et relire l'histoire de
Rome en lisant dans l'ordre, par référence à la chronologie
romaine et aux grands faits repérés, analysés et mis en
place dans une suite historiquement significative : *Horace*
(les origines et l'avenir promis : « les Dieux à notre Enée ont
promis cette gloire »), *Nicomède* (la république, de vertueuse

devenant impérialiste, mais ayant formé toute une éthique), *la Mort de Pompée* (les premières guerres civiles), *Cinna* (les secondes guerres civiles et l'installation de l'Empire), *Polyeucte* (la crise de l'Empire et la montée de forces nouvelles, l'émergence d'un humanisme neuf — le chrétien, aussi bien que celui, honnête et laïc, de Sévère). Mais s'il peut s'agir là d'une lecture amusante et suggestive, il s'agit certainement d'une lecture abusive et d'un montage. Corneille n'a pas entrepris d'écrire, dans une sorte d'éternel présent, une histoire de Rome à coup de tragédies. La chronologie de rédaction *(Horace, Cinna, Pompée, Polyeucte, Nicomède)* n'est pas celle d'une lecture diachronique de l'histoire romaine par Corneille. Cette lecture n'est justifiée que par des raisons extérieures au texte, celui-ci n'étant plus qu'occasion ou perdant toute spécificité, et se trouvant arbitrairement détaché, séparé du moment précis où il a été produit ainsi que des pulsions et motivations profondes — historiques et personnelles — qui permettent d'en rendre compte. Ce type de lecture, en fait, doit lui-même être lu, comme doit être lue aussi bien la lecture impliquée ou suggérée par le classement des romans à l'intérieur de *la Comédie humaine* que celle fondée sur la chronologie des intrigues. Comme on peut classer les tragédies de Corneille, en effet, par rapport à l'histoire de Rome, on peut soit admettre comme valable l'ordre choisi par Balzac et qui conduit des *Scènes de la vie privée* aux *Études analytiques*, soit disposer les textes de Balzac dans un ordre allant, pour le XIXe siècle, de *Louis Lambert* (1811) aux *Parents Pauvres* (1846), voire même, à considérer l'histoire universelle, commençant avec les *Proscrits* (1308, séjour de Dante à Paris). Balzac a eu, certes, l'ambition de composer un grand ensemble de *Scènes* qui aurait donné un tableau complet de son siècle et de ses problèmes : le plan inachevé de *la Comédie humaine*, avec tous ses romans à écrire, témoigne clairement de cette ambition. Balzac aurait voulu, lui aussi, et c'était bien là aller dans le sens du XIXe siècle scientifique et scientiste, être encyclopédique tant en ce qui concerne les sujets (moments, milieux) qu'en ce qui relève de la problématique (les mœurs, le sens de l'*impetus* qui emporte le siècle et les hommes, la société décrite et, comme il est dit dans *l'Avant-propos* de *la Comédie Humaine,* la raison de son mouvement). D'où cette double tentation de lire son œuvre comme une chronique suivie ou comme une série d'études par cercles, la lecture de type chronique intégrale n'étant qu'une extrapolation et un passage à la limite du classement des *Études de mœurs.*

On pourra faire cependant plusieurs remarques qui, si l'on garde à l'esprit l'exemple cornélien, situent déjà beaucoup mieux le projet élaboré par Balzac de la recomposition de ses écrits. Corneille, en effet, n'avait jamais eu *lui-même* l'idée de composer les éditions complètes de son théâtre en fonction d'une image chronologique panoramique ou complète à donner de l'histoire du monde ou d'une société. Il s'en était toujours tenu à l'ordre de publication. Sans doute l'absence de toute réelle philosophie de l'histoire à l'époque classique, l'absence de toute ambition documentaire, reconstructive et interprétative, explique-t-elle cette absence d'un projet qui n'a pu naître que dans l'esprit de lecteurs formés par la philosophie de l'histoire au XIXᵉ siècle, par Walter Scott, par — bien entendu — Balzac, et par le roman cyclique. Une lecture recomposée du théâtre cornélien ne vient en aucune manière de Corneille lui-même, mais bien du devenir de son théâtre, une fois livré aux lecteurs des siècles suivants, d'une relecture qui est — tout le monde l'admettrait aujourd'hui — une véritable réécriture. En fait, ce qui est intéressant ici, ce n'est pas tant l'image faussement vraie de Rome à laquelle elle peut conduire que les raisons pour lesquelles elle a pu naître. Corneille avait lu l'histoire romaine, à divers moments de son cours et à divers moments de sa propre carrière d'écrivain, sur un mode et pour des raisons que l'on peut aujourd'hui peut-être parvenir à élucider. Il n'avait jamais cherché, dans la constitution de cette sorte de fresque dont aujourd'hui on le crédite — ou qu'on lui impute —, à boucher un trou dans un ensemble, mais à exprimer certaines choses pour lesquelles il trouvait des références et des images, des arguments et des figures semblables dans certaines périodes et dans certains événements de l'histoire romaine. Il ne s'agissait en aucune façon, comme on l'a si souvent dit, de rebâtir Rome, que ce soit de marbre ou de brique, mais, à partir de Rome et d'une histoire ayant alors valeur d'universelle signification, de dire la France, le siècle, la monarchie et ses problèmes, ceux d'une classe ou d'une catégorie, ou d'une couche sociale. En un mot, de *faire passer,* et pas seulement pour des raisons de censure et de sécurité, mais parce que Rome donnait du poids et de la dignité à l'argument, un sujet moderne qui, à cette époque, avait encore besoin d'une vêture culturelle, en même temps qu'il demandait à la culture de signifier à tout un chacun qu'il ne relevait pas d'une fugace et suspecte actualité mais bien d'une problématique fondamentale. C'est ici qu'est intervenue la critique traditionnelle — qu'il faut bien appeler la critique bourgeoise. D'une part, il ne fallait pas que le théâtre de Corneille — l'un des dieux du Panthéon français — ait exprimé l'actualité, une histoire immédiate, directement et ardemment vécue; on concédait l'anecdote (*le Cid* et l'interdiction des duels, le sacre moral d'Auguste et le triomphe de la monarchie, *Nicomède* et la Fronde), mais on ne pouvait admettre que le théâtre de Corneille ait dit, en sa profondeur et en sa complexité, en ses problèmes plus qu'en ses incidents, l'histoire moderne et le drame naissant du monde moderne. Car : *quel* drame du monde moderne? A la limite, il fallait empêcher que ne prît corps cette idée qui ne sera clairement formulée que plus tard et, s'il vous plaît, par M. de Bonald : la littérature est l'expression de la société. Il fallait libérer la littérature, en faire une activité désintéressée, pure, abstraite, élevée. Il fallait éviter que l'on pût penser que l'entreprise et les rapports littéraires aient quelques rapports avec l'expérience historique et avec les rapports sociaux. Il fallait empêcher une lecture matérialiste et déjà scientifique de la littérature. D'autre part, il fallait que la production littéraire apparût comme fonctionnant et comme pouvant fonctionner dans une sorte d'éternel présent, garant de l'immutabilité de l'homme et du caractère non réellement problématique de l'histoire en cours. D'où cette double idée : Corneille a voulu peindre Rome, et en fait Corneille a bien donné une peinture de Rome. Nous avons donc le droit de recomposer son théâtre en fonction d'un folklore humaniste ou d'une histoire purement moralisante. On sait aujourd'hui que pour bien lire toute œuvre de longue haleine, que ce soit les *Origines de la France contemporaine, les Thibault* ou *les Hommes de bonne volonté,* il faut savoir et dire à quels moments et sous quelle influence ont été écrits ces morceaux constituants successifs, et ceci, en même temps qu'aidant à la lecture de Corneille, aide à la lecture de ses lectures dont il était question plus haut.

Rien n'est simple en histoire littéraire. Car toujours, là comme ailleurs, sont aux prises des forces de vérité et des curiosités que l'on ne saurait faire taire mais dont aussi l'on a besoin. Car l'histoire littéraire, comme toute superstructure intellectuelle à tout moment précis de déroulement de l'histoire est double : instrument de l'ordre, certes; mais aussi élément de progrès et de transformation; élément de fait et élément de droit; fonctionnant au service de ce qui est, mais aussi conquête et instrument de ce qui cherche et ce qui pousse. On disait bien, on ne pouvait ne pas dire que, Rome mise de côté, s'élaboraient et s'exprimaient dans le théâtre de Corneille une morale, une philosophie qui ne devaient rien qu'au xviie siècle et ne renvoyaient qu'à lui : comment vivre et pourquoi vivre de l'individu de qualité et aspirant à plus de qualité, alors que s'imposait cette monarchie d'un type nouveau? De *la Place Royale* à *Suréna,* on peut lire, dans une perspective de morales du grand siècle et de dialectique du héros, la réaction d'un auteur à son siècle et à sa propre condition. D'où une nouvelle lecture, qui impose par exemple que *Clitandre* soit lu dans l'édition de 1632 et non dans celle, expurgée et rabotée, de 1682. Un certain type d'auteur ainsi disparaît : l'auteur olympien. Mais un autre se fait jour ou se retrouve : l'auteur producteur dans son ordre propre.

Quel est l'ordre propre de Balzac?

Pour trouver la réponse, une expérience est, quoi qu'il en coûte, absolument indispensable : lire trois fois de suite *la Comédie humaine* dans un ordre différent : dans l'ordre de l'édition Furne (de *la Maison du Chat-qui-pelote* à la *Physiologie du mariage*); dans l'ordre de l'édition Béguin-Ducourneau (des *Proscrits* aux *Parents Pauvres*); dans l'ordre de rédaction, avec l'appui des éditions critiques (du *Dernier*

Chouan aux *Parents Pauvres*). On découvre alors assez vite que la seule manière scientifique, non mystifiante, de le lire et qui vraiment apprenne quelque chose, y compris à lire les textes de Balzac ensuite dans un autre ordre, est de le lire selon l'ordre d'écriture et de production, en tenant compte toujours, et quel que soit l'effort à faire, des premiers états des textes, éventuellement des réactions du public, des modifications qui ont été apportées dans les rééditions successives, des raisons, si possible, de ces corrections, de leur état final dans l'édition Furne et dans l'exemplaire corrigé de la main de Balzac. Bien qu'ayant pour cadre chronologique les dernières années de l'Empire, *Louis Lambert* doit être lu après *la Peau de Chagrin,* qui se passe en 1830. Les textes sont des réalités, mais les textes ont tous une histoire, et l'histoire interne, l'histoire secrète de *la Comédie humaine,* cette histoire qui ne se livre ni à une lecture impressionniste ni à une lecture purement textuelle ou structurale, cette histoire qui suppose la recherche et la connaissance, doit structurer toute lecture sérieuse de l'œuvre. Il y a là un double mouvement bien significatif : retrouver l'auteur par-delà les réfections qu'il a proposées et imposées de lui-même et de ses écrits, par-delà les lectures successives qu'il a lui-même pratiquées sur son propre texte — c'est le mouvement vers l'innocence et la virginité du texte; lire au travers d'une masse de lectures et d'informations — c'est le mouvement d'une lecture qui admet ses vraies conditions de fonctionnement en tant que lecture. Après quoi...

Après quoi il demeure toujours, si les textes sont des textes, de quoi les lire pour s'y plaire et pour s'en nourrir. La lecture ne devrait, théoriquement, être qu'un moment précédant une nouvelle lecture, mieux informée, lecture plus complète, maximale, dans des conditions précises d'actualité, et peut-être lecture de plaisir. Non certes lecture définitive : si la critique épuisait les textes, ils ne seraient pas réellement des textes, et le référent, le réel qui les ont inspirés seraient certes beaucoup plus intéressants qu'eux. Mais il existe dans ce domaine une large gamme de possibilités : on lira plus aisément pour le plaisir *le Rouge et le Noir* que les *Orientales* ou *Joseph Delorme, Illusions Perdues* que *le Médecin de campagne.* Encore qu'une lecture de décodage du *Rouge* soit, par-delà le plaisir, souhaitable et même absolument nécessaire, et encore que par-delà le décodage des *Orientales* et de *Joseph Delorme* on puisse en venir à une nouvelle lecture appréciative de ces œuvres. En fait, rien n'est ici exclusif de quoi que ce soit : ni la compréhension de l'admiration, ni l'admiration de la compréhension. Il n'existe aucune raison pour qu'une meilleure compréhension tue à jamais la jouissance et la prise de possession ou la prise en charge d'un texte, et quant à une lecture purement naïve, qui affirmerait aujourd'hui qu'elle soit simplement pensable, tout texte lu jouant inévitablement dans un ensemble et dans un réseau de lectures. Toute lecture, comme l'a fortement souligné Barthes, ne peut pas ne pas être d'une manière ou d'une autre réécriture du texte. Ceci non dans une perspective indéterministe et éclectique ou d'éternel recommencement, mais bien dans une perspective de démontage, de décodage et en un sens de réencodage. Certes, ainsi, l'auteur risque-t-il de disparaître, ou du moins une certaine image et une certaine idée qu'on se faisait de lui. L'auteur cesse d'être un donateur ou un grand prêtre, être bizarre ou extraordinaire; il cesse d'être l'homme modèle qui traumatise et qui complexe de chétifs écoliers que l'on veut convaincre de la nécessité de l'effort, pour devenir celui par qui certains processus de prise de conscience sont devenus possibles. Il demeure unique, certes, car lui seul pouvait faire ce qu'il a fait (d'où l'importance capitale de la biographie et des mythologies); il est celui sans qui il n'y aurait pas eu de texte. Mais il devient logique aussi : ayant sa logique et faisant avancer une logique; il est l'homme du saut qualitatif et l'homme d'un quantitatif mesurable qui y conduit. Les livres sont devenus des textes, c'est-à-dire non pas des recueils de vérités, mais des ensembles qui fonctionnent selon une logique. Les textes sont devenus des objets pour mieux peut-être redevenir des êtres. La beauté, en effet, serait-elle morte? Non pas, mais qu'est-ce que la beauté? La réduire à la pertinence serait nier que la création et que la production littéraires soient apport, et que le texte existe, et que le pouvoir propre de la littérature soit de devancer les constructions idéologiques et les théorisations. En fait la question n'est pas très gênante en ce qui concerne Balzac, qui n'a jamais été réellement fournisseur de « beaux » textes au sens reçu et qui n'est jamais réellement entré au Panthéon de nos lettres, là où l'on pense pouvoir étiqueter et classer les classiques et quelques modernes idéologiquement digestibles. Mais enfin Balzac lui-même a tenté de faire la toilette sinon à son ombre, du moins à la masse de ses romans. Il y a deux Balzac : le sur-auteur de *la Comédie humaine,* et l'auteur au jour le jour. Exorciser le sur-auteur (ou le sur-moi) pour retrouver l'auteur et le moi significatifs et profonds, c'est sans doute la première démarche saine de la critique. Mais voici qu'aussitôt s'en impose une seconde.

Les deux autres Balzac

Pendant longtemps, Balzac a été un conteur d'histoires pathétiques et sombres qui avaient pour décor la grisaille et la vérité moderne, qu'elle fût de province ou de Paris; pour héroïnes et héros, des femmes et des hommes non de la légende ou de l'histoire mais de la réalité la plus banalement et la plus platement, la plus immédiatement moderne. Non pas princes et princesses, comme dans le drame et dans le mélodrame ou dans certain roman, mais boutiquiers, vieilles filles, dames de tous les jours, étudiants, escompteurs, habitués du boulevard ou grigous de province, dans des demeures dont le loyer était connu, avec des revenus avoués ou calculables, portant des costumes et parlant un langage qui faisaient qu'on se demandait si on était bien dans la littérature. Ce Balzac-là était le Balzac lu à travers le naturalisme et le réalisme, le Balzac qui « conduisait », comme on disait ou pensait dans une perspective naïvement finaliste, à Flaubert et à Zola, la question restant bien entendu ouverte cependant de savoir si Flaubert et Zola constituaient une régression ou un progrès par rapport à lui. C'était le Balzac des descriptions et des portraits, le Balzac des intrigues vraies et des choses sales-mais-c'est-comme-ça. C'était aussi le Balzac de la grande construction ambitieuse et du grand ensemble romanesque de *la Comédie humaine,* entreprise exacte, immense et consciencieuse, un peu à la manière du *Littré.* Ce Balzac-là qui, de plus, avec le père Grandet, avait donné une nouvelle peinture de l'avare et de l'homme de toujours, faisait leçon à la littérature d'aventure et d'exception, aux romantiques, aux professionnels de l'illusionnisme verbal, revendicatif et légendaire. Anti-Hugo, mais aussi obscurément anti-Heredia, anti-Rostand et anti-Gustave Doré. Les illustrations de l'édition Furne, indéfiniment reproduites, les bandeaux des éditions Michel-Lévy définissaient assez bien ce contre-univers à l'intérieur de l'univers littéraire traditionnel. Un peu ennuyeux, mal fait pour le verbe et pour l'exaltation, ce Balzac-là était à contre courant de tout un siècle lyrique, artiste et flamboyant. Longtemps, les jeunes gens en quête d'intense et d'authenticité eurent dans leurs poches Lamartine, Baudelaire ou *les Nourritures terrestres*. Mais Balzac jamais. Balzac était réservé à ceux qui, comme on dit, connaissaient la vie, et qui étaient revenus de toute une pratique spectaculaire et naïve de tout. Ce Balzac «réaliste», dans un sens assez limité du terme, était une sorte de journaliste supérieur.

Que devenaient, toutefois, dans cette perspective, *la Peau de Chagrin, Louis Lambert, Séraphîta?* Que devenaient l'idéologie, la pensée balzacienne, exprimées dans tant de pages de romans, dans d'innombrables articles et brochures, dans une correspondance que l'on découvrait peu à peu? Seule la vie de Balzac, avec ses nuits, son café, sa robe de chambre blanche, avec le roman de l'Étrangère et les excentricités parisiennes, avec les folles dépenses et la maison de la rue Fortunée, introduisait dans l'image un élément d'ardeur, de survoltage et d'exception. Mais la biographie, alors, ne relevait guère que du pittoresque et du sensationnel. En fait, on n'avait là qu'une vision très incomplète, et à la limite fausse, de Balzac et de son œuvre. Et cependant les textes existaient; aussi bien ceux figurant dans *la Comédie humaine* que ceux qui étaient peu à peu découverts et publiés : œuvres diverses, œuvres ébauchées, œuvres retrouvées, théâtre, préfaces, correspondance.

Ce qui devait se produire se produisit. Ce qui toujours arrive lorsque l'idéalisme prétend rendre compte du réel. A un Balzac partiel répondit un autre Balzac partiel. A un Balzac mutilé, un autre Balzac mutilé. A une sous-image, une contre-sous-image. Tout d'abord ceux qui pour de multiples raisons récusaient le réalisme, le positivisme, le scientisme, le naturalisme, ceux qui n'aiment guère qu'on parle de l'argent et des rapports sociaux, se firent une joie d'aller chercher, de valoriser et de privilégier des textes dont la critique réaliste, positiviste, scientiste, naturaliste, n'avait pas parlé et ne savait que diable faire. Le Balzac philosophique, le Balzac fantastique, le Balzac insolite, le Balzac de contrebande, fut non seulement mis à jour, mais proclamé. On avait beaucoup insisté sur les descriptions patientes : on insista sur les problèmes que contenait cette prose. On avait beaucoup admiré les œuvres amples et puissantes; on insista sur les courts récits, sur tout un Balzac secret et comme suspect qu'on opposait à l'autre, au Balzac « officiel ». On avait admiré le réaliste : on insista sur le visionnaire. On avait admiré l'homme de l'exactitude et du vrai : on insista sur l'homme des rêves. Certes, il y eut, dans cet effort une grande partie de positif, et l'on se souvint que Baudelaire, très tôt, avait dit que le génie de Balzac n'était pas seulement celui d'un réaliste mais d'un visionnaire passionné. Mais on décida que le Balzac exact n'était pas le Balzac intéressant. Le signifié (le siècle, l'argent, les rapports sociaux, la vie telle qu'elle est, telle qu'elle est condamnée à être en bourgeoisie) fut décrété secondaire par rapport au signifiant, à cette œuvre qui s'engendrait elle-même et modelait son auteur, par rapport à ce dialogue avec la nuit, par rapport à cette intense aventure d'un génie pour qui finalement le réel n'avait été — n'est-ce pas? — qu'occasion. En d'autres termes, on reprocha aux tenants d'un Balzac « réaliste » d'avoir fait de la critique de contenu, à quoi l'on opposait une sorte de critique formelle et textuelle qui rendrait compte, elle, des réalités vraies.

La querelle était lancée, le Balzac de Rodin fiévreusement dressé contre le Balzac de Monnier, Nanteuil, Bertall et Gavarni. Georges Lukács pouvait bien dire que ce qu'il y avait de plus réaliste dans *la Peau de Chagrin* c'était le mythe et le pacte, on ne l'écoutait pas; et la controverse allait son train, la métaphysique des uns exacerbant le scientisme des autres, le scientisme des autres et la théorie du reflet exacerbant la métaphysique et le verbalisme des uns. La querelle était d'ailleurs bien loin de n'être que littéraire : les réalistes étaient aisément de gauche, trouvant dans Balzac les éléments d'un dossier d'accusation contre le capitalisme, les visionnaires étant de droite et sceptiques, ne tenant pas trop à ce que toute leur importance réelle fût donnée à certaines choses. Les uns parlaient comme si Balzac, tout simplement, n'avait pas écrit certains textes que, d'autorité, ils censuraient. Les autres parlaient comme si Balzac, tout simplement, avait écrit à partir d'autre chose que du capitalisme naissant. Aux misères évoquées ils trouvaient une bonne odeur de destin, d'homme éternel et de condition humaine. L'affaire n'est pas close, et l'on voit aujourd'hui un Roland Barthes s'attacher à expliquer un texte de Balzac comme si le texte se suffisait à lui-même, le signifié, une fois de plus, mais pour d'autres raisons et avec d'autres arguments, s'entendant déclarer qu'il est sans réelle importance et sans réel intérêt.

On en est là. Peut-on sortir d'affaire? L'auteur de ces lignes l'a tenté. Ce qui est aujourd'hui nécessaire et possible, c'est de mettre en place l'image d'un Balzac total et continu : de 1820 à 1850, pour la diachronie et pour l'itinéraire; du réalisme au fantastique et de l'exact au visionnaire, de l'écriture à l'idéologie, pour la synchronie et pour l'ensemble. Pendant trente années, qui vont de la déclaration de guerre du libéralisme bourgeois à la Restauration revancharde au premier écrasement du socialisme et à la première victoire bourgeoise qui soit uniquement une victoire sombre, Balzac a réagi au monde moderne, l'a vécu et exprimé avec des moyens qu'il reprenait à d'autres et qu'il transformait profondément, le choix d'un mode d'écriture (le roman) répondant à des besoins et à des possibilités, mais aussi engendrant peu à peu sa propre vision du monde et son idéologie, les façonnant et les élaborant. D'un bout à l'autre, ou d'un bord à l'autre de la création littéraire, ayant profondément transformé le roman, Balzac a été vrai en ce sens qu'il a imposé comme « intéressantes » des réalités nouvelles, et il a été philosophe visionnaire en ce sens qu'il s'est interrogé sur le sens des choses et qu'il a fait voir, dans le réel qu'il exprimait, des lignes de force, de l'inachevé qui se cherche, une puissance à la fois sauvage et légitime, une âpreté non pas diabolique mais comme géniale et constitutive de l'homme même, en ce sens surtout peut-être qu'il

33

a montré que ce qu'on appelle les choses n'était qu'appa-rence, que le réel était infiniment riche et complexe, que tout allait plus loin que les explications rassurantes ou appauvris-santes d'un certain réalisme au jour le jour et d'un certain positivisme, que seul, à la limite, le style et non l'idéologie rendait compte du réel. Balzac a prouvé qu'il n'était de vraie poésie que dans le réel, et que le réel était poétique. La querelle Balzac réaliste-Balzac visionnaire a longtemps été la triste rançon de deux présentations opportunistes et « littéraires » de Balzac, toutes deux idéalistes, et chacune jouant vis-à-vis de l'autre le rôle de faire-valoir justificatif. Il est certainement possible d'intégrer les éléments valables et d'aller au-delà.

Qu'est-ce qu'un roman balzacien?

Cette question est légitime, en dépit de ce qui est dit au chapitre précédent, avant même que ne soient abordés les problèmes de genèse et de structuration, puisque de toute façon le roman balzacien existe et puisqu'il est lu — bien ou mal — avant d'être éclairé, ou expliqué, ou relu. La réponse ne pourra pas ne pas faire appel à certains éléments génétiques, non plus qu'à certaines harmoniques Balzac-lecteur moderne. Il n'en est pas moins indispensable, avant d'aller chercher Balzac en ses origines et en son développement, de donner une image brute de cette réalité textuelle que constitue *la Comédie humaine*.

« On ne peut parler de l'origine d'un phénomène quel qu'il soit, écrit Propp, avant d'avoir décrit ce phénomène [...]. Avant d'élucider l'origine du conte, il faut savoir ce qu'est le conte. » Il est en effet assez évident qu'on ne s'interroge de manière légitime et efficace que sur les origines et sur la formation de ce qui existe, c'est-à-dire de ce qui est consommé et reproduit, c'est-à-dire de ce qui fonctionne et dont on se met à penser qu'il doit bien venir de quelque part et qu'il ne saurait sans raisons avoir pris et s'être constitué. Car qu'est-ce qu'exister et fonctionner, sinon avoir fait irruption? Et *durer?* Ainsi de la tragédie classique au XVIIe siècle. Ainsi du nouveau roman au vingtième. Un fait ne tombe jamais du ciel, et derrière une structure il y a toujours de l'Histoire et des contradictions. Mais aussi on ne se pose la question *où, quand, comment?* que le jour où, dans un univers habitué à certaines formes (ou commençant à les récuser), on constate la progression (ou la permanence), la conquête (ou la résistance) d'ensembles significatifs et caractéristiques. Qu'est-ce qu'une tragédie? La question n'a de sens que le jour où pastorale et tragi-comédie cessent de régner sans partage, ou le jour où commencent à percer drame et roman. La vision-l'interrogation-structurelle et la vision-l'interrogation-génétique, l'une liée à une réflexion sur les constantes, sur les mécanismes et sur les ensembles, l'autre à une méditation sur le devenir et sur le destin, sont ainsi étroitement mêlées, comme le réel même qu'elles tentent de penser et de définir. Qu'est-ce qu'un roman balzacien? La question prend tout son sens en 1834, en 1840, lorsqu'on s'aperçoit que décidément quelque chose s'est imposé, qu'on écrit et qui se lit, ou en 1960, lorsqu'on croit sentir que la formule cesse d'avoir toute son efficacité, mais s'obstine. Forme pleine et constituée, le roman balzacien, comme toute forme propre, se définit et se saisit entre deux scandales : celui de la nouveauté, celui de la survivance. Entre les deux se situe une période plus ou moins longue d'assimilation d'abord, de consommation et de reproduction ensuite. A la différence de celles du conte, les origines du roman balzacien ne se perdent pas dans la nuit des temps : *d'où l'impossibilité de ne poser à son sujet que la question descriptive et structurelle.* Mais à partir d'une certaine date le roman balzacien comme modèle, et surtout comme forme significative, s'est trouvé mis en question. C'est en abordant la question par ce biais que l'analyse des structures prend tout son sens : dans la mesure où le roman balzacien, pour la conscience et pour l'expression modernes, en quelque sorte se bloque et bloque l'écriture. Quitte à s'interroger ultérieurement sur les raisons de ce blocage et de cette mise en question, il faut d'abord repérer les lois internes d'un mode d'écriture qui fait certes désormais partie de l'histoire en place, mais s'est constitué d'une manière bien particulière et assez exactement localisée.

Il existe aujourd'hui un *modèle* de roman balzacien (ou stendhalien) comme il a existé un modèle de tragédie classique ou de sonnet français. Ce modèle a été contesté à la fin du XIXe siècle et au XXe siècle par tout ce qui se réclame de Joyce, de Proust, des romanciers américains et du roman nouveau. Le roman balzacien, fondé sur la description et sur l'analyse, sur la fourniture d'une documentation et sur le récit logique et complet d'une histoire est-il dépassé? Avant d'en venir là, il faut bien voir que le roman balzacien, qui a servi au moins de repère au roman naturaliste, avant de servir de repoussoir et d'anti-roman au roman poétique et au roman des objets, n'est pas sorti tout armé d'une cervelle exceptionnelle ni surtout d'intentions platement «réalistes» et photographiques. Il est absolument impossible, en tout cas, de définir le roman balzacien de consommation en termes d'immobiles et au moins définissables structures, celles-ci ne pouvant apparaître qu'au terme d'un minimum de recherche et de génération.

Romancier malgré lui

Pendant longtemps, Balzac a été un conteur philosophique, les éléments réalistes de ce qu'il écrivait ne devant que par la suite trouver leur utilisation, leur justification, leur signification et leur efficacité. Les préoccupations théoriques (psychologie, philosophie de l'histoire, philosophie générale) dominent, des premiers romans publiés sous des pseudonymes aux *Études philosophiques* (1831-1835), peintures et narrations n'apparaissant guère que comme leurs annexes ou illustrations. Une œuvre réaliste de la maturité comme *César Birotteau* (1837) devait être d'abord une *Étude philosophique*, c'est-à-dire l'illustration romanesque d'une proposition abstraite sur le danger des passions et du besoin de développement et d'absolu. On a peu à peu retrouvé, aujourd'hui, ce soubassement et cet influx philosophique, après avoir pendant longtemps vu en Balzac uniquement un peintre de façades et de vieilles maisons, un narrateur d'histoires privées aux allures de vieilles dentelles et de costumes agressivement réels, les uns modernes, les autres surannés. Il faut donner toute son importance à ce passage de *Clotilde de Lusignan* (1822) :

> Le spectacle que nous offre le château de Casin-Grandes a une ressemblance frappante avec la vie sociale, où le bonheur des uns fait le malheur des autres. Le monde,

comme en ce moment les habitants de notre château, n'est divisé qu'en deux classes : celle des heureux, celle des infortunés; régies par la force et le hasard, on les retrouve dans tout.

C'est une des conditions de la nature des choses, l'univers se présente partout avec des inégalités qu'il est impossible d'effacer, et jamais il n'y aura d'ordre social régulier par suite du pouvoir qui agit sur la nature... Je ne veux pas m'expliquer davantage; en effet, un traité de philosophie est fort inutile au commencement de la quatrième partie d'une histoire aussi véridique...

On sent que la Philosophie, l'Histoire et la Vérité ont trop de différences dans les humeurs pour cheminer ensemble? Elles n'ont jamais fait trois pas sans se brouiller. Et j'ai assez d'occupation à conduire, dans mon ouvrage, deux de ces pucelles divines si souvent violées, sans aller m'amuser à faire des préambules : si même celui-ci fâche quelque lecteur?... qu'il le dise, je déclare que je le retrancherai...

Romancier malgré lui, Balzac n'a que peu à peu et très tardivement accepté le roman comme moyen d'expression de soi. En 1835-1836, il considère encore que *Séraphîta* est ce qu'il a écrit de plus important, et dans l'économie de *la Comédie humaine* les romans ne seront en quelque sorte justifiés que par les *Études philosophiques* et par les *Études analytiques,* aboutissements et conclusions théoriques d'enquêtes non premières et pleines mais bien préliminaires. On risque aujourd'hui de ne voir là que bavardages, à-côtés, sous-produits ou fausses-fenêtres. C'est là un risque — immense lui aussi — de mutilation de l'œuvre et de sa signification. En fait le problème est le suivant : quand, pourquoi et comment, l'œuvre balzacienne, qui certainement visait autre chose, est-elle devenue une œuvre objectivement et purement romanesque? Il faut voir comment les mécanismes romanesques se sont progressivement mis en place.

Un roman de l'ouverture et de l'élan

Dès les années 1820-1822, qui voient naître l'écrivant Balzac, la réalité, en ses personnes, ses objets, en ses problèmes et tensions surtout, nourrit la rédaction, fournit thèmes et situations, remonte et utilise des mécanismes souvent pris aux lectures. La vie privée, l'argent, de bonne heure, structurent le récit et surtout orientent le sens. Il n'est guère de roman de la maturité qui ne plonge de profondes racines (anecdotiques, thématiques et surtout de signification) dans les premiers essais qui sont premiers témoignages de réaction, d'invention et de proposition, premières productions, face au réel moderne, s'en nourrissant, l'exprimant en définissant aussi, en esquissant du moins les exigences et les conditions de dépassement. Le roman balzacien est dès l'abord le roman de l'immédiat, considéré comme aussi et plus poétique, comme aussi et plus important que l'historique ou le légendaire. Le roman balzacien est le roman de la famille, de la jeunesse, de la femme, de la province et de Paris, considérés non comme lieux ou moments exceptionnels, privilégiés ou préservés, mais bien comme lieux ou moments où se saisit le processus moderne : d'une part de volonté d'être et d'aptitude à être, d'autre part d'aliénation, de déracinement, de déshumanisation. Les hommes de *la Comédie humaine* sont tous « nés sans doute pour être beaux » *(la Fille aux yeux d'or)*, mais ils nous sont montrés peu à peu avilis, utilisés par le système libéral, soumis aux intérêts. Même — et peut-être surtout — lorsqu'ils jouent le jeu, ils n'en sont que les illusoires vainqueurs et bénéficiaires; ils ont écrasé, réifié la première image et le premier héros qu'ils portaient en eux-mêmes d'un monde conquérant et libre. Le roman balzacien déclasse radicalement les prétentions libérales bourgeoises à avoir définitivement promu et libéré l'humanité. Au cœur même du monde nouveau, que ne menacent plus ni théologiens ni féodaux, mais que mènent les intérêts, se sont levés des monstres, caricatures du vouloir-vivre et du vouloir-être qui avaient porté et portaient encore la révolution bourgeoise. Ambition, énergie, argent, naguère vecteurs humanistes universalistes, formes et moyens de la lutte contre le vieux monde, deviennent pulsions purement individualistes, sans aucun rayonnement, peut-être et immédiatement efficaces, mais en tout cas trompeuses et génératrices d'illusions perdues. Ceci, c'est la face sombre. Mais il est une face de lumière : celle de tant d'ardeur, de tant de foi en la vie, qu'ignoreront les héros et les héroïnes de Flaubert. Ce n'est pas même la vaillance gentille de Gervaise chez Zola, trop aisément et trop visiblement contre-sens et gaspillage dans un univers décidément déshumanisé. Le roman balzacien est celui de toute une vie qui pourrait être et qu'on sent sur le point d'être : l'amour d'Eugénie Grandet, le Cénacle de la rue des Quatre-Vents, la fraternité de Rastignac avec Michel Chrestien et Lucien de Rubempré. Il est beaucoup de laideur au monde, mais le rêve n'est pas encore massacré et, contre les bourgeois, la seule solution n'est pas encore de s'exprimer dans l'absurde donquichottisme d'une Madame Bovary identifiée au *moi* vaincu. L'argent barre l'avenir, mais s'il est déjà tout puissant, il est encore balancé par d'autres forces dans les âmes, dans les cœurs, dans l'Histoire même, avec toutes les forces qui ne sont pas entrées en scène. Le roman balzacien est *porté*, comme toute l'histoire avant 1848. Les bourgeois même de Balzac ne sont pas encore bêtes et béats. Ils ont de l'âpreté, du génie, et Nucingen est le Napoléon de la finance, comme Malin de Gondreville est le roi de l'Aube, comme Popinot, cloueur de caisses, est le fondateur d'un empire, comme Grandet unit le vieux charme français (« Dans les gardes françaises, j'avais un bon papa ») à l'invention, à l'intelligence, au dynamisme de tout un monde libéré. Le Dambreuse de Flaubert, les bourgeois de Zola seront bien différents, sans génie, uniquement jouisseurs et possesseurs, installés, flasques — à la rigueur méchants — mais jamais plus messagers de rien. L'ouverture du roman balzacien tient à ce caractère encore ouvert du demi-siècle qu'il exprime. Michel Chrestien y tombe déjà à Saint-Merry frappé « par la balle de quelque négociant », mais le médecin libéral Bianchon rêve encore de se débarrasser des marquises d'Espard et des parasites sociaux. La dramaturgie balzacienne, en son fond, est constituée de l'interférence de deux élans, à la fois solidaires et contradictoires, se nourrissant l'un l'autre et l'un de l'autre : l'élan de la révolution bourgeoise, à ses multiples étages, en train d'assurer son ultime triomphe; l'élan des forces qui contestent et nient la force bourgeoise, qui en annoncent et signifient le dépassement, mais qui n'auraient jamais surgi et ne se seraient jamais affirmées ni imposées si la révolution bourgeoise n'avait d'abord eu lieu et n'avait d'abord été *dite*. Le roman balzacien malgré certaines apparences est le roman de la jeunesse de la bourgeoisie, en ce qu'elle est — encore — un moment de la jeunesse du siècle et de l'humanité. Le roman balzacien est certes le plus souvent un roman de l'échec, seuls les êtres vulgaires et indignes acceptant de réussir et pouvant vraiment réussir dans cet univers faussé (Pierre Grassou). Mais il faut bien comprendre le sens de cet échec : il n'est pas échec constitutif et naturel, échec qui fasse preuve contre l'homme et contre l'Histoire. Il est échec de ce qui méritait de réussir. L'ambition, l'énergie balzacienne, définissent un monde romanesque ouvert. Mais le sort fait au vouloir-être veut que la seule fidélité possible à soi-même et aux promesses originelles soit le naufrage ou la catastrophe. On peut toujours finir par durer (Eugénie Grandet vieillissante, Vautrin chef de la Sûreté, David Séchard dans sa maison au bord de la Charente), mais on ne dure qu'en ayant renoncé, qu'en ayant dû renoncer à l'intense et au fort qui demeurent la loi du monde et des êtres, en devenant bourgeois, ou, ce qui revient au même, en étant capable de vivre désormais sans briser le cadre bourgeois. Le roman balzacien est le roman de la vie, mais d'une vie à la fois selon l'élan et l'histoire de la bourgeoisie et selon un élan et une Histoire qui réduisent la bourgeoisie à n'être qu'une étape de l'histoire humaine.

Un roman de la connaissance

En même temps, le roman balzacien est construit sur un modèle dramatique qui est à lui seul et indépendamment de tout contenu et de tout signifié explicite, toute une philosophie, toute une attitude, toute une possibilité face au réel. Rigoureusement descriptif, analytique et narratif, le roman balzacien est le roman d'un réel *connaissable*. Les descriptions, les récits, toute l'information fournie au lecteur pour comprendre ce qui va se passer, postulent la validité d'un discours qui entend saisir et surtout transmettre un réel objectif et imputable. A cet égard, le roman balzacien est bien dans la lignée théorique du xixe siècle scientifique, et il est bien aussi le roman de la période positiviste, avant que le positivisme ne se sclérose en scientisme mécaniste. Que ce soit l'industrie d'un pays, ses structures économiques, les relations qui s'établissent entre les hommes, le roman balzacien ne doute jamais qu'on puisse les faire comprendre, et que ce soit là objets pleins, jamais apparents ou illusoires. D'où le ton fortement historique de la narration balzacienne, même lorsqu'elle concerne des faits ou des personnages imaginaires : tel fait s'est produit telle année, tel mariage, telle rencontre sont contemporains de telle mystérieuse disparition, etc. C'est toujours avec assurance que Balzac met en place l'imaginaire, figure semblable du réel, et dont le triomphe est sans doute ces biographies fictives qui se constituent à partir de ses romans et dont lui-même a donné le premier modèle à propos de Rastignac en 1839 (préface d'*Une fille d'Ève*) :

Rastignac (Eugène-Louis), fils aîné du baron et de la baronne de Rastignac, né à Rastignac, département de la Charente, en 1799, vient à Paris, en 1819, faire son droit, habite la maison Vauquer, y connaît Jacques Collin, dit Vautrin, et s'y lie avec Horace Bianchon, le célèbre médecin. Il aime madame Delphine de Nucingen, au moment où elle est abandonnée par de Marsay, fille d'un sieur Goriot, ancien marchand vermicellier, dont Rastignac paye l'enterrement. Il est un des lions du grand monde (voy. tome IV de l'œuvre); il se lie avec tous les jeunes gens de son époque, avec de Marsay, Baudenord, d'Esgrignon, Lucien de Rubempré, Emile Blondet, du Tillet, Nathan, Paul de Manerville, Bixiou, etc. L'histoire de sa fortune se trouve dans *la Maison Nucingen;* il reparaît dans presque toutes les scènes, dans *le Cabinet des Antiques,* dans l'*Interdiction.* Il marie ses deux sœurs, l'une à Martial de la Roche-Hugon, dandy du temps de l'Empire, un des personnages de *la Paix du ménage;* l'autre, à un ministre. Son plus jeune frère, Gabriel de Rastignac, secrétaire de l'évêque de Limoges dans *le Curé de village,* dont l'action a lieu en 1828, est nommé évêque en 1832 (voir la [sic] *Fille d'Eve*). Quoique d'une vieille famille, il accepte une place de sous-secrétaire d'État dans le ministère de Marsay, après 1830 (voir les *Scènes de la vie politique*), etc.

Il n'existe absolument aucun tremblé dans ce texte profondément sérieux : c'est là la vraie vie de Rastignac, et le retour des personnages est tout autre chose qu'artifice et simple habileté technique pour coudre ensemble des morceaux ou relancer l'intérêt; il ne s'agit pas de « suite » : il s'agit d'épaisseur et de multiplication de plans; il s'agit de sortir de l'univers rigoureux et réservé du théâtre (intellectuel ou mondain) pour rendre compte d'un monde réel devenu immense. Balzac ne s'évade pas du réel dans l'imaginaire : son roman double le réel, constitue un univers parallèle et surdimensionné qui, loin de mettre en cause la valeur et l'intérêt du réel, administre par l'acte même de l'écriture comme la preuve de son existence. On ne contestera ce style et cette vision que lorsqu'on commencera à la fois à douter des vertus du positivisme et de toute science, devenue il est vrai menace pour l'ordre bourgeois. Le roman balzacien est le roman d'une science qui n'a pas encore besoin de se réfugier dans le clinique pour s'éprouver exacte. C'est le roman d'une science encore ouverte et largement humaine, jamais démenti infligé aux espoirs ou à la poésie, mais toujours justification de ce qui est le meilleur et le plus vrai dans l'homme. Le roman balzacien, vaste tableau, analyse complète, histoire à dire, est un roman réaliste en ce que la réalité y est donnée à la fois comme en mouvement, intéressante et appréhensible.

La forme extérieure du roman est essentiellement biographique [...]. Dans la forme biographique, la réalité singulière, l'individu que façonne l'écrivain, possède un poids spécifique qui serait trop lourd pour l'universelle souveraineté de la vie et trop léger pour celle du système; un degré d'isolement qui serait trop grand pour celle-là et dénué de signification pour celle-ci, une relation à l'idéal dont l'individu est porteur et agent qui serait trop accentuée pour celle-là et insuffisamment subordonnée pour celle-ci. A l'aspiration irréalisable et sentimentale aussi bien vers l'unité immédiate de la vie que vers l'ordonnance universellement englobante du système, la forme biographique confère équilibre et apaisement; elle la transforme en être. Car sa figure centrale de la biographie n'a de sens que dans sa relation à un monde d'idéaux qui la dépasse, mais ce monde n'a lui-même de réalité qu'autant qu'il vit en cet individu et par la vertu de cette expérience vécue. C'est ainsi que dans la forme biographique on voit s'établir un équilibre entre deux sphères de vie, l'une et l'autre ineffectuées et inaptes isolément à s'effectuer; on voit surgir une vie nouvelle, douée de caractères propres, possédant sa perfection et sa signification immanentes encore que sur un mode paradoxal : la vie de l'individu problématique.

Georges Lukács

3

La vie de Balzac

La vie de Balzac n'a guère d'intérêt ni de signification en
elle-même, séparée de cette immense entreprise d'expression et de production littéraire qu'est l'œuvre balzacienne.
On peut interroger, on peut goûter la vie d'Henri Beyle : elle
est à elle seule sujet, et l'œuvre de Stendhal n'y intervient
que fort tard (après la quarantaine et lorsque l'essentiel a été
vécu), travail de dilettante plus qu'entreprise mobilisant tout
l'homme public ou privé. Pour Honoré de Balzac, il n'en va
plus ainsi, bien qu'on soit encore loin de l'époque de Flaubert
et de Mallarmé, alors que la vie tout entière sera investie
dans l'œuvre. Horace de Saint-Aubin, dès 1822, c'est déjà
le jeune Balzac, de la manière la plus directe, la plus brûlante,
et qu'on peut aujourd'hui lire. Quant à Honoré de Balzac
plus tard, dans les revues ou en tête des glorieux in-8 à
grandes marges [1], il a pris toute la place du fils de Bernard-
François Balzac et de Laure Sallambier, bourgeois installés à
Tours, rue Nationale, au début du siècle. Dès la vingtième
année, Balzac est non seulement celui qui veut écrire, mais
celui qui écrit et qui vit d'écrire : non comme une passion,
mais encore comme une mission, et comme une profession.
Homme d'un style, d'une technique et d'un métier; esprit

---

1. L'in-12 était le format de la littérature populaire et pour cabinets de lecture. L'in-8
était le format noble (histoire, philosophie, poésie lyrique). La publication de la *Physiologie du Mariage* (1829), des *Scènes de la vie privée* (1830) et de *la Peau de Chagrin*
(1831) en in-8 fut un événement significatif. L'inventeur de l'impression en in-8 à
grandes marges est Ladvocat (le Dauriat d'*Illusions Perdues*), l'éditeur de Lamartine,
l'homme au cabriolet de cuivre et d'ébène, seigneur du Palais-Royal.

supérieur et praticien; dandy et correcteur d'épreuves; encre d'imprimerie, contrats et boulevard de Gand; échéances et gilets ou cannes à pommeau d'or : Balzac est l'homme d'un siècle de luxe et de techniques, de naissantes civilisations de masses et de splendeurs promises à l'intelligence. Avec lui se termine le temps des hommes (de Diderot à Benjamin Constant) qui étaient *aussi* écrivains, et pourtant le temps n'est pas encore venu des hommes qui ne peuvent être qu'écrivains, la vie, l'exercice de soi, la réussite et la volonté de réussite dans le siècle n'ayant plus de sens. Pour Balzac, l'histoire qui s'ouvre fait sa place, nouvelle et forte, à l'homme de plume et de pensée, mais aussi l'homme de plume et de pensée y demeure, y est plus que jamais l'homme du siècle, l'homme des luttes, non exclusivement et douloureusement celui des nuits d'Idumée et des gueulantes au bord de l'eau. Les nuits de Saché, certes, avec les feuilles manuscrites qu'on lit aux hôtes étonnés dans le salon aux lions, le matin, mais aussi ces leitmotivs de fortune à faire dans le monde. La vie de Balzac, inséparable de l'œuvre de Balzac et du roman balzacien — la vie étant roman, le roman se faisant biographique —, est le type même de l'aventure telle qu'elle s'impose désormais dans le monde moderne.

Promotions et déracinements

L'ascension des Balzac (qui s'appelaient d'abord Balssa) est de type classique dans la France nouvelle : origines terriennes, promotion et décollage par l'administration et par les bureaux, passage à une activité intellectuelle. Des paysans de l'Albigeois (la France du midi, la France sous-développée et réservoir d'hommes, d'où montent les Rastignac, les Lucien Chardon, les Birotteau), un jeune garçon de riche tempérament, volontaire, instruit par le curé puis autodidacte, un secrétaire de l'administration centrale, une carrière d'administrateur avec des contacts (et des compromissions) du côté des fournisseurs et de l'intendance, un fils qui suit les cours de Sorbonne en même temps qu'il fait son droit et dont on aurait voulu faire un notaire, mais qui se fait écrivain : c'est là comme une courbe biologique normale dans une France en mutation où l'on n'admet plus guère (Sébastien Mercier notait déjà le fait à la fin du XVIIIe siècle dans son *Tableau de Paris*) de passer sa vie entière et de s'accomplir dans sa cellule d'origine. La grande route poudreuse d'Angoulême à Paris, celle sur laquelle l'abbé Carlos Herrera ramasse Lucien de Rubempré, celle qui passe auprès du château de Rastignac et traverse le Berry de la Muse du département, cette route est celle même de l'ouverture et de la liberté modernes, celle des grands départs et des grandes illusions. Mains calleuses, cols blancs, université, milieux littéraires : la troisième génération semble avoir tout effacé de ses origines. Trahison? A la différence de Péguy, Balzac n'écrira jamais : « Je fus traître ». Le « j'aurais jamais dû m'éloigner de mon arbre » n'est pas un thème balzacien, non plus que « le pantalon sociologique » et la petite honte — engendrant le besoin de retrouver le peuple et la terre — de s'être fait normalien et parisien. L'élan, tout élan, est profondément justifié, et jamais Bernard-François Balzac ne retourna au pays en pèlerinage. Le temps de Barrès n'est pas encore venu : en avant du déracinement, il y a encore et toujours un enracinement dans une réalité nouvelle, plus forte et résolument mobilisatrice.

Et pourtant, quelque chose, dans l'inconscient, n'a pas pu ne pas travailler Balzac. Dans la famille de son père s'était produit en 1819 un drame terrible : l'oncle, Louis Balssa avait été guillotiné à Albi pour l'assassinat d'une servante dont il était peut-être innocent. Les Balzac étaient alors solidement installés dans la vie parisienne. Jamais à la maison, semble-t-il, on ne parla de l'événement. Encore moins imagina-t-on d'intervenir. Jamais Honoré ne retourna au pays. Pourquoi? Dans *le Curé de Village,* Balzac racontera l'histoire d'une famille obligée de s'expatrier parce que l'un de ses membres a été condamné à mort. On guillotinait certes alors beaucoup en France (une trentaine d'exécutions par an, soit une tous les dix jours) et nul ne s'étonnera que la peine de mort et l'échafaud soient devenus des thèmes littéraires obsessionnels. Mais enfin, pour les Balzac, pour Honoré, cette exécution publique, là-bas, de cet inconnu qui était pourtant de leur sang, ce silence, n'étaient-ils pas le signe d'une humanité condamnée à être adulte? Il y aura quelque chose d'exténuant dans la liberté balzacienne, une condamnation perpétuelle de l'homme à soi-même. La relance moderne s'était faite aussi et quand même par arrachement : entre l'auteur de *la Comédie humaine* et une terre nourricière, il y avait peut-être la tête coupée d'un paysan.

Un écrivain plébéien

Le début du XIXe siècle a vu fleurir toute une pléiade d'écrivains non seulement appartenant au milieu noble par leur naissance, mais encore surtout et simplement de *style* aristocratique. Chateaubriand et Mme de Staël, puis Lamartine et Vigny (en un sens Musset) ont mis en place une certaine image de l'écrivain romantique, fatal ou dandy, rêveur mais bien habillé, ayant localement souffert de la révolution et de l'Empire, mais parlant pour toute une jeunesse du siècle, venu du meilleur monde et y étant reçu, régnant dans des salons qui ne sont plus laboratoires et séminaires de pensée comme au siècle précédent mais public sensible et pensif, ayant noblement voyagé et connu des amours malheureuses, rimant bien, au demeurant faisant à l'occasion carrière. Or jamais Balzac n'eut rien à voir avec ce monde-là, et jamais il n'eut à son égard, malgré certaines apparences, le moindre complexe. Toujours, au contraire, il en donna la plus impitoyable peinture. Lucien Chardon, enfant du faubourg ouvrier de l'Houmeau, méprise la ville haute où il rêve d'être admis. Plus tard, avec le personnage de Canalis [2], poète angélique et politicien, amant de cœur d'une duchesse, coureur de dot bourgeoise, sachant « remiser son char sous l'aile de l'administration » et finissant ministre de la monarchie louis-philipparde, Balzac règlera son compte à toute une forme de vie. Il y a là en lui comme une allergie fondamentale.

Les rapports sont plus délicats à établir avec le genre intellectuel, dilettante, ou amateur : réfléchi et critique, certes, mais essentiellement non dramatique, ayant le sens de la nuance et en quête d'une certaine distinction. Balzac est bien différent des jeunes hommes nantis et intelligents qui, par exemple, travaillent au *Globe* et constituent sous la Restauration une intelligentsia ouverte et, comme on disait alors, « progressive ». Il suffit de parcourir les *Mémoires* de Rémusat ou la collection du *Monde* d'alors pour comprendre combien, sur ce fond de progressisme intelligent, poli, opportuniste et modéré, Balzac est un paysan, un grouillot, presque

---

2. *Modeste Mignon, Les Comédiens Sans le Savoir.*

un être de bas-fonds, en tout cas un marginal. Serait-il plus proche de ceux qu'il connaîtra chez Delécluze? Malgré tout, Henri Beyle, Mérimée, Stapfer, Sautelet, Bastide, ont, et quelle que soit la vivacité de leur intelligence, de leur correction et de leur style, un côté radical et jacobin qui ne pouvait ne pas lui plaire. Seulement, ces jeunes gens sont de bonne compagnie et ne dépensent que leurs revenus. Balzac bohême lui, et bohême toute sa vie, Balzac se cachant des recors et de ses créanciers, n'est pas de cette espèce de classe moyenne de la culture et de la société qui commencent à constituer les « intellectuels ». Balzac est incontestablement plus vulgaire et plus peuple que ce Stendhal pour qui il fut toujours un sujet d'étonnement. D'un côté, malgré le cœur, les habits stricts et une surveillance constante de soi. De l'autre, le débraillé.

Et pourtant cet homme sans distinction, mais cet homme d'appétits, n'était pas exactement et réellement du peuple, au sens que ce mot a pu prendre. Cet écrivain ne peindra jamais de plein droit et de pleine intention le peuple, les bas-fonds, les misères. Il n'exprimera jamais — surtout il ne prendra jamais à son compte, il n'utilisera jamais — la conscience ou la sensibilité populaires. Que ce soit par rapport à Béranger d'abord sous la Restauration, ensuite par rapport à la littérature et au style ouvrier sous la monarchie de Juillet, toujours il gardera ses distances, non sans agacement ni foucades. Le peuple ne sera jamais vrai pour lui que paysan. Mais alors même qu'il le fera parler dans la grange *(le Médecin de campagne)* ce peuple demeurera un peuple découvert, écouté, regardé, un peuple signifié aux autres comme à soi-même, et lorsqu'on l'entendra directement *(les Paysans)* ce sera un peuple certes redoutable, mais étranger aux « valeurs » et à la « civilisation ». Balzac a dit un jour que la bourgeoisie tomberait sans grandeur et sans poésie, mais il n'a jamais vu ni dit dans le peuple une grande force innocente et naïve porteuse de la régénération du monde. Sur ce point, Balzac, né dans la bourgeoisie, a été parfaitement décent. Rien n'est plus étranger à son style et à son génie que le populisme et l'ouvriérisme.

Et pourtant aussi Balzac est un écrivain authentiquement plébéien, avec tout ce que cette idée implique de rudesse, d'ouverture et d'exigence, de soif d'être et de réserve sauvage, avec une certaine manière de s'imposer et de vouloir faire croire, avec surtout une puissance et un vouloir-vivre qui débordent, contestent et rendent comme illusoires et transparentes les réalisations, les cadres, les valeurs de la France révolutionnée par la bourgeoisie. *La Comédie humaine* est en grande partie la réussite d'un parvenu, son inscription sur le Grand Livre, sa maison de campagne et sa carte de visite. Mais c'est aussi la manifestation d'un monsieur qui n'est pas admis, et qui de toute façon ne se satisferait pas de l'être. De vingt à cinquante ans, Honoré de Balzac a promené dans les salons de France et d'Europe une vanité dont on n'a pas toujours bien accepté de voir tout ce qu'elle couvrait et exprimait d'exigences et de frustrations, d'aliénations mêmes, en tout état de cause d'appel d'air et de sauvage exigence d'avenir. On a raillé Balzac, on l'a fêté, mais dans ce cas, même si on l'a souvent considéré comme un être exceptionnel, on l'a toujours aussi considéré comme un être mal élevé. C'est que toujours il donna l'impression d'être à la pointe de quelque chose, mais aussi de ne pas faire partie de « l'establishment ». En même temps, on pressentait, derrière ses livres, tout ce qui poussait et venait dans le siècle, avec les revendications féminines, avec le refus de l'ordre, avec les barricades, avec l'émeute dans la rue comme en littérature, avec le refus de la raison et des intérêts bourgeois. Balzac n'était pas du peuple, mais il n'était pas non plus de cette bourgeoisie, qui se voulait désormais sans problèmes, dont étaient les patriciens du *Globe* et d'ailleurs : Rémusat, Barante, Guizot, Molé, ou les parvenus intégrés comme Emile de Girardin. Aujourd'hui encore, sauf à le neutraliser par l'anecdote, la petite histoire ou l'interprétation de style mystique, Balzac demeure à une espèce d'avant-garde, alors même que des pans entiers de son idéologie, alors même que presque toutes ses proclamations et déclarations explicites devraient en faire un auteur déclassé. Il y a toujours eu, et ce en dehors de toute littérarité, une virulence de Balzac, sans qu'il ait jamais tenu par quoi que ce soit de précis aux masses populaires ni aux idéologies formelles de la démocratie et de la liberté. Les origines, la nature de l'homme Balzac, à la fois fournissent l'explication de ce phénomène et en donnent la signification.

Balzac est un écrivain plébéien, parce que, en ce début du XIXe siècle, il existe en France tout un ensemble confus, très contradictoire et différencié, mais ayant néanmoins en commun quelque chose, qui n'est pas exactement et pas seulement la bourgeoisie, qui ne saurait être le peuple de la démocratie, et qu'il faut bien appeler sinon le Tiers, du moins la plèbe. Balzac appartient à cette humanité non noble, à la fois ouvrière et bénéficiaire de la Révolution, mais aussi héritière de ses incertitudes, de ses avortements et de ses ambiguïtés, volée souvent, non satisfaite en tout cas, encore populaire en ceci que malgré la Révolution elle sent encore obscurément et puissamment un avenir en avant. Z. Marcas aurait certes pu finir au cabinet du comte Molé. Il n'empêche que Marcas, de son travail acharné, de son vouloir-vivre à ses fameuses imprécations, s'il n'est pas exactement du peuple, n'est pas non plus de la bourgeoisie et se situe exactement aux antipodes de Joseph Prudhomme, de sa société intermédiaire et de son époque de transition :

> Août 1830, répondit Marcas d'un ton solennel en étendant la main vers Paris, Août, fait par la jeunesse qui avait lié la javelle, fait par l'intelligence qui avait mûri la moisson, a oublié la part de la jeunesse et de l'intelligence.

Ceci doit s'apprécier dans la perspective alors et depuis si répandue de la « démocratie modérée », bien française et raisonnable, meilleur rempart contre le socialisme et la barbarie, née de la Charte nouvelle, du compromis orléaniste et de toutes les « meilleures des républiques ». Les frémissements de Balzac contre l'Ordre demeureront longtemps des frémissements de jeune homme du Tiers à qui l'on avait fait sentir qu'il n'était pas du monde. Le médecin de campagne, dans sa première *Confession* (celle que Balzac ne publia pas), confiait :

> Je les amusais... Ah! monsieur, j'ai conçu les vengeances populaires contre ce monde de petitesse.

52

et Bianchon, sortant de chez la marquise d'Espard en compagnie de son vieux camarade Rastignac, s'écriera *(l'Interdiction)* :

> Je hais ces sortes de gens, et je souhaite une révolution qui nous en débarrasse à jamais.

Dès 1830, Gobseck, ancien pirate et usurier, jouissait de voir humiliée la comtesse de Restaud (« Paie ton luxe ! »), et le jeune Balzac écrivait en 1823 dans *l'Anonyme* :

> Malgré les grands mots d'humanité et de philanthropie, la race humaine est pire qu'elle ne le fut jamais ; à quoi bon parler de l'abolition de l'esclavage ? *Les pauvres ne sont-ils pas les nègres de l'Europe ?* Respect à la loi, dit-on encore... Respect ?... Crainte, à la bonne heure !... Et d'ailleurs, qu'est-ce que la loi ? *C'est l'assurance mutuelle des riches et des puissants.* Ils ont tous signé le contrat ; c'est naturel, ils en profitent ; mais ils l'imposent aux petits, qui n'ont rien à perdre, à la vérité, parce qu'ils n'ont rien, mais qui n'ont pas davantage à gagner... Cela n'est pas juste... Dans un tel état de choses, que veut-on que nous fassions de notre guenille, nous autres pauvres hères qui ne sommes appelés au banquet de la vie que lorsque les tables sont desservies, ou, ce qui est pire, que *lorsque toutes les places sont prises ?* N'avons-nous pas le droit de nous plaindre justement ?... D'abord de ce qu'on nous a laissés vivre, et ensuite de ce qu'on a joint à cette première inhumanité l'inhumanité mille fois plus cruelle de nous donner des besoins que nous ne pourrons jamais satisfaire, et des sensations qui doivent causer le malheur de notre vie.

Il faut retenir, dès le départ, cette âpreté, cette pulsion première. Elles seront à la base de toute une inspiration « démocratique » de *la Comédie humaine,* qui sera seulement détournée ou censurée pour des raisons qu'il faudra reconnaître. Qu'elle n'ait pas dégénéré en démagogie canaille ou en irresponsable complaisance à soi-même est précisément l'un des grands problèmes balzaciens.

Une aventure littéraire
dans le monde moderne

La première carrière de Balzac, de 1820 à 1829, est très significative des conditions dans lesquelles et des raisons pour lesquelles au début du XIXe siècle on peut se faire un écrivain, et de la manière dont un jeune homme très doué devient peu à peu quelqu'un qui voit et fait voir. Fût-ce au travers de ce qui n'est en apparence que la pratique du pire et du plus compromettant des métiers : la littérature alimentaire (ou plus valablement, comme on disait alors, « marchande ») rendue possible par le développement d'un nouveau public, la mise en place de nouveaux réseaux de distribution et la constitution, en somme, d'un nouveau marché de la lecture.

Balzac est né (à Tours en 1799, là simplement où les hasards d'une carrière administrative avaient conduit son père) dans une famille de bourgeois à la fois nantis et incertains, ayant eu richesse et puissance, mais les ayant quelque peu perdues, toujours à l'affût, toujours en calculs et en spéculations, assez bohèmes, famille de décorum et de perpétuelles incertitudes. Balzac n'était d'une terre et d'un milieu naturel que par hasard et tourangeau que d'occasion, alors que Chateaubriand était breton, alors que Péguy sera vraiment orléanais et Barrès pleinement lorrain. Balzac a certes dit la Touraine. Mais d'une manière jamais dramatique : ses morts n'y reposent pas. Son véritable enracinement à lui n'était pas provincial et terrien, mais social et politique; c'était cette « France nouvelle », décloisonnée, brassée par la Révolution, lancée aussi bien, un moment, dans une grande aventure collective que, plus durablement et à quel prix! — la littérature le dira —, dans la ravageuse et destructive épopée de l'ambition. Du côté paternel : la réussite d'un berger de l'Albigeois, parti à pied, devenu secrétaire du Conseil du roi, puis ayant fait carrière dans les subsistances; pour couronner le tout une place d'adjoint à Tours; la tradition philosophique, le progressisme raisonné, un peu naïf qui s'exprime dans de multiples brochures [3], la fierté d'avoir été avec la Révolution et l'Empire de cette classe d'hommes nouveaux et d'organisateurs qui avaient contribué à la libération d'une humanité fruste mais entreprenante et vigoureuse. Du côté maternel : un lignée de commerçants, la bourgeoisie moyennement riche et peu politisée, sans génie, de la rue Saint-Denis et du Marais, sensible aux écus; une jeune mal mariée, jetée pour des raisons de fortune à un quinquagénaire de la nouvelle classe politique et ayant certes un bel avenir; puis des liaisons, un fils adultérin, l'indifférence et même la haine pour les deux plus jeunes, Laurence et Honoré, « enfants du devoir »; des soucis de respectabilité; des souffrances réelles aussi : Mme Balzac, bourreau, est aussi une victime. Ainsi un monde déjà faussé, bloqué, mais encore, pour l'essentiel et dans l'ensemble, un monde lancé, proliférant et nourrissant. La bourgeoisie de Balzac est bien différente, par exemple, de celle de Stendhal : les Beyle-Gagnon étaient depuis longtemps arrivés, stabilisés, installés dans leurs revenus, dans leur conservatisme, dans leurs attitudes et fréquentations bien pensantes; ils seront farouchement opposés à la Révolution, et le jeune Henry sautera de joie lors de l'exécution de Louis XVI comme si l'on venait de couper le cou à la tante Séraphie. Chez les Balzac, il n'y a pas d'abbé Raillane et Honoré, à la différence du jeune Beyle, n'a pas commencé, n'a pu commencer, par haïr des bourgeois. Honoré réagira contre son milieu, certes, et d'abord en dévoilant les drames de la « vie privée », mais aussi ce milieu le portera, alors qu'il n'a jamais porté Stendhal, le premier des évadés à part entière de l'histoire littéraire des classes moyennes.

De huit à treize ans, Honoré fut enfermé dans le collège des Oratoriens de Vendôme, où il se livra à une débauche de lectures, se passionna pour les idées et la philosophie, et sans doute commença quelque chose qui ressemblait à ce *Traité* (ou *Théorie*) *de la volonté* dont il devait reparler dans *la Peau de Chagrin* et dans *Louis Lambert*. A Paris, à partir

---

3. *Sur les moyens de prévenir les vols et les assassinats* (1807), *Sur le scandaleux désordre causé par les jeunes filles trompées et abandonnées* (1808), *Sur deux grandes obligations* (1809), *Histoire de la rage* (1814), etc.

de 1814, il découvre l'immense civilisation moderne libérée par la chute de l'Empire et par l'installation du constitutionnalisme bourgeois. C'est la grande époque de l'Université nouvelle : Balzac suit les cours de Villemain, Guizot, Cousin; il va au Museum écouter Cuvier, Geoffroy Saint-Hilaire. Il veut alors, fidèle à ses premières tentations, être philosophe; il accumule notes et ébauches; il est matérialiste convaincu; il reproche à Descartes d'avoir un peu trahi et il se proclame disciple de Locke. Mais il veut aller plus loin que ses premiers maîtres, sensualistes et idéologues; poussé par ses propres aspirations et par ses premières expériences, il a aussi médité les leçons de Cousin, qui lui a fait découvrir Thomas Reid et sa philosophie du sens intime et de la « seconde vue »; il ne l'interroge pas seulement sur la manière dont l'homme-machine fonctionne, mais sur ce qui le porte; il a le sens et le souci du drame vécu, le sens du devenir, que n'avaient guère les idéologues, hommes assurés et de bonne conscience, hommes pour qui l'histoire était faite, la vie et l'humanité désormais sans mystères majeurs. Lavater et Gall (que lui a fait connaître le docteur Nacquart, un des plus proches amis de la famille) sont ses maîtres, parce que selon eux tout est explicable à partir du visible et du physique. Mais Balzac tente déjà (il tentera toute sa vie) d'intégrer le matérialisme descriptif et explicatif à une philosophie de l'aventure humaine et de son mouvement. Aussi, le monde, pour ce jeune philosophe, n'est-il pas un ensemble dans lequel, libéré des préjugés « gothiques », on n'a plus qu'à fonctionner en sachant comment on fonctionne. Le monde est à bousculer, à conquérir, à ordonner, selon des exigences toujours neuves, par la pensée, par le talent, par le droit vrai. Tout ceci le met déjà quelque peu au-delà du libéralisme refroidi des plus de cinquante ans.

Une occasion se présente bientôt d'en faire la preuve. Premier obstacle, en effet : sa famille veut le faire notaire. Il refuse. Il veut faire sa fortune par une œuvre littéraire et forger sa puissance avec l'appui du journal. Une carrière politique couronnera le tout. La France nouvelle, explique Balzac à sa sœur, n'a pas fini sa révolution; elle aura besoin d'hommes nouveaux. Cette idée ne quittera pas de longtemps le futur Honoré de Balzac. Il échoue d'abord dans la rédaction d'une tragédie, *Cromwell,* péniblement imitée des maîtres classiques, encore que pénétrée de quelques préoccupations modernes ou modernistes (1820). Mais, à peu près en même temps, on le voit songer à donner une forme romanesque à ses chères idées. Un projet à peine ébauché, *Corsino,* puis un autre, beaucoup plus poussé, *Falthurne* (roman à la fois historique dans le genre de Scott et philosophique : la magie!) témoignent de cet important changement de front. Cependant, il faut vivre. Balzac, qui a beaucoup médité dans sa mansarde de la rue Lesdiguières, découvre alors l'autre face de Paris et de la « civilisation ». Piloté par un entrepreneur de romans, Lepoitevin de l'Egreville, il commence à rédiger en 1821 pour les cabinets de lecture des romans qu'il se garde bien de signer du « nom Balzac », promis à tout autre chose. C'est le début d'un pénible noviciat. Le jeune homme apprend à connaître le monde des éditeurs et des petits journaux; il découvre ce par quoi doit passer le talent, lorsqu'il n'a pas l'indépendance et la fortune. Il fait ainsi en profondeur l'expérience de ce qui constitue l'envers de la société libérale. *L'Héritière de Birague* (paru, signé Lord R'Hoone, début 1822) est une parodie du roman noir (Ann Radcliffe) et du roman romantique de droite Trône et Autel (d'Arlincourt). C'est un roman amusant et intelligent, quoique de pure et hardie fabrication.

Le vrai Balzac, toutefois, continue en secret. Pendant l'été 1821, revoyant pour la première fois sa Touraine natale, il avait commencé à rédiger un roman autobiographique et philosophique, *Sténie,* marqué par l'influence de Rousseau et de *Werther,* à la fois plein de fierté (« nous, jeunes gens, enfants du siècle et de la liberté »), d'angoisse et de révolte (« tout pacte social est un crime »). Il ne le terminera jamais, n'ayant pu trouver à le placer chez ses libraires, ou, ce qui revient au même, n'ayant pas voulu le trahir en l'arrangeant comme il l'aurait fallu. Rentré à Paris, il reprend le collier et publie *Jean-Louis,* roman « gai » qui doit beaucoup à Restif de la Bretonne et à Pigault-Lebrun, mais dans lequel aussi s'amorce la peinture de la bourgeoisie à la fois ouvrière, bénéficiaire, et accapareuse de la Révolution. L'ambitieux Courotin, qui parvient par la chicane et en jouant le peuple contre les nobles, robin à la fois révolutionnaire et bourgeois, est le premier des arrivistes balzaciens; il n'est, toutefois, pas encore un monstre fascinant et demeure dessiné d'une plume plus plaisante que puissante. Pour le même éditeur, et toujours sous la signature de R'Hoone, Balzac rédige ensuite, toujours péniblement, un autre roman historique plus ambitieux, *Clotilde de Lusignan*, qui lui est payé 2 000 francs (contre 800 et 1 200 aux précédents), mais n'obtient pas le moindre succès. Clotilde a cependant le mérite et l'intérêt, en 1822, d'inverser le roman romantique et scottien et de railler les poncifs du style moyen âge, tout en donnant peut-être au thème « retour du croisé » une signification que reprendront les thèmes « paria » et « retour » du *Colonel Chabert*. Ces trois premiers romans publiés, exercice d'un garçon intelligent et cultivé, voyant clair, n'ont guère d'intériorité. L'accent personnel leur manque.

Mais au début de 1822 se produit un événement capital. Balzac est en termes de plus en plus mauvais avec sa famille; il n'arrive à rien; il est séparé de sa sœur aînée et confidente, Laure, qui a suivi à Bayeux son mari Eugène Surville, polytechnicien et ingénieur des Travaux Publics, et joue désormais la carte bourgeoise de la femme supérieure méconnue. Laurence, la cadette, est mariée depuis septembre 1821, à un individu sans foi ni loi, mais titré, et donc bien accueilli par la famille : Armand-Désiré de Montzaigle. Commence alors pour Honoré une longue liaison avec une femme âgée de vingt ans de plus que lui, Laure de Berny, qui avait traversé bien des orages, et qui lui sera tout pendant longtemps : amante, mère, protectrice, initiatrice aux mystères du monde, bailleuse de fonds. En sa compagnie, Balzac s'exalte à la lecture de Chénier (André, un frère guillotiné de l'autre), et dans ses papiers se multiplient les essais poétiques. Aussi, alors même qu'il continue de travailler obscurément pour l'atelier Lepoitevin, il entreprend de rédiger, coup sur coup, plusieurs romans qui rendent un son nouveau, et qu'il signe d'un pseudonyme nouveau lui aussi : Horace de Saint-Aubin. *Le Vicaire des Ardennes* et *le Centenaire* (été-automne 1822) appuyés, pour l'affabulation, sur de nombreuses imitations (*Paul et Virginie*, *le Prêtre* de Sophie Pannier, *Melmoth* de Maturin) sont déjà des romans du moi sensible et volontaire, des romans de l'amour et de la puissance. Balzac commence à s'y exprimer par l'intermédiaire de héros jeunes et beaux, *capables* et appelés mais barrés. En même temps s'y amorce la peinture des milieux et des types (un petit village et ses notables, la société de l'Empire). Ces deux œuvres sont écrites dans une sorte de fièvre; au mépris de ses intérêts, et le contrat signé, Balzac ajoute au *Centenaire* un quatrième volume pour développer ses idées philosophiques (sur la puissance vitale) qui lui tiennent à cœur. De plus, *le Centenaire* est déjà un excellent récit fantastique dans un cadre moderne. Mais Balzac fait mieux. Pendant l'été 1822, il commence *Wann-Chlore*, roman réaliste et intimiste, formellement de la lignée de Jane Austen *(Orgueil et Préjugé)*, mais surtout roman qui part de la famille de Balzac, de la vie à Ville-parisis, du drame qui s'est joué et se joue entre Mme Balzac et sa malheureuse fille Laurence. Les thèmes de la « vie privée », de la « femme abandonnée » et encore des jeunes gens enfants du siècle s'imposent dans ce roman qui recourt toujours, lui aussi, aux ficelles et aux souvenirs de lectures, mais auquel Balzac tenait beaucoup, qu'il corrigea et perfectionna pendant trois ans, qu'il continuera d'enrichir de ce qu'il a de plus cher, dont il reprendra le schéma central dans *le Lys dans la vallée* (une femme peut-elle aimer un homme dont le passé est dominé par l'image d'une autre femme?) et qui marque bien dès la vingt-troisième année le passage à une littérature d'une authenticité brûlante, chargée de dire, avant la politique, le pouvoir d'aliénation et de frustration de la vie moderne.

Pris par d'autres projets, toutefois, Balzac délaisse momentanément *Wann-Chlore,* et, fin 1822, tente sa chance au théâtre. Mais la *Gaîté* lui refuse son mélodrame *le Nègre.* Nouvelle entreprise romanesque : *la Dernière Fée* (mai 1823). Au départ, simple féérie, en fait roman capital et l'une des cellules mères de la thématique balzacienne : découverte du monde moderne par un jeune homme naïf, pris entre la femme sans cœur et l'ange-femme, dilemme du vouloir-vivre et de l'économie de soi, de l'intense et de la durée. Une deuxième édition, avec un dénouement plus significatif et un volume de plus (preuve que l'auteur tenait à son œuvre), est aussitôt préparée. Elle ne paraîtra que fin 1824, mais sans succès elle ne non plus.

Depuis la seconde moitié de 1822, l'inspiration de Balzac a donc évolué. On a vu paraître dans ses romans des thèmes poétiques et sentimentaux. De plus, il a comme découvert quel peut être le sens de la religion, plus exactement du *besoin* de religion, dans une société utilitariste et bourgeoise. C'est là non une « capucinade », comme il dira lui-même, mais une intéressante réaction anti-libérale. Balzac comprend quelles sont les limites d'un laïcisme dont il avait voulu être le philosophe, mais dont il découvre les composantes sociales et le caractère mutilant. La foi, le dévouement, l'amour, le sens du devenir et le sens des autres, l'exigence de totalité échappent au libéralisme; le mettent en question, lui et son style, valorisant nécessairement, et à tous périls, son anti-style. Balzac, qui en 1820, dans *Falthurne,* avait posé cette question capitale : « Mange-t-on dans *René?* », découvre que le romantisme poétique exprime une partie de son expérience et de son *moi,* même s'il mange. Il va l'intégrer, le dépasser bien entendu, puisque ses motivations sont de plus universelle portée, mais il va aussi, un temps, parler le même langage.

Une trace de cette nouvelle orientation se trouve dans deux ébauches de 1823 : un *Traité de la prière* et un « second » *Falthurne,* sorte de poème en prose et claire esquisse du futur *Séraphîta.* Il ne faut pas trop vite parler de fourvoiement ou de mystification : c'est par sa « mystique », en partie, que Balzac a pu échapper à la « sagesse » et à la « raison » des bourgeois du *Constitutionnel,* en amorcer la critique et le dépassement. Louis Lambert, héroïque figure de l'absolu et de la totalité dans un univers du relatif et du réifiant, a ses origines dans ces recherches de 1823. Il faut ajouter que c'est en ces mêmes années que Balzac entre dans le cénacle Delécluze, qui réunit de jeunes intellectuels de gauche, partisans (chose rare alors) d'une révolution littéraire en même temps que politique; c'est peut-être chez Delécluze qu'il a rencontré pour la première fois un certain Henry Beyle. L'aboutissement romanesque se trouve dans *Annette et le Criminel* (été 1823) publié seulement en 1824, roman de l'amour d'une jeune bourgeoise pour un hors-la-loi.

On y voit reparaître le forban Argow, qui figurait déjà dans *le Vicaire des Ardennes.* Roman de la vie privée, comme *Wann-Chlore,* roman de l'exceptionnel et du terrifiant, roman des mystérieuses mutations intérieures de l'âme, *Annette et le criminel,* plus connu sous le titre de la réédition de 1836, *Argow le Pirate,* conduit directement à *Eugénie Grandet,* au *Curé de village* et au cycle de Vautrin.

Fin 1823, Balzac fait la connaissance d'Horace Raisson, un autre « industriel » et polygraphe, qui le fait pénétrer dans de nouveaux cercles de la vie parisienne. Tous deux collaborent au *Feuilleton littéraire,* qui soutient d'abord Saint-Aubin, puis le brise comme les petits journaux briseront Rubempré. Est-ce parce que Balzac a opéré, ou semblé opérer, comme le futur héros d'*Illusions Perdues,* un quart de conversion à droite? Au début de 1824, il a publié deux brochures anonymes, certainement bien payées, peut-être provocatrices : *Histoire impartiale des Jésuites* et *Sur le droit d'aînesse.* Travaux de libraire, mais dans lesquels l'auteur expose des idées sur l'unité, sur l'autorité, directement anti-libérales, et auxquelles il ne renoncera jamais. Rien ne va toutefois et, à l'automne 1824, Balzac est au bord du désespoir. *Wann-Chlore,* qu'il a refusé de céder à vil prix en 1823, va enfin connaître les honneurs de l'édition. Se battant sur tous les fronts, avec son nouvel éditeur Canel, le romancier se lance dans une opération de librairie : publier une édition à bon marché de Molière, puis de La Fontaine. La spéculation tournera court ne laissant que du passif. Entre temps, paraît *le Code des gens honnêtes,* texte capital pour l'histoire du réalisme et du modernisme balzacien, et qui, sous une forme alors convenue, traite du thème des crimes cachés et de la toute-puissance des voleurs et de l'argent. Puis *Wann-Chlore,* revu, corrigé, enrichi de notations inspirées par le martyre de Laurence (qui meurt à la fois de la tuberculose et d'abandon au mois d'août 1825), paraît enfin à l'automne. Ce livre chéri, publié d'abord anonyme, puis dans une seconde édition fictive sous la chère signature de Saint-Aubin, échoue totalement comme ses prédécesseurs. Cette fois, c'est vraiment la catastrophe. Balzac, malade, abandonne la littérature. Il se fait imprimeur, puis fondeur. L'expérience durera deux ans, tournant, elle aussi, au désastre. Seul un prêt de sa mère (qui ne sera jamais remboursé et pèsera sur sa vie entière) empêchera le déshonneur. Pendant cette sombre période, le littérateur n'est pas mort en Balzac. En 1826 il compose et imprime lui-même quelques exemplaires d'une première *Physiologie du mariage.* Il multiplie les projets de romans historiques, envisage un cycle romanesque consacré à l'histoire de France; il écrit *Une Blonde,* roman inspiré par le réformateur et bienfaiteur d'un village d'Alsace, le pasteur Oberlin, et qui est l'un des premiers états du futur *Médecin de campagne;* il établit des contacts avec certains milieux saint-simoniens, imprime leur revue, *le Gymnase.* Mais à quoi bon? En 1828, ayant totalement échoué comme « industriel » et comme « spéculateur », Balzac n'a plus qu'une ressource pour gagner sa vie : reprendre la plume. Parti d'un projet de mélodrame (la belle espionne qui tombe amoureuse de celui qu'elle doit perdre), il écrit, en grande partie à Fougères, sur le terrain, un nouveau roman, *le Dernier Chouan,* qu'il envisage d'abord de signer d'un nouveau pseudonyme, Victor Morillon. Une biographie imaginaire, qui contient déjà certains des thèmes essentiels de Louis Lambert et annonce un projet de cycle romanesque sur l'histoire nationale, devait figurer en tête de l'ouvrage, mais Balzac y renonce et décide de signer. Le roman cette fois, ne passa pas totalement inaperçu. On le compara même à *Cinq Mars,* et pour le déclarer supérieur à l'ouvrage de M. le comte de Vigny. Ce n'était pourtant encore qu'un in-12 pour cabinet de lectures, mais c'était assez, sans doute, pour faire admettre à Balzac que sa voie était — peut-être, hélas! — tracée. Il compléta sa *Physiologie du mariage* et se mit à rédiger, sous la dictée de souvenirs de famille, ses premières *Scènes de la vie privée.* Les deux ouvrages paraissent à la fin de 1829 et au début de 1830. On y prête moins d'attention sur le moment qu'à *Hernani.* En même temps, Balzac entre dans l'équipe naissante d'Émile de Girardin; il fait ses débuts comme journaliste et comme fournisseur de contes et nouvelles pour revues. Une autre aventure commençait.

Naissance d'un réalisme et d'une vision

Le roman réaliste avait fait brèche de bonne heure dans la vieille littérature. Enregistrant l'afflux des forces neuves, multipliant les enquêtes et les analyses, découvrant d'innombrables aspects du réel jusqu'alors négligés, s'adressant à la conscience la plus moderne, s'il n'était pas du goût des doctes, il était le genre de l'avenir. Sébastien Mercier, dès 1782, se scandalisait du peu de cas que les gens de lettres avaient fait du *Paysan Perverti* de Restif, et il dénonçait

> l'injustice ou l'insensibilité de la plupart des gens de lettres qui n'admirent que de petites beautés froides et conventionnelles, et qui ne savent plus reconnaître ou aimer les traits les plus frappants et les plus vigoureux d'une imagination forte et pittoresque [...]. Est-ce que le règne de l'imagination serait totalement éteint parmi nous, et qu'on ne saurait plus s'enfoncer dans ces compositions vastes et attachantes qui caractérisent les ouvrages de l'abbé Prévost et de son heureux rival M. Restif de la Bretonne? On se consume aujourd'hui sur des hémistiches, *nugae canorae;* on pèse des mots, on écrit des puérilités académiques. Voilà ce qui remplace le nerf, la force, l'étendue des idées et la multiplicité des tableaux! Que nous devenons secs et étroits!

Mercier ouvrait alors d'immenses perspectives :

> Il reste à une plume douée de cette énergie un tableau neuf à tracer.

L'histoire du premier Balzac est particulièrement riche d'enseignements. D'abord, la littérature y apparaît courageusement et franchement non comme une activité noble et désintéressée d'homme qui a l'argent et le temps, mais comme un métier avec son conditionnement de métier. Balzac dira un jour non « *depuis dix ans que j'écris* », mais « *depuis dix ans que j'imprime* ». Balzac, comme ses contemporains, ne s'est certes jamais voulu *uniquement* écrivain; il visait et visera toujours autre chose qu'un simple magistère littéraire (en particulier le pouvoir politique). Mais, s'il est bien loin encore des ambitions de compensations ou d'évasions (Flaubert, Mallarmé), il n'en témoigne pas moins dès sa première carrière du poids nouveau et des nouvelles possibilités de la littérature dans une société qui d'une part est plus intelligente, mais qui, d'autre part aussi, commence à se méfier de l'intelligence, parce qu'elle commence à se définir et à se développer contre l'intelligence et contre le sens du réel vrai. La littérature est la preuve et l'instrument du développement social, mais elle est aussi déjà l'arme de sa mise en cause et sa contre-image. C'est donc dans les caves d'une littérature encore dominée par les genres, les conceptions et les possibilités traditionnelles (que l'on songe à cette suite d'écrivains gentilshommes, distingués et fortunés, depuis 1800) que s'est préparée la relève. De 1822 à 1825, le jeune Balzac est l'un des ouvriers les plus efficaces de cette nouvelle littérature qui, sur de multiples fronts, à partir de multiples modèles, aborde en autant de styles autant de nouveaux sujets. Tout le XVIIIe siècle à la fois prometteur et finissant se trouve dans les romans de R'Hoone et de Saint-Aubin. Mais leur problématique, leur dynamique conduisent à un réalisme nouveau. C'est sur le fond de ce qui se pratique et se produit alors qu'il faut juger l'opération R'Hoone-Saint-Aubin, une fois écrits *les Chouans* et la *Physiologie*.

Le roman noir à la Radcliffe ne fait appel qu'à une sensibilité encore assez sommaire. Le roman noir pré-balzacien se charge de parodie, contribuant à déclasser le genre, à le faire dater, prouvant qu'il a cessé réellement de correspondre au besoin d'intense et de pathétique propre à la préhistoire du romantisme. D'avance, il n'y a pas que le genre Radcliffe à bénéficier de l'opération.

Le romain gai à la Pigault-Lebrun est d'un assez lassant conformisme voltairien et bourgeois; le roman gai tel que le pratique le jeune Balzac est déjà un roman anti-bourgeois.

Le roman sentimental ou fantastique tel qu'on le trouve représenté par Chateaubriand et ses épigones ou par les romanciers anglais ne va guère plus loin que la modulation d'un moi paresseux ou désarmé. Le roman sentimental et fantastique, tel que le pratique le jeune Balzac, se charge de volonté de puissance; il est roman de découverte et d'éducation.

Le roman de la vie privée, enfin, pratiqué par les romancières anglaises (Jane Austen) et leurs imitatrices françaises, tombe assez vite dans un romanesque intimiste ou moralisant dépourvu de toute réelle portée critique; il en vient à n'avoir guère d'autre intérêt que le besoin d'autre chose que du roman noir irréaliste. Mais le roman de la vie privée tel qu'il apparaît dans *Wann-Chlore* est mise en cause soit de la platitude, soit de l'inhumanité de la vie bourgeoise.

Quant au petit réalisme à la française, qui fleurit depuis longtemps dans le livre comme dans le journal, *l'Histoire de la vie privée des français* de Legrand d'Haussay, *l'Hermite de la Chaussée d'Antin* de Jouy, *le Rôdeur Français* de Balisson de Rougement et, si l'on remonte plus haut, l'important *Tableau de Paris* de Sébastien Mercier relèvent de ce réalisme familier qui a le mérite d'attirer l'attention sur les réalités quotidiennes, mais que n'élève aucune vision. Description souriante, bonhomme, sans souffle, narquoise souvent, spirituellement satirique. Les auteurs de ces ouvrages procèdent d'ailleurs par courts fragments. Ils s'adressent à une clientèle qui n'aime guère les longs ouvrages; ils en flattent à la fois la curiosité badaude et la médiocrité intellectuelle. Il manque, aussi, à cette poussière de petits faits vrais, la force, l'intensité, et surtout l'unité, qu'elle soit conceptuelle ou en marche, dynamique. Le besoin auquel ils répondent, c'est le goût, mais quelque peu dégradé, de l'encyclopédisme et de la connaissance par accumulation. Pas de haut style, des sujets en prise directe sur les connaissances et les préoccupations du public moyen; une langue qui est celle de tout le monde, claire, correcte. Littérature digestive, et qui ne met rien en question. Les *Codes*, et même celui des *Gens Honnêtes* restent dans cette lignée, encore que s'y perçoive une certaine âpreté. Une dynamique s'y dessine, une thématique déjà, au-delà de la description. Ce que Balzac ajoute, et ajoutera de plus en plus à cette littérature dont il est nourri, c'est l'intuition de grandes forces qui mènent le monde. D'où un mouvement ascendant, une impression de tourbillon. En un mot, un dépassement du réalisme, dépassement qui ne serait pas concevable en dehors d'une prise de conscience aiguë du désordre moderne. Les *Rôdeurs* et les *Hermites* n'ont de sens que dans une perspective rassurante parce qu'assurée. C'est l'inquiétude et déjà la mise en accusation des formes apparentes de l'ordre établi, qui seule explique, chez Balzac, la transmutation du *costumbrismo* bourgeois en réalisme critique. La suite seule, bien entendu, fournit les clés de cette première production. Il est néanmoins incontestable que Balzac y décolle de pratiques littéraires anesthésiées. C'est que la forme, le sujet-forme se constituent à mesure que s'éveille la conscience du monde comme il va. On n'a pas vu, pendant longtemps, l'importance réelle du *Dernier Chouan* : lutte des paysans contre la révolution bourgeoise et urbaine, proximité et fraternité, dans le monde désormais organisé et dominé par Bonaparte, le policier Corentin et l'acquéreur de biens nationaux d'Orgemont, de tous les exclus, de tous les mystifiés, de tous les aliénés : femmes victimes de la vie privée, républicains naïfs, masses populaires maintenues dans la misère et le sous-développement, jeunes hommes incarnant toutes les vraies noblesses. La tragédie de Fougères, la mort des amants, Hulot bourreau malgré lui et Corentin qui s'en va vers *la Comédie humaine* : quelle conclusion, en 1829, à ces dix premières années de découvertes et de réflexion! Mais aussi quelle ouverture sur le nouveau roman historique du monde moderne!

L'éveil d'une conscience

L'éveil de la conscience, chez Balzac, avec les expressions et prises de positions, avec les engagements et les actes correspondants, qu'ils soient de conduite ou d'écriture, n'est pas un pur phénomène psycho-affectif. Comment s'est constituée, de très bonne heure (à douze ans tout est joué, dira Péguy), la « réaction » de Balzac au réel et à ses problèmes, la réaction aussi à soi-même comme faisant problème et partie du réel, c'est là une affaire concernant à la fois Balzac seul et le monde dans lequel et par lequel il avait été formé, sans lequel il aurait été autre, et qui définissait pour lui en même temps une fatalité, une nécessité, et le cadre, les possibilités d'une liberté à faire. Deux grandes directions s'imposent, qui conduisent à deux tendances et tensions :

1. L'optimisme, l'humanisme conquérant, le prométhéisme, qui viennent du père et de la révolution bourgeoise (accomplie, et encore en cours).

2. Le pessimisme et l'expérience désolante du monde, qui viennent de l'absence d'une vraie mère, de sa propre négation tôt éprouvée par Balzac en tant que fils et en tant qu'être, de la découverte ensuite, et presque aussitôt, de tout ce qu'a d'impitoyable, de dur et de faux la société révolutionnée. C'est, après l'expérience intime de la vie privée, l'expérience de la société parisienne, la première préfigurant la seconde et l'intériorisant, la seconde vérifiant la première et lui conférant dimensions, justifications et significations historiques.

Dans les deux cas, l'élément socio-historique se compose et joue avec l'élément personnel et profond — unique. L'axe paternel sera celui de la politique et de l'ambition. L'axe maternel sera celui de l'auto-destruction constante, du nihilisme élégiaque ou rageur, mais à sa manière et avec ses moyens ouvreur de voies. Balzac a toujours été un être profondément responsable, ambitieux et avide. Toujours il a rejeté les troubles facilités du révolutionnisme et de l'insurrectionnisme, qu'ils fussent de pratique ou de discours. Mais toujours aussi Balzac s'est conduit comme s'il voulait de toutes ses forces demeurer ou se retrouver dans une situation revendicative et critique, comme preuve et témoin de l'inhumanité du monde, accusateur de qui de droit pour être ainsi perpétuellement orphelin. Ce sont des comportements contradictoires qui s'expliquent et qui peut-être surtout expliquent : Balzac s'est formé à l'intersection des forces positives et des forces négatives de la société révolutionnée, le Père et Prométhée d'un côté, la Mère et le Destin de l'autre.

Le père et l'élan philosophique

Le père de Balzac avait pensé que l'unification législative de la France devait immanquablement conduire à l'unification du monde (qu'il appelait, en bon voltairien, la « grande famille ») et que le cadastre, les poids et mesures, « les idées libérales », l'égalité devant la loi, la défaite du clergé, la promotion de nouvelles élites et la mise en place d'une nouvelle administration, le triomphe du commerce, tout ceci rouvrirait, comme il disait, les routes des « félicités communes ». L'Empire organisateur et civil (Bernard-François Balzac ne souffle mot des conquêtes et de l'aspect militaire de la chose) prouve que l'Histoire était logique et que les hommes avaient raison : où pourraient être désormais des motifs d'être sceptique, de craindre et de douter? Ajoutons le carriérisme joyeux de l'intéressé, un opportunisme non pas triste et culpabilisant, honteux, mais bien signe de ce que les régimes successifs, après tout, ne font que servir les classes éclairées : on lit l'avenir de l'homme dans le texte d'un contrat toujours à parfaire.

C'est là, à la fois, beaucoup de force et beaucoup de naïveté. Force, si l'on songe à l'ancien régime et à son pessimisme historique. Naïveté, si l'on pense à tout ce que montrera le roman réaliste, c'est-à-dire à tout ce qu'est devenu le monde moderne et modernisé. Tous les écrits du jeune Balzac depuis 1821 (sur la famille, sur l'argent, sur la liberté) seront des remises en cause des certitudes philosophiques, des réappréciations de valeurs devenant règles et cache-réel.

La mère et la vie privée

Hugo voulant dire qu'un jour l'humanité serait heureuse écrira : « tout l'univers n'est plus qu'une famille unie. » Phrase malheureuse. D'avant Freud, Mauriac et Hervé Bazin, certes. Mais aussi, hélas, d'après Balzac (et Stendhal). La famille nœud de vipères, la famille microcosme des plus inexpiables luttes intra-humaines, les unes fondamentales et prenant leur source dans les contradictions élémentaires (fils-mère-père), les autres transposant et reflétant des rapports d'appropriations de l'univers socio-politique : cette image a aujourd'hui acquis droit de cité. Mais la famille lieu du règne et de la vertu bourgeoise; la famille lieu des certitudes et des valeurs, longtemps, face à la vie errante ou dissipée; la famille, lieu des affections enfin possibles, mais aussi déjà nouvelle place forte et nouveau lieu de vasselages et suzerainetés : toute une littérature a longtemps vécu sur cette autre image d'une maîtrise allant avec le cœur et la sensibilité. La bourgeoisie et sa littérature ont toujours exalté la famille, cellule de base de la vie sociale, lieu qui ne concernait que le père et la mère, lieu du non-soupçon et que *Lorsque l'enfant paraît* devait achever de constituer en image de l'innocence et de la valeur du monde. Mais pour Balzac, dès les premiers écrits, la famille est le lieu des souffrances inconnues : fils n'ayant pas de mère, filles esclaves et sacrifiées, mères tyranniques dont le passé douloureux explique aussi sans doute la dureté. Le passé de Mᵐᵉ Balzac, sa conduite envers Laurence et Honoré, cet enfer, très tôt, sous les apparences quiètes de la vie de province, c'est la première certitude bourgeoise qui se trouve attaquée de l'intérieur. La conscience balzacienne s'est éveillée au monde moderne par les drames de la famille et par les crimes de la mère, images négatives et qui rongent un univers par ailleurs en expansion et porté par des forces comme par une idéologie du développement et du progrès. Si les leçons du père vont à sortir de soi au-devant de tout un possible, celles de la mère et de la vie secrète vont à une sorte de loi de la jungle, inséparable d'élégies et de rêves, de plongées dans la lecture et dans la méditation. C'est l'étoile de Félix de Vandenesse, ce sont les anges blancs et les ivresses de dictionnaire de Lambert, c'est cet ailleurs intérieur et secret bien différent de l'inépuisable élan des Lumières et de la révolution qui continue. L'hymne à « notre grand XIXᵉ siècle » *(Béatrix)* ne sera jamais séparable pour Balzac de ce romantisme de l'enfance, de l'adolescence et de la jeunesse, prométhéen lui aussi, mais d'un prométhéisme entravé, suspect à ses propres yeux, incapable en tous cas d'aller s'inscrire dans le registre temporel des possibilités libérales et de l'histoire bourgeoise.

Il n'y faudra pas nécessairement le lyrisme direct, mais bien plutôt la transposition en termes de roman. Le massacre de Fougères, dans *le Dernier Chouan,* prend ici toute sa signification : un jeune homme, supérieur aux « politiques » de son parti, une jeune femme, traitée en objet dans le monde des hommes, meurent sous les coups des soldats de la Révolution. Toute une force de civilisation pousse les Bleus, mais l'univers vrai est à nouveau celui de l'absurde et de la tragédie. Le sujet n'est plus de savoir si les forces blanches du nord feront leur jonction avec celles du sud. Le sujet est de savoir si Corentin et d'Orgemont réussiront à se servir de Hulot pour tuer les amants. C'est par des thèmes narratifs, objectifs, que Balzac dit la renaissance de la fatalité dans un monde historique en train de commencer l'expérience de son propre pourrissement. L'enfance, la jeunesse, la grâce, la beauté, l'amour, la rencontre de deux êtres, l'histoire en marche et la Bretagne à civiliser. Mais aussi l'ordre qui s'installe, la vie mauvaise, avec ses dieux nouveaux, ici et là-bas : l'argent, la police, Mᵐᵉ du Gua, démon femelle. Hulot, c'est le père — et il le restera jusqu'à la fin de *la Comédie humaine :* voir ses obsèques dans *la Cousine Bette.* Mᵐᵉ du Gua, à qui échappe Montauran et qui livre Marie aux brutes, Mᵐᵉ du Gua avec toutes les figures recuites et sournoises de l'ordre, c'est la mère, c'est le mal à l'œuvre. Rien ne serait plus absurde de ne voir dans *le Dernier Chouan* que du romanesque banal : parlant le langage des choses et des êtres, Balzac y donne les premières images de l'école du désenchantement. L'éveil de la conscience peut vouloir le lyrisme et la confidence. Le mûrissement veut le roman et ses images qui parlent pour tout un monde.

Romantisme?

En juin 1821, Balzac écrit à sa sœur Laure :

> Tu pourras m'écrire encore une fois à Villeparisis avant
> que je parte pour la Touraine; je n'y vais que le 28 où le
> 30 de juin. Je t'écrirai une ou deux fois pendant mon
> voyage de Touraine où je tâcherai de faire des poésies
> romantiques pour me faire épouser comme M. de Lamar-
> tine. Il a composé une rêverie intitulée *le Lac*, et tu sais
> qu'il était en Italie pour rétablir sa santé. Il tombe chez
> lui une Anglaise qui lui dit : « Voû aîtes Mau chieu de La
> Mertîne! ché vien aipousé vous, pâ ce que ché aîme
> peaucoupe vôtre Lâque, et ché daune à vou vin quât
> heûr por vous décidé, et che vous empaurte dan le
> Angleter por mon méri, si vou le foulez » — Lamartine
> pour se débarrasser de cette folle, prit des chevaux de
> poste et s'en fut à Naples. L'Anglaise qui le guettait paya
> les postillons grassement et prit 3 chevaux et elle arriva
> à Naples avant lui; il se croyait délivré, quand, cinq ou
> six minutes avant l'expiration du délai, Milady reparaît,
> disant : « Avré vou réflaichis? Je ai 15 000 livres
> sterling de revenu, foulez vous meu épousair?... » Ce qu'il
> fit. Or, si on l'a épousé pour la lune, je vais moi chanter
> le soleil et comme ses rayons sont bien plus violents que
> ceux de la lune, j'espère que ma milady aura bien plus
> de rentes que celle-là. C'est-i [sic] un frère qui jase,
> et raconte toutes les nouvelles, et au besoin en fait, car
> je me reconnais pour un peu exagéré. Depuis que je m'en
> suis aperçu, je me tiens en garde contre l'intempérance
> de l'imagination.

L'année suivante, c'est l'idylle avec Mme de Berny. On trouve
alors dans ses papiers toute une suite dans le style de Lamartine et autres angélistes :

> La vierge des mourants d'une main consolante,
> Guide de cet amant la démarche tremblante,
> Il arrive à la cime,
> Sur le sein de la vierge il repose sa tête.

Ou bien :

> Du sein de ces torrents de gloire et de lumière,
> Où, sur des sistres d'or, les anges attentifs,
> Aux pieds de Jéhova redisent la prière
>   De nos astres plaintifs,
> Souvent un chérubin à chevelure blonde
> Voilant l'éclat de Dieu sur son front arrêté,
> Laisse aux parvis des cieux son plumage argenté
>   Et descend sur le monde

Dans *Illusions Perdues,* ce sont ces propres vers, que Balzac écrivait en 1822, que récite à Angoulême Lucien Chardon dit de Rubempré dans le salon de Mme de Bargeton :

> A Elle
> Du sein de ces torrents de gloire et de lumière
> Où, sur des sistres d'or, les anges attentifs,
> Aux pieds de Jéhova redisent la prière
>   De nos astres plaintifs;
>
> Souvent un chérubin à chevelure blonde
> Voilant l'éclat de Dieu sur son front arrêté,
> Laisse aux parvis des cieux son plumage argenté,
>   Et descend sur le monde.

Balzac devait expliquer à Mme Hanska que ces vers avaient été écrits en 1824 pour la fille de Mme de Berny. Il est assuré que ceci n'est pas exact, mais l'Étrangère était jalouse de la Dilecta et il fallait bien brouiller les cartes. L'important toutefois est que le jeune Balzac non seulement ne s'en soit pas tenu à ses moqueries de 1821, mais encore que, par deux fois, comme poète et comme romancier, il s'en soit servi et y ait recouru : pour s'exprimer, pour exprimer le monde et ses rapports. En 1822, c'est la grande poussée du sentiment. En 1836, c'est un tableau, et Lamartine est utilisé *contre.* Contre qui? Le texte d'*Illusions Perdues* est clair : contre les mondains, contre les utilitaristes, contre les bourgeois. Il suffit d'écouter les commentaires de du Châtelet, homme de l'Empire :

> — C'est des vers comme nous en avons tous plus ou moins fait au sortir du collège, répondit le baron d'un air

ennuyé pour obéir à son rôle de jugeur que rien n'étonnait.

Autrefois nous donnions dans les brumes ossianiques. C'était des Malvina, des Fingal, des apparitions nuageuses, des guerriers qui sortaient de leurs tombes avec des étoiles au-dessus de leurs têtes. Aujourd'hui, cette friperie poétique est remplacée par Jéhova, par les sistres, par les anges, par les plumes des séraphins, par toute la garde-robe du paradis remise à neuf avec les mots immense, infini, solitude, intelligence. C'est des lacs, des paroles de Dieu, une espèce de panthéisme christianisé, enrichi de rimes rares, péniblement cherchées, comme émeraude et fraude, aïeul et glaïeul, etc. Enfin, nous avons changé de latitude : au lieu d'être au nord, nous sommes dans l'orient : mais les ténèbres y sont tout aussi épaisses.

— Si l'ode est obscure, dit Zéphirine, la déclaration me semble très claire.

— Et l'armure de l'archange est une robe de mousseline assez légère, dit Francis.

Voilà comment, dans ce monde, on comprend une parole qui cherche à se faire entendre. Et aussitôt, de l'autre côté, on tente de la récupérer pour l'ordre, tandis que la ridiculise une bécasse de province :

Quand vous serez arrivé dans la sphère impériale où trônent les grandes intelligences, souvenez-vous des pauvres gens déshérités par le sort, dont l'intelligence s'annihile sous l'oppression d'un azote moral et qui périssent après avoir constamment su ce qu'était la vie sans pouvoir vivre, qui ont eu des yeux perçants et n'ont rien vu, de qui l'odorat était délicat et qui n'ont senti que des fleurs empestées. Chantez alors la plante qui se dessèche au fond d'une forêt, étouffée par des lianes, par des végétations gourmandes, touffues, sans avoir été aimée par le soleil, et qui meurt sans avoir fleuri ! Ne serait-ce pas un poème d'horrible mélancolie, un sujet tout fantastique ? Quelle composition sublime que la peinture d'une jeune fille née sous les cieux de l'Asie, ou de quelque fille du désert transportée dans quelque froid pays d'Occident, appelant son soleil bien-aimé, mourant de douleurs incomprises, également accablée de froid et d'amour ! Ce serait le type de beaucoup d'existences.

— Vous peindriez ainsi l'âme qui se souvient du ciel, dit l'Évêque, un poème qui doit avoir été fait jadis, je me suis plu à en voir un fragment dans le Cantique des Cantiques.

— Entreprenez cela, dit Laure de Rastignac en exprimant une naïve croyance au génie de Lucien.

— Il manque à la France un grand poème sacré, dit l'Évêque. Croyez-moi? La gloire et la fortune appartiendront à l'homme de talent qui travaillera pour la Religion.

— Il l'entreprendra, Monseigneur, dit madame de Bargeton avec emphase. Ne voyez-vous pas l'idée du poème pointant déjà comme une flamme de l'aurore, dans ses yeux?

— Naïs nous traite bien mal, disait Fifine. Que fait-elle donc?

— Ne l'entendez-vous pas? répondit Stanislas. Elle est à cheval sur ses grands mots qui n'ont ni queue ni tête.

Voici qui suffit en apparence à dire et le destin du romantisme et sa signification. Mais attendons la fin.

Dans *les Paysans,* le greffier Gourdon est un « joueur excessivement fort au bilboquet ». La manie de ce jeu a engendré chez lui une autre manie, « celle de chanter ce jeu, qui fit fureur au XVIIIe siècle ».

Les manies chez les médiocrates vont souvent deux à deux. Gourdon jeune accoucha de son poème sous le règne de Napoléon. N'est-ce pas vous dire à quelle école saine et prudente il appartenait? Luce de Lancival, Parny, Saint-Lambert, Rouché, Vigée, Andrieux, Berchoux étaient ses héros. Delille fut son dieu jusqu'au jour où la première société de Soulanges agita la question de savoir si Gourdon ne l'emportait pas sur Delille, que dès lors le greffier nomma toujours *monsieur l'abbé* Delille, avec une politesse exagérée.

Les poèmes accomplis de 1780 à 1814 furent taillés sur le même patron, et celui sur le bilboquet les expliquera tous. Ils tenaient un peu du tour de force. *Le Lutrin* est le Saturne de cette abortive génération de poèmes badins, tous en quatre chants à peu près, car, d'aller jusqu'à six, il était reconnu qu'on fatiguait le sujet.

Ce poème de Gourdon, nommé *la Bilboquéide,* obéissait à la poétique de ces œuvres départementales, invariables dans leurs règles identiques; elles contenaient dans le premier chant la description de la chose chantée, en débutant, comme chez Gourdon, par une invocation dont voici le modèle :

> Je chante ce doux jeu qui sied à tous les âges,
> Aux petits comme aux grands, aux fous ainsi
> qu'aux sages;
> Où notre agile main, au front d'un buis pointu,
> Lance un globe à deux trous dans les airs suspendu.
> Jeu charmant, des ennuis infaillible remède
> Que nous eût envié l'inventeur Palamède!
> O Muse des Amours et des Jeux et des Ris,
> Descends jusqu'à mon toit, où, fidèle à Thémis,
> Sur le papier du fisc, j'espace des syllabes.
> Viens charmer...

Après avoir défini le jeu, décrit les plus beaux bilbo-quets connus, avoir fait comprendre de quel secours il fut jadis au commerce du Singe-Vert et autres tabletiers; enfin, après avoir démontré comment le jeu touchait à la statique, Gourdon finissait son premier chant par cette conclusion qui vous rappellera celle du premier chant de tous ces poèmes :

> C'est ainsi que les Arts et la Science même
> A leur profit enfin font tourner un objet
> Qui n'était de plaisir qu'un frivole sujet.

Le second chant destiné comme toujours à dépeindre la manière de se servir de l'*objet,* le parti qu'on en pouvait tirer, auprès des femmes et dans le monde, sera tout entier deviné par les amis de cette sage littérature, grâce à cette citation, qui peint le joueur faisant ses exercices sous les yeux de l'*objet aimé :*

> Regardez ce joueur, au sein de l'auditoire,
> L'œil fixé tendrement sur le globe d'ivoire,
> Comme il épie et guette avec attention
> Ses moindres mouvements dans leur précision!
> La boule a, par trois fois, décrit sa parabole,
> D'un factice encensoir, il flatte son idole;
> Mais le disque est tombé sur son poing maladroit,
> Et d'un baiser rapide il console son doigt.
> Ingrat! ne te plains pas de ce léger martyre,
> Bienheureux accident, trop payé d'un sourire!
> . . . .

Le troisième chant renfermait le conte obligé, l'anecdote célèbre qui concernait le bilboquet. Cette anecdote, tout le monde la sait par cœur, elle regarde un fameux ministre de Louis XVI; mais, selon la formule consacrée dans les *Débats* de 1810 à 1814, pour louer ces sortes de travaux publics, *elle empruntait des grâces nouvelles à la poésie et aux agréments que l'auteur avait su y répandre.*

Le quatrième chant, où se résumait l'œuvre, était terminé par cette hardiesse inédite de 1810 à 1814, mais qui vit le jour en 1824, après la mort de Napoléon :

> Ainsi j'osais chanter en des temps pleins d'alarmes.
> Ah! si les rois jamais ne portaient d'autres armes,
> Si les peuples jamais, pour charmer leurs loisirs,
> N'avaient imaginé que de pareils plaisirs;
> Notre Bourgogne, hélas, trop longtemps éplorée,
> Eût retrouvé les jours de Saturne et de Rhée!
> . . . .

Mais un jour, Gourdon apprend une nouvelle à ses amis :

— Savez-vous une singulière nouvelle? [...] il y a *un autre poète* en Bourgogne!... Oui, reprit-il en voyant l'étonnement général peint sur les figures, il est de Mâcon. Mais, vous n'imagineriez jamais *à quoi il s'occupe?* Il met les nuages en vers...

— Ils sont pourtant déjà très bien en *blanc*, répondit le spirituel père Guerbet.

— C'est un *embrouillamini* de tous les diables! Des lacs, des étoiles, des vagues!... Pas une seule image raisonnable, pas une intention didactique; il ignore les sources de la poésie. Il appelle le ciel par son nom. Il dit la lune bonacement, au lieu de l'*astre des nuits.* Voilà pourtant jusqu'où peut nous entraîner le désir d'être original! s'écria douloureusement Gourdon. Pauvre jeune homme! Être Bourguignon et chanter l'eau, cela fait de la peine! S'il était venu me consulter, je lui aurais indiqué le plus beau sujet du monde, un poème sur le vin, la Bacchéide! pour lequel je me sens présentement trop vieux.

Ce grand poète ignore encore le plus beau de ses triomphes (encore le dut-il à sa qualité de Bourguignon) : avoir occupé la ville de Soulanges, qui de la pléiade moderne ignore tout, même les noms.

Tout le Balzac à la fois plébéïen — qui appelle les choses par leur nom, qui se refuse à faire des mines — et critique — qui saute et fait sauter d'un bond hors du cercle des certitudes et de la bonne conscience libérales et bourgeoises — est dans ce morceau de bravoure de 1844. En 1821, alors que Villèle est sur le point de devenir premier ministre et que toute la gauche est mobilisée, le jeune homme non pourvu, sans style, lui, qui a sa fortune à faire et ne dispose pas d'anglaise, démasque un style aristocratique dont il ne voit pas, dont il ne peut pas ou ne veut pas voir toutes les charges potentielles. Ces poètes de sacristie parlent de clair de lune et prétendent mourir, mais ils se font épouser par de riches étrangères et ils ont un bel avenir dans la diplomatie. Canalis paiera ici la rogne d'Honoré. Mais en 1844, le même Balzac qui s'en prend à la médiocratie et au nouveau pouvoir des bourgeoisies locales (l'usure d'abord, l'administration ensuite, tout un pays quadrillé, toute une féodalité nouvelle installée) dit bien que ces gens ont eu et ont *leur* littérature, *leur* poésie : littérature et poésie didactiques, descriptives, à base de bien dire et d'habileté, sagement à leur place dans un cercle et dans une pratique sociale, jeu pour le soir, comme le tric-trac, la mouche ou le bilboquet, ne crevant jamais la trame des apparences et du convenu, poésie non de recherche, d'évasion, de parole et de liberté, mais bien poésie d'exercice et de ron-ron. *La Bilboquéide* de Gourdon, c'est déjà, tout juste un peu moins mécanisée et encore illusoirement littéraire, le tour de Binet dans *Madame Bovary*. Quant au coup de chapeau à Lamartine, c'est Balzac lui-même qui mesure, le temps écoulé, quelle avait pu être la véritable signification et la véritable efficacité des élégies de 1820. Si Balzac s'en était tenu à la réaction un peu courte de 1821, il aurait rejoint la troupe du conformisme bourgeois qui ne pouvait opposer au style romantique que son propre prosaïsme, vite devenu et vite avoué non plus expression d'un humanisme et d'un réalisme en son affirmation et en son progrès, mais cache-misère d'une terrible indigence. La poésie du bilboquet et le culte de Delille sont la « culture » de ceux qui ont député à la Constituante, qui se sont asservi les paysans de la vallée des Aigues et qui vivent parqués dans leur petit univers moral. Contre eux témoigne et continue de témoigner « cet *embrouillamini* de tous les diables » qui dit l'infinie richesse et l'infinie complexité du monde par-delà les fossilisations et les féodalités. Puissance de la littérature.

Mais pas toute et pas unique puissance. Puissance d'un moment en effet, et limitée, puissance qui n'a de sens que dans le cours d'une Histoire lue et comprise en tant qu'Histoire. Le salut à l'idéal (quel Marcas, quel Raphaël, quel Albert Savarus, quel Lucien Chardon n'a pas lu Lamartine, après Chénier, dans sa mansarde, dans sa jeunesse ou à l'occasion?) fait partie de la lecture et de la reconnaissance de l'Histoire. Histoire faite. Histoire aussi qui se fait. Aussitôt en effet Balzac ajoute :

> Une centaine de Gourdons chantaient sous l'Empire, et l'on accuse ce temps d'avoir négligé les lettres!... Consultez le *Journal de la Librairie*, et vous y verrez des poèmes sur le Tour, sur le jeu de Dames, sur le Tric-trac, sur la Géographie, sur la Typographie, la Comédie, etc.; sans compter les chefs-d'œuvre tant prônés de Delille sur la Pitié, l'Imagination, la Conversation; et ceux de Berchoux sur la Gastronomie, la Dansomanie, etc. Peut-être dans cinquante ans se moquera-t-on des mille poèmes à la suite des *Méditations*, des *Orientales,* etc. Qui peut prévoir les mutations du goût, les bizarreries de la vogue et les transformations de l'esprit humain! Les générations balayent en passant jusqu'au vestige des idoles qu'elles trouvent sur leur chemin, et elles se forgent de nouveaux dieux qui seront renversés à leur tour.

Ceci n'est en rien coup de pied de l'âne aux grands confrères. Simplement Balzac repère avec lucidité quelle est la fonction et quel est le rôle de la littérature. Il y a toujours d'abord conquête et nouveauté, puis sclérose et vieillissement : conquête avaient été la culture et le style selon les classiques, échappés à la pesanteur et à la grossièreté; mais conquête aussi avait été (et en partie demeurait) la parole poétique selon le romantisme, avec sa grande redécouverte des symboles : l'eau, le vent, l'espace. Nulle littérature, nulle poésie n'est jamais pour toujours acquise et constituée, sacrée; elle en vient toujours à fonctionner selon une rhétorique refroidie, à s'appuyer non sur des âmes, mais sur des structures et sur des institutions. On fera du Lamartine longtemps dans les salons de province comme on y avait fait du Delille et du Lebrun-Pindare : seule une anthropologie du fait littéraire et culturel peut rendre compte de cette réalité, faire admettre qu'il y ait là non pas valeur, mais réalité. L'idéalisme, au contraire, qui tient aux formes pour l'éternel et souhaite arrêter l'histoire, ne saurait voir que toute la richesse de l'invention humaine se trouve dans sa perpétuelle et nécessaire relativité. Peut-on lire encore Lamartine et Chénier comme on les avait lus dans les années vingt? En un sens non, mais on peut les retrouver, chacun à son tour avec les bénéfices et les risques s'inscrivant dans l'Histoire. Tel est le rôle du romancier historien, et tel est le rôle et l'aptitude de l'homme qui voit le réel. Le romantisme doit être mis à sa place, non lumière définitive et qui dispenserait de chercher encore et plus loin et par-delà, mais moment, moment plein et relatif à la fois, pour les individus, et pour le regard et la lecture. Le romantisme, pour Balzac, invention fière et action, n'est aussi que passage et désormais élément d'un décor et d'un mobilier. Rien de ce qu'on a aimé n'est à jamais univoque, valable et fixant l'Histoire. Mais rien non plus de ce qui a fait partie du décor ou des complaisances d'un siècle n'était non plus de toute éternité et à jamais privé de signification. Il fallait finir par comprendre Lamartine. Il fallait aussi finir par le remettre à sa vraie place. Delille avait été le poète de ce qui finissait; il fallait aussi comprendre ce que jadis il avait aidé à cerner. Ainsi l'on sort d'affaire, révolte et réalisation, effort et réalisme fonctionnant au sein d'une Histoire non pas tant réconciliée et réunifiée que, de manière réaliste et responsable, relancée et resignifiée. Le romantisme est plus qu'une simple mode ou une simple agression. Le romantisme n'est pas toute la terre promise et même doit servir à démystifier l'idée de terre promise : Balzac détruit ici aussi bien toute image sacrale que toute image sceptique de la littérature. Par-delà les textes d'un moment, ce qui compte c'est la vie qui successivement promeut, déclasse et fait signifier.

L'homme du moment : 1829-1833

C'est ce que fut Balzac pendant quelques années et ce qu'il demeura toujours un peu, monstre sacré, figure fascinante, gênante ou scandaleuse, providence des rédacteurs en chef, des caricaturistes et des échotiers. Le monde moderne vit, s'exprime et s'épuise en une succession, précisément, de *moments* qui sont autant, à la fois, d'expressions et de caricatures ou de déviations du besoin de vie nouvelle et plus vraie. Le moment balzacien est l'un des plus caractéristiques peut-être : un moment scandale et choc, mais aussi un moment où tout est encore effervescence et promesse. Balzac en effet a vécu intensément et sur un large front cette sorte d'âge d'or de la Presse, de la revue, de la librairie, alors que leurs pouvoirs et leurs possibilités sont neuves, leurs âpretés encore plus exaltantes ou plus signifiantes que paralysantes. Balzac boulevardier, Balzac des salles de rédaction, Balzac de la loge infernale et des soupers fantastiques : c'est le Balzac des années trente, alors que la « civilisation », comme on dit à cette époque, brûle la chandelle par les deux bouts, alors que s'use la peau de chagrin, en ces temps d'éclairage au gaz, d'urbanisation anarchique, d'aveugle foi dans les idées, de carrières mirifiques, d'émeutes encore idéalistes, d'absence populaire, et, pour les intellectuels, de révolutions volées. Ce Balzac des années trente est un Balzac qui part dans tous les sens et qui met en place ou creuse les grandes intuitions appelées à structurer *la Comédie humaine*. Ce Balzac-là n'est peut-être pas puissant, mais il est d'une prodigieuse richesse.

Le Dernier Chouan avait été une sorte de roman historique de l'avant-hier immédiat : la Révolution, désormais dominée par l'usurier et par le policier, utilisait l'héroïsme et la naïveté des soldats du peuple et des démocrates pour imposer aux masses la domination de la bourgeoisie. On rétablissait l'ordre, et le jeune général revenu d'Égypte imposait la loi de la République aussi bien aux hordes royalistes qu'aux brigands extrémistes qui avaient menacé les intérêts les plus respectables et les plus légitimes. D'immenses populations n'avaient rien gagné à la révolution libérale, et les campagnes en particulier restaient derrière. D'où ces sauvages, ces Mohicans de l'Ouest. C'est l'origine du thème des paysans et de la vie de campagne. Dans *le Dernier Chouan* sont déjà fortement situées certaines des figures clés de la future *Comédie humaine :* d'Orgemont, l'homme d'argent, l'acheteur de biens nationaux, l'usurier qui saigne et tient les paysans; Corentin, le policier; Hulot, le brave militaire républicain. Il n'y manque même pas les femmes : à la différence de Walter Scott, Balzac coud ensemble le tableau d'histoire et le roman d'une passion; Marie de Verneuil, qui devait être d'abord l'héroïne d'un *Tableau d'une vie privée,* fille d'une « femme abandonnée », manifeste au cœur de l'histoire moderne que la recherche de l'authenticité se détourne du combat politique devenu impur et truqué pour rentrer dans les chemins de l'amour, de l'aventure et de la tragédie personnelle. La voie de Balzac est tracée : il sera le Shakespeare de la France moderne, ses amoureuses témoignant pour l'histoire en train de se faire, l'histoire rendant compte de l'enfer et de l'importance littéraire de la vie privée. C'est la fin d'un intimisme coupé de l'Histoire et c'est la fin d'une Histoire coupée de la vraie vie des êtres.

Un Shakespeare, toutefois, moins le style noble. Alors que font rage les alexandrins d'*Hernani* et que Vigny (révolution romantique!) épure et classicise *le More de Venise,* Balzac parle apparemment humble et bas. La *Physiologie du mariage,* essai de description ironique et clinique d'une institution sacrée, fait scandale, mais elle recourt au style simple hérité du XVIIIe siècle. Les *Scènes de la vie privée,* qui l'illustrent, choisissent la note intimiste, mais la mort d'Augustine Guillaume *(la Maison du Chat-qui-pelote,* alors intitulé *Gloire et Malheur),* mais la catastrophe de Mme de Restaud *(Gobseck,* alors intitulé *les Dangers de l'inconduite)* montrent bien que sous les décors et sous les mots banals gronde et fonctionne une dramaturgie neuve. Ces œuvres timides d'alors sont aujourd'hui des œuvres mères et des œuvres clés pour *la Comédie humaine;* elles ne furent pas alors vraiment comprises. D'autant plus que, pour vivre, pour faire son trou, Balzac dut choisir — comme plus tard Lucien de Rubempré — la voie du journalisme et qu'il ne put pas d'abord expliciter tout le « littéraire » qu'il portait en lui, ou qu'il dut lui donner une orientation bien particulière. Chez Girardin *(la Mode, le Voleur)*, chez Ratier *(la Silhouette),* chez Philippon *(la Caricature)* il publie nombre de croquis, nouvelles, articles de variété ou d'actualité. Ami du baron Gérard, de Latouche, d'Henri Monnier, les salons s'ouvrent à lui. A la veille de la révolution de Juillet toutefois, il n'était guère encore qu'un inconnu ou un homme de coterie. Mais après Juillet, ce fut le déchaînement. Journaliste politique (*Lettres sur Paris,* reportage sur les événements jusqu'au début de 1831), Balzac éclate littéralement, et surtout comme conteur. Il signe avec *la Revue de Paris* un riche contrat par lequel il s'engage à fournir mensuellement de la copie en contes et nouvelles. Renonçant au genre « vie privée », qui convenait mal à ces lendemains agités de révolution, il devient une célébrité par ses récits fantastiques et philosophiques, dont le couronnement est au mois d'août 1831 *la Peau de Chagrin.* Cette fois Balzac est lancé. Il est l'une des figures du nouveau Paris, galvanique et fébrile. On commence à le jalouser, à le haïr. Il jette son argent par les fenêtres. En même temps, il rêve de fortune politique. Car justement, la politique...

Elle devait venir le chercher à domicile, alors qu'aux bords de la Loire il goûtait de studieuses vacances en compagnie de la Dilecta.

L'école du désenchantement

Balzac et la chance de Juillet

La révolution de Juillet est le pivot de l'Histoire politique et morale du premier XIXᵉ siècle. Jusque-là, bien des choses sont masquées. Ensuite, tout devient plus clair. Mais en quel sens? La pensée, l'œuvre de Balzac tournent autour des « chassez-croisez » de 1830 *(la Muse du département).*

Dans ses grands romans, il a dit et fait voir que la révolution de Juillet, malgré Delacroix, Hugo, Michelet, n'avait été qu'une opération montée par la bourgeoisie et dans laquelle le peuple n'avait fait que fournir des troupes. Sur le moment, son attitude fut double. *Avant,* il est sûr que Balzac ne s'est jamais senti réellement concerné, encore moins mobilisé par la lutte contre Polignac, les campagnes de la société *Aide-toi, le ciel t'aidera,* le discours du 27 mars, la réélection des 221, l'appel aux armes contre les Ordonnances. Moins jacobin, moins sentimentalement démocrate et attaché aux grands souvenirs que Beyle, c'est à tout autre chose qu'il pense pendant l'hiver et au printemps 1830; ses *Scènes de la vie privée,* sa *Physiologie,* c'est contre la vie bourgeoise qu'elles ont été écrites. Mais *après,* Balzac qui était en Touraine alors que l'émeute gagnait à Paris, qui ne s'était nullement pressé de rentrer et ne devait jamais regretter de ne s'être pas battu, Balzac qui s'était toujours refusé et se refusera toujours au folklore barricadier, marquera avec une force étonnante quelle chance, alors, n'a pas été saisie, et pourquoi. Alors que la France gérontocratique et bloquée de la Restauration semble d'un coup libérée et, dans l'enthousiasme et dans la lumière, promise à tous les possibles, Balzac, pendant quelques semaines, à froid, sans lyrisme, dit qu'il doit être facile de tout relancer dans la bonne direction : tourner hardiment le dos au passé, faire appel aux capacités, mobiliser « la grande et noble jeunesse qui, silencieuse, attend le pouvoir ». C'est ce qu'il expose à partir du mois de septembre dans les *Lettres sur Paris,* écrites pour *le Voleur* d'Émile de Girardin. Mais très vite ce sont les opérations politiciennes, le replâtrage, les intérêts bourgeois dictant leur loi à un pays encore sous le coup de l'émotion et tout à la joie de sa force redécouverte, la curée : La Fayette, Louis-Philippe, Guizot qui tire les ficelles, Soult le pillard [4] dont on fait un ministre, et le vieux Talleyrand qu'on va chercher pour l'envoyer ambassadeur à Londres, Laffitte, bientôt Casimir Périer et le Juste Milieu, les révolutions européennes qu'on refuse de soutenir. Ralentissement, puis répression, les patriotes en prison, le peuple refoulé, toute une générosité qui se voit imposer silence. Marcas, isolé, mais avec quelle éloquence, redira dans *la Comédie humaine* que le grand thème vrai de 1830 fut cette terrible expérience d'une jeune France flouée et d'une victoire des malins. En octobre 1830, Balzac écrit : « la révolution de Juillet a été enterrée sous le repavage des rues ». Aussi, après un court entracte, les masses sont-elles retournées « aux calculs étroits de la personnalité ». Très vite, c'est fini. Et Balzac constate : l'argent règne à nouveau, la vie mondaine reprend, Foedora retourne au théâtre et Raphaël, jeune homme pauvre, tente de se suicider *(la Peau de Chagrin)*. Rien n'est changé? Si : la prise de conscience, l'éprouvé ont franchi un dur degré. Balzac censurera dans son œuvre le thème « soleil de Juillet ». Et pour cause. Jamais de ce jour ne datera pour lui le début d'une nouvelle histoire de la liberté. L'installation de la monarchie bourgeoise signifie en 1830 la plus cruelle vérification de ce qu'avait dit, avant les barricades, une première littérature réaliste. Mais, un moment, le thème de l'absurde s'impose avec une force et un langage particulier; c'est ce que dit toute une production « philosophique » et fantastique, qui délaisse les côteaux raisonnables et modérés : *Zéro, l'Elixir de longue vie, la Comédie du diable, Sarrasine, le Dernier Napoléon*. Balzac avait certes lu Hoffmann, mais l'essentiel est ailleurs : dans l'expression violente de cette idée que la vie est *redevenue* absurde et qu'on ne dispose même plus de cette idée de la veille d'une révolution possible et d'une mobilisation des hommes. C'est cela, manifesté par une forme, et qui est bien autre chose qu'une mode, qui s'appelle en 1830 le désenchantement.

4. « Allons, tout de suite, pourquoi ne pas piller l'Allemand ou l'Espagnol comme N... ou N...? » (Stendhal, *Lucien Leuwen*, chapitre II). Sur son manuscrit Stendhal note qu'il pense à Soult. L'accusation était de domaine public.

Le Balzac 1830

Il a existé un Balzac 1830 que les lecteurs modernes ont bien du mal à se représenter : un Balzac journaliste et parisien, fournisseur sur tous les fronts en contes et nouvelles, écrivain brillant ou scandaleux beaucoup plus que visionnaire ou quotidien, un Balzac que personne n'aurait songé à comparer à Dante ou à Shakespeare et qu'un Rodin n'eût certes pas alors songé à fixer dans le bronze ou dans la glaise en figure de l'absolu. Un Balzac non épique. Cet homme-là gagne sa vie en envoyant aux revues des textes de trente pages qui lui sont bien payés. Les grands ouvrages ne le tentent guère : c'est qu'ils exigent un travail considérable pour un rapport assez mince. *Le Dernier Chouan* a été une expérience malheureuse et, si la *Physiologie du mariage* a bien marché, *la Peau de Chagrin,* sur laquelle il a fallu s'échiner pendant des mois, ne rapportera que 1 500 francs. C'est ce Balzac-là, toutefois, qui s'est imposé pour la première fois au siècle et au monde moderne. *La Comédie humaine* ne se comprend pas sans d'abord ce coup de griffe, quelque peu oublié ou occulté par les lectures « réalistes » postérieures.

Un texte manifeste et significatif

Balzac, faisant le bilan littéraire de l'année 1830, écrivait dans une *Lettre sur Paris* du 10 janvier 1831 :

> Cette année, commencée par la *Physiologie du mariage,* dont vous me permettez de ne pas vous parler beaucoup, a fini par *le Rouge et le Noir,* conception d'une sinistre et froide philosophie : ce sont des tableaux que tout le monde accuse de fausseté, par pudeur, par intérêts, peut-être; il y a dans ces [...] conceptions littéraires le génie de l'époque, la senteur cadavéreuse d'une société qui s'éteint.

Et, pour caractériser un livre de Nodier récemment publié, Balzac utilisait une expression qu'il soulignait lui-même : « Ce livre appartient à *l'école du désenchantement* ». L'expression était dans l'air, mais elle recevait (surtout pour une lecture d'aujourd'hui) une force d'impact assez étonnante, ne serait-ce, outre cette publicité non payée pour la *Physiologie,* que cette reconnaissance, alors parfaitement isolée, de *le Rouge et le Noir* comme œuvre majeure. Mais sans doute surtout faut-il noter que ces livres de Janin, Nodier, Stendhal et Balzac, recensés *après* Juillet, mettent tous en cause une société déjà en place et structurée, avec ses valeurs, *avant* la révolution : Paris, le mariage, la société, il ne s'agit plus là du conflit Lumières-Ancien régime, mais bien de la déchirure interne du monde moderne. Littérature plébéienne, la littérature du désenchantement est une littérature de crise et de contestation intra-libérale et intra-bourgeoise. Ce qui alors est déjà écrit de Balzac en est une assez forte preuve.

La fin de la Restauration

L'école du désenchantement commence bien, en effet, en termes de roman, dès la fin de la Restauration, mais alors que rien ne permettait encore la lecture accélérée d'après Juillet avec le triomphe de Corentin, avec les paysans (c'est-à-dire le peuple) au rebut de l'histoire, avec la mise en accusation de la famille bourgeoise et, inséparable envers, la pseudo-solution des illusions passionnelles (voir la petite Guillaume dans les *Scènes de la vie privée*). Le monde moderne, révolutionné en ses institutions, en ses structures, en sa morale, est déjà passé aux rayons de l'analyse et de l'expression littéraire. D'autre part, un monde de personnages existe déjà, laissés pour compte de l'Histoire, agents ardents et aveugles de quelque chose qui se fait mais qui aussi s'installe, êtres marqués et conscients, hommes et femmes à la fois lancés dans une aventure et pris dans un piège. Le brave soldat, l'usurier, l'homme de parti, l'homme de police, les héroïnes de la vie privée, les vedettes de la comédie restaurée, les artistes, les jeunes gens, les jeunes filles : dans les humbles logis du Marais, dans les hôtels des quartiers aristocratiques, dans les profondeurs de la province, le spectacle est déjà monté d'une humanité qui veut être libre, qui joue à l'être, mais qui, sous un ciel vide, est profondément *agie*, manipulée par quelque obscure puissance. Là se trouve l'explication de l'aspect philosophique de cette seconde production balzacienne : tout y est symbole et signe. *Le Dernier Chouan* n'était pas du provincialisme.

Les Scènes de la vie privée ne sont pas du pittoresque ou de l'intimisme. La tragédie de Fougères, le « jeune marbre » d'Augustine Guillaume au Père-Lachaise, les folies et les saccages de Mme de Restaud, la toute-puissance de Gobseck et son invisible royauté : c'est tout un épique moderne qui se constitue et qui n'a nul besoin de recourir aux grands mythes et aux grandes images littéraires pour dire, non tant par le contenu narratif que par la manière d'être des personnages, que la France nouvelle a perdu son âme, que la vie y est absurde et fausse, que tout élan y est trompeur et trompé, que tout y est piège et trappe. La marche, la démarche de ces premiers héros balzaciens a déjà quelque chose de somnambulique : nous savons, nous, où ils vont, nous connaissons, à certaines conditions, la règle du jeu. Mais eux, non. Et pourtant, ils vont, forces légitimes autant qu'aveugles. Ce terrible constat littéraire, cette expression, déjà, du réel libéral bourgeois, constitue bien, même sans recours aux véhémences du langage, une école du désenchantement dont avait certes raison de se méfier la critique bien pensante.

Une œuvre somme : « la Peau de Chagrin »

Ce chef-d'œuvre du conte fantastique, paru au mois d'août 1831, combine l'exercice brillant avec le récit exact. Le public et la critique furent littéralement *choqués*, au sens médical du terme, de voir le fantastique au Palais-Royal et sur le quai Voltaire, en plein Paris, jusqu'alors domaine réservé des petits réalistes aimables. C'était toute la vie moderne qui se trouvait d'un coup traversée, illuminée, promue, mais aussi mise profondément en cause par le merveilleux. La critique, à plusieurs reprises, et Balzac lui-même, évoquèrent *Candide :* mais le conte de Voltaire, s'il était philosophique, n'était pas fantastique ou merveilleux; il demeurait finalement raisonnable. Quant à l'image qu'il donnait de Paris et de la réalité moderne commençant à devenir folle, si c'était une image amère et dérisoire, ce n'était pas encore une image de vertige et de folie. Et toujours il restait quelque part ce jardin à cultiver. Mais nulle part Raphaël, après que le don du talisman a explicité le thème fondamental du monde et de la vie (on obéit au désir de vivre et l'on meurt, ou l'on refuse de vivre et l'on ne vit pas), ne peut trouver le repos, échapper à la fatalité. Il y avait une éducation possible dans *Candide.* Il n'y en a plus dans *la Peau de Chagrin,* le seul positif qui reste étant cette ardeur à vivre et cette intime et toute-puissante persuasion qu'on a le droit de vivre, mais positif sauvage et condamné à perdre ou à se perdre en de fulgurantes lueurs, en des gestes d'héroïque folie. Là est bien l'essentiel : désenchantement, chez Balzac, ne dit pas langueur, encore moins décoloration, affadissement ou aplatissement du monde. Désenchantement dit regard critique, mais aussi mobilisation et tension de tout l'être. Ici apparaît bien ce qu'est, en effets et en signification, le réalisme balzacien.

La Peau de Chagrin unit l'autobiographie (le collège, la mansarde, les débuts d'un enfant du siècle, les ambitions littéraires), le tableau parisien (le Palais-Royal, l'orgie, l'Opéra) et le pacte fantastique, et ce de manière puissamment originale : le talisman ne s'explique pas, ne finit pas par s'expliquer; l'inquiétude demeure, et l'irréductible irrationnel d'un monde qui échappe mais dans lequel on veut vivre. Avec *la Peau de Chagrin,* le réel devient mythique et le mythe n'existe que par le réel décrit, subi, transcrit. Ce livre est sans doute le plus étonnant de l'époque qui suit immédiatement la révolution, la fable y donnant tout son sens au « fait Paris ». Sans doute était-ce aussi une impasse esthétique : on ne refait pas indéfiniment du fantastique, et *Melmoth réconcilié,* en 1836, sera beaucoup plus froid. Mais quand Balzac reviendra à la vie privée, il y injectera ce qui manquait encore aux *Scènes* de mars 1830 : le mythe. Le falot usurier Gobseck deviendra ainsi le prophète de 1835, frère de l'antiquaire [5], et Vautrin ne viendra certes pas des Hermites. C'est en quoi l'expérience politique et littéraire de 1830 est capitale : l'écriture balzacienne, après avoir un temps « chauffé », pourra, renonçant aux artifices qui la guettait, se mettre à dire vraiment le monde comme il va.

---

5. En 1835, rééditant dans les *Scènes de la vie parisienne* sous le titre de *le Papa Gobseck* la nouvelle qui en 1830 s'appelait *les Dangers de l'inconduite,* Balzac ajoutera les longues tirades dans lesquelles la leçon de l'usurier à Derville prend une allure prophétique et surnaturelle. C'est l'un des plus illustratifs remaniements balzaciens.

Du Balzac 1830 au Balzac balzacien

Il n'y a pas toutefois que la littérature. Il y a toutefois heureusement la littérature : c'est le sens de ce qui se passe pendant les années capitales qui vont des barricades à *Eugénie Grandet*.

Jusqu'alors Balzac avait été « de gauche », tout en ayant montré, par ses écrits, son hostilité fondamentale au libéralisme en tant que système économique et social et tout en s'étant tenu largement à l'écart des entreprises doctrinaires. Les problèmes consécutifs à la révolution de Juillet précipitent son évolution dans un sens en apparence inattendu. Trop réaliste pour accepter l'idéalisme saint-simonien ou républicain (ce dernier très attaché au libéralisme économique), il ne saurait admettre l'escamotage orléaniste et la consécration du pouvoir bourgeois. Que faire ? Sans perspectives du côté de la gauche, refusant le juste-milieu, Balzac ne voit de solution que dans un monarchisme moderne, fonctionnel, organisateur et unificateur, chargé d'intégrer les forces vives et d'assurer le développement en mettant fin à l'anarchie libérale et à l'atomisation du corps social par l'argent et les intérêts. Il n'est pas question un moment chez lui alors de fidélité de type mystique à quelque famille ou à quelque race que ce soit : le fils de Bernard-François Balzac ne saurait avoir les réactions ni les structures de pensée d'un Chateaubriand. Il n'est question chez lui que de société mieux organisée et, comme il le dit lui-même, de « gouvernement moderne ».

C'est la fameuse « conversion ». Balzac songe à se présenter aux élections, fait campagne, utilise ses amis, envoie des brochures. Il entre en relations avec le groupe néo-carliste de Fitz-James et Laurentie, écrit dans *le Rénovateur*. En même temps, une crise secrète le ravage. Figure parisienne, cet homme n'est pas heureux. Bien payé, il dépense son argent aussitôt que gagné. Sans cesse il creuse son trou sous lui-même, comme pour se retrouver dans cette situation qui est sa situation initiale et créatrice : celle d'enfant orphelin et dépourvu. Déjà il est usé par un travail effrayant. Il promet de droite et de gauche, multiplie les manœuvres et les marchés. Il rédige; il corrige; il réédite. Là-dessus il se met dans la tête d'être aimé d'une grande dame, la marquise de Castries, qui lui avait écrit pour lui dire combien, femme, elle s'était sentie comprise par les *Scènes de la vie privée*. Il l'avait retrouvée dans le groupe Fitz-James. Mme de Castries lui donne, croit-il, quelque espoir. Mais la vie est là, d'abord. Il faut de l'argent. Balzac se tue à mener la folle vie qu'il mène. Une chère amie le lui dit, une femme de cœur, mal mariée, et pour qui Honoré était l'autre, là-bas, à Paris : Zulma Carraud. Mais Balzac ne l'écoute pas. A la fin de l'hiver 1832, on raconte qu'il devient fou. Il part alors pour Saché, chez Margonne, l'ancien amant de sa mère. En quelques nuits, il écrit l'*Histoire intellectuelle de Louis Lambert*. Puis il monte en voiture pour Aix, où l'attend Mme de Castries. Entre temps pour se faire l'argent du voyage, il avait vendu d'avance à l'éditeur Mame un roman politique et social à écrire : *le Médecin de campagne*. En Savoie, c'est l'échec. La marquise se dérobe. Balzac se sent nié, brisé. Il rentre à Paris, finit *le Médecin de campagne,* se venge de Mme de Castries en écrivant *la Duchesse de Langeais*. Pour une revue, il commence une nouvelle, *Eugénie Grandet,* qui sans nulle préméditation devient le chef-d'œuvre aussitôt salué par tous d'une nouvelle littérature réaliste. Balzac s'était-il trouvé? *Eugénie Grandet* ne fut guère sur le moment estimé que comme peinture en demi-teinte. On n'en comprit pas les terribles arrière-plans : la puissance neuve de l'argent dans une société nouvelle non de thésaurisation, mais d'entreprise et de spéculation. Grandet, homme des fonds d'État, n'était plus Harpagon, homme de cassette. L'avare moderne était un brasseur d'affaires, un homme qui savait utiliser les mécanismes du budget et de l'appareil d'État. La contre-partie de ces gigantesques mutations, c'était l'écrasement de la vie, l'étiolement dans les familles et dans les provinces. Dans cette civilisation, la femme est sacrifiée, utilisée, rançonnée, et non par les vieux, par le passé, mais par tout le système en place, par tous les acteurs de la *Comédie.* Que pèse l'amour d'une pauvre fille, que pèse la confiance, lorsqu'il s'agit de réussir et de faire son trou? Charles, le cousin sans scrupules, n'est pas un cas psychologique et moral. Charles est l'un des Rastignac, petits ou grands de *la Comédie humaine*, l'un des jeunes loups pour qui nécessairement l'autre ou la cousine ne sont qu'objet et instrument. Le roman balzacien est vraiment constitué avec *Eugénie Grandet* : le décor est celui d'une France vieillotte, rurale, provinciale, avec à l'horizon les redoutables et fascinantes réalités parisiennes; le drame profond est celui de la jeunesse, de l'amour et de la vie dans l'enfer de l'ambition, de la réussite et de l'argent. La course au pouvoir, la course à la puissance, dans une France aux immenses ressources morales qui s'ouvre au devenir capitaliste, implique l'aliénation, la dépoétisation de toute une humanité disponible. La course elle-même est exaltante et poétique; il y a une joie, une poésie de la réussite et de l'ambition. Grandet a du génie, comme en aura Nucingen. Mais la course est illusoire aussi, puisqu'elle est non pas entreprise fraternelle mais *passion :* Grandet meurt non dans son triomphe, mais dans une sorte de gâtisme qui trahit et manifeste la dégradation de toute la force qu'il avait, un moment, incontestablement incarnée et imposée. Ce que Balzac appelait en 1830 « les calculs étroits de la personnalité » est la loi fondamentale d'une épopée pervertie. Grandet le prophète et le pionnier est mort. Reste la race médiocre des Cruchot et des Grassins. Tout le vouloir-vivre, tout le pouvoir-vivre moderne, est obligé de passer, et passe, par le rut et par le rush du capitalisme libéral. Le roman balzacien sera celui de l'élan de toute une humanité, mais aussi celui de l'auto-destruction de cette humanité, condamnée, pour avancer, à se nourrir de sa propre substance. Car sans doute Grandet aimait sa fille, ou aurait pu l'aimer. Mais on quitte ici l'homme du moment, et Balzac cesse d'être un auteur à sensation pour devenir un auteur à lire. A partir d'*Eugénie Grandet,* le monde balzacien commence, et la vraie politique balzacienne, en apparence enterrée avec l'équipée Fitz-James et divers échecs électoraux, c'est par des romans désormais qu'elle va se dire et se faire et, de manière peut-être moins illusoire, qu'elle va travailler dans le siècle.

Histoire de la production
proprement balzacienne

Dès 1821, Balzac a été un homme asservi aux contrats, un fournisseur de copie, un correcteur d'épreuves, ce rôle n'étant nullement de nature mécanique et passive, mais, chez lui, à nouveau, par-dessus les pratiques et théorisations désintéressées du « génie », de nature productrice et créatrice. En 1900, un historien universitaire de la littérature, Albert Gazier, écrira : « Il serait bien difficile d'assigner des rangs aux écrivains qui se sont fait un nom uniquement par des romans [...] A côté de Benjamin Constant, de Vigny et de Victor Hugo, qui firent admirer successivement *Adolphe, Cinq Mars* et *Notre-Dame de Paris,* vint se placer, vers 1830, un *romancier de profession* qui avait dû lutter dix ans avant d'acquérir la réputation, et qui put jouir ensuite durant vingt ans d'une célébrité véritable, c'est Honoré de Balzac » *(Petite histoire de la littérature française principalement depuis la Renaissance).* On a bien lu : le bizarre de Balzac, c'est qu'il n'était pas *aussi* un romancier, comme les écrivains distingués, mais un *romancier de profession,* et qui a réussi à conquérir le succès.

Chez Balzac, les contrats ne sont pas pièces annexes mais pièces principales. S'il a produit du texte c'est d'abord, bien sûr, parce qu'il en a produit beaucoup, mais c'est aussi parce qu'il s'est accepté et voulu producteur, non paresseux et distingué délivreur de messages. Toute la vie de Balzac est un chantier avoué. De l'empirisme parfois douloureux des années 1820-1832, on en vient à partir de 1833 à une pratique professionnelle pleine, et sur un large front. L'écriture balzacienne, c'est d'abord cela.

En 1833 Balzac, qui sait qu'il doit écrire pour vivre et pour payer ses dettes, en même temps qu'écrire est pour lui la loi fondamentale de l'affirmation de soi, ne sait exactement où il en est ni où il va. Il a délaissé le genre fantastique et il est revenu à l'inspiration des premières *Scènes de la vie privée.* Mais il écrit l'*Histoire des Treize* (style terrifiant avec des ouvertures sur les thèmes psychologiques et privés);

mais il finit le *Médecin de campagne* (style politique); et il s'essaie toujours aux *Contes drolatiques,* alors qu'il mène à bien la vite fameuse — et trop fameuse, selon lui — *Eugénie Grandet.* Non moins fameuse alors, et imposant de lui une image partielle, est cette *Femme de trente ans* dont il avait sans aucun doute pris le mot et l'idée à Stendhal (Mme de Rênal dans *le Rouge et le Noir*), et qui, de 1830 à 1834, de fragments en fragments plus ou moins habilement reliés les uns aux autres, l'impose comme un romancier de la femme et de ses secrets, comme une sorte de spécialiste des alcôves et de confesseur mondain ainsi que perfidement le suggérera Sainte-Beuve. Mais à la fin de la même année, il se met au swedenborgien *Séraphîta* qui renoue avec des lectures et des essais de 1823 (le second *Falthurne*).

En apparence, donc, rien de plus confus malgré les premiers efforts de classement : *Scènes de la vie privée* (première série 1830; nouvelle série 1832), *Contes philosophiques* (première série 1831, avec déjà une préface d'ambition théorique et organisatrice de Philarète Chasles; une seconde série en 1832). En fait, et ce presque dès ses débuts, Balzac n'avait envisagé d'écrire que dans un cadre d'ambition panoramique et descriptive en même temps que signifiant et philosophique, comme en témoigne d'abord un projet d'*Études historiques,* dont on trouve la trace dans ses notes et brouillons et auxquelles fait allusion cet *Avant-propos* longtemps demeuré inédit du *Gars* (premier titre du *Dernier Chouan*). Il y a chez lui une volonté d'être à la fois systématique et complet qui ne le quittera jamais. Les grands projets et contrats des années qui suivent ne feront qu'affirmer cette ambition fondamentale.

Si l'on ajoute de multiples articles de style politique, idéologique, philosophique, Balzac est alors un conteur polygraphe du type romantique le plus indécis, même si, en puissance, le plus riche. Fin 1833, début 1834, toutefois, les choses semblent vouloir se préciser. Les *Études de mœurs* (nées d'un contrat avec Mme Béchet) commencent à paraître, unissant le connu et l'inédit. Puis ce sont les *Études philosophiques* (issues d'un contrat avec Werdet). Chacune de ces deux séries est précédée d'une importante préface signée par Félix Davin mais inspirée par l'auteur. Le *Dernier Chouan* réédité sous le titre les *Chouans ou la Bretagne en 1800* n'a pas encore trouvé sa place dans une case quelconque, mais, en 1830, avaient été annoncées des *Scènes de la vie politique* et des *Scènes de la vie militaire*. En fait, il ne s'agissait pas là d'inventions proprement balzaciennes, et précisément dès 1830 les *Scènes de la vie maritime* de l'éditeur Mame (pour lesquelles travaillait Eugène Sue) prouvaient qu'à la suite des divers essais de nouveau théâtre en prose et pour la lecture (*Scènes historiques* de Vitet, *Soirées de Neuilly* de Dittmer et Cavé) ce cadre de présentation, cette première idée d'une tranche de vie cyclique, multiforme et polyvalente étaient bien dans le courant et répondaient à une demande, alors que s'essoufflait ou se déclassait la scène traditionnelle.

La Recherche de l'absolu (fin 1834) est le type du roman carrefour. Étude philosophique et scène de la vie privée. Balzac y traite de front les deux thèmes majeurs de son inspiration : ravages d'une passion — fût-elle géniale — dans le quotidien; problème de l'unité structurelle et ascensionnelle de la réalité; droit du quotidien non génial mais vital; droit du génial fatalement et radicalement (dans ce type de société?) étranger au quotidien en son plus légitime développement.

Mais, à la fin de la même année, *le Père Goriot* manifeste une nette tendance dans la direction réaliste dédoublée : scène de la vie parisienne et scène de la vie privée. Dans ce chef-d'œuvre Balzac systématise le retour des personnages, amorcé dans quelques récits antérieurs. Il pose et crée vraiment avec Rastignac (qui figure déjà en 1831 dans *la Peau de Chagrin*, mais comme viveur et dandy) face à Vautrin, le dialogue et le dilemme fondamental de sa *Comédie* : l'initiateur et l'initié (indépendants et complices), le découvreur et l'homme d'expérience, la jeunesse que guettent les ralliements et la marque des infamies se conjuguent pour définir et imposer un monde dans lequel *Louis Lambert* ne peut vraiment qu'à nouveau mourir. Nucingen, le financier, Restaud, l'aristocrate, se rejoignent également dans une commune ruée, dans une commune soumission à l'argent. Goriot a cru que la gloire de ses filles le ferait heureux : vieux trafiquant, il voit se retourner contre lui la loi de l'égoïsme et de l'exploitation. Le haut de la société et ses bas-fonds aspirent aux splendeurs et à la puissance. « A nous deux, maintenant!» : le cri de Rastignac sur la tombe du père n'est pas un cri de revanche morale, mais un cri de réussite à tout prix et de lucidité qui ne doit rien à personne. Rastignac réussira sans Vautrin, et ainsi ne s'ébauchera même pas, à l'intérieur de la société de fait, cette apparence de contre-société de droit qui aurait été une alliance fondée sur la force et sur l'amitié. La vraie leçon, c'est que le père est mort pour rien, qu'il n'y a plus ni valeurs ni marques sûres hors de la loi du succès et de l'affirmation de soi : mettre le mors à la bête, comme dit encore Rastignac, sauter dessus et la gouverner; non pas réaliser ses rêves de jeunesse, mais avoir pour maî-tresse la femme d'un homme riche et faire ses affaires. Ras-tignac reste pur au fond de lui-même, mais il descend dans la mêlée parisienne et il se lance, impitoyable, sans scrupules et blessé.

A quelques mois de là, *le Lys dans la vallée* montre à quel point les nouveaux enfants du siècle et de la réussite sont bien, et ce de manière qui promet, des cœurs meurtris. Félix de Vandenesse fait carrière à Paris dans la société nou-velle (conseil d'État, conseils d'administration, maîtresse anglaise), mais il est un « enfant du devoir », rejeté par sa mère; son enfance a été incomprise, traumatisée. Il trouve en Mme de Mortsauf l'amante-mère qui lui manque; mais jamais ils ne se rejoindront, et cette aventure marquera pour toujours le jeune lion parisien qui réussit. *Le Lys dans la vallée,* dont le succès fut immense, est le livre-sommet de l'innocence et de la complicité, du paradis et de la compro-mission. Félix de Vandenesse, l'une des figures de Paris, traîne à ses origines cette double blessure d'être un bâtard moral et d'être celui qui n'a pu vivre et réaliser un grand amour. On le retrouvera dans *Une fille d'Ève,* mari stratège et précautionneux, connaisseur de la « nature humaine » et de « l'éternel féminin », glacé, diplomate et sachant la vie. Le roman courtois dans le monde moderne — Félix un peu chevalier, Mme de Mortsauf un peu inaccessible princesse — est le roman des occasions manquées. De tous les romans de Balzac, *le Lys dans la vallée* est sans doute le plus direc-tement autobiographique : l'enfance et l'adolescence de Félix sont celles d'Honoré, et Mme de Mortsauf est en partie Mme de Berny, en partie Zulma Carraud; M. de Mortsauf, ancien émigré, doit beaucoup au commandant Carraud, républicain, ancien prisonnier des pontons, impuissant, rejeté par le siècle bourgeois comme l'était le soldat des lys. Toute une mythologie est ainsi mise en place : fraternité des victimes et des parias contre les triomphateurs apparents de la vie parisienne, en laquelle son héros même refuse de croire. Car sinon, pourquoi toujours revenir à Clochegourde? La poésie de la Touraine et de la « chère vallée » confère à l'ensemble une couleur d'étape et de paradis perdu, de « beau moment », comme aurait dit Gœthe, à jamais aboli. *Le Lys dans la vallée* porte à son plus haut degré de beauté et de signification le roman d'éducation dans sa phase ascendante : Félix de Vandenesse n'est pas encore Frédéric Moreau; il est encore porté; il croit encore à quelque chose et il est encore — tout juste il est vrai — l'homme d'une société qui se fait. Mais c'est bien déjà une *Éducation sentimentale :* le passé retrouvé est meilleur que l'avenir et que le présent, voués au vivre quand même et aux Natalie de Manerville. *Le Lys* est la dernière des œuvres du cycle juvénile; c'est le *René* de Balzac. Mais par ses implications, par ses à-côtés qui deviendront l'essentiel, *le Lys* conduit à tout ce qui va par la suite se développer.

En 1836, Balzac réédite les *Œuvres* d'Horace de Saint-Aubin. Salut à sa jeunesse, rappel souvent pertinent des premiers essais *(Wann-Chlore,* reparu en *Jane la Pâle,* fut salué comme une préfiguration d'*Eugénie Grandet),* en même temps qu'opération commerciale. Surtout il se lance dans une périlleuse entreprise de journalisme. Il fonde la *Chronique de Paris,* qui échoue et le laisse plus endetté encore. Un dur procès l'oppose à Buloz à propos d'une publication anticipée du *Lys dans la vallée.* Comme en 1832, épuisé, affolé, il s'enfuit à Saché. Il y écrit la première partie d'*Illusions perdues,* roman du regard lucidement jeté sur une époque et sur une demi-carrière. Puis, à la fin de l'année, c'est comme un nouveau départ. Girardin lance *la Presse,* un journal à bon marché; on inaugure la formule du roman-feuilleton. Balzac donne *la Vieille Fille.* Il s'agit là d'une mutation capitale : Balzac va cesser d'écrire pour les revues uniquement destinées à l'élite lisante; il va écrire pour les journaux. Conséquence : moins de philosophie, plus d'aventures parisiennes. Le marché n'est plus le même, ni le public. La production balzacienne s'en ressentira, surtout à partir du moment où le succès d'Eugène Sue et d'Alexandre Dumas va forcer l'ancien auteur des *Contes philosophiques* à se lancer dans une sorte de nouvelle carrière. Pendant quelques années, les grands titres vont se succéder, alternant avec de nombreuses rééditions (surtout, à partir de 1836, dans la bibliothèque Charpentier, elle aussi, comme *la Presse*, à fort tirage et à bon marché) : *les Employés, César Birotteau* (1837), *la Maison Nucingen* (1838), *Une Fille d'Ève* (1839, véritable carrefour de tous les personnages balzaciens déjà vivants et connus), *le Curé de Village* (1839-1841), la seconde partie d'*Illusions perdues, Un grand homme de province à Paris, Béatrix* (1839), *Pierrette* (1840), *Une ténébreuse affaire, la Rabouilleuse, Sur Catherine de Médicis* (1840-1844), *Ursule Mirouet* (1841), *Mémoires de deux jeunes mariées* (1841-1842). Nombre de ces ouvrages ont d'abord fait l'objet de publications dans des feuilletons, avant d'être repris en volume, parfois sous de nouveaux titres, et plus ou moins remaniés, augmentés et enrichis. La réorientation des projets les plus anciens dans ce nouveau contexte de production littéraire est parfois singulièrement éclairante : c'est ainsi, il faut le rappeler, que *César Birotteau*, qui devait d'abord être une *Étude philosophique* sur les ravages du désir de s'agrandir, est devenu un roman de la vie parisienne faisant une place plus importante au style Joseph Prudhomme ainsi qu'à l'étude des mécanismes économiques et du crédit.

Mais alors que Balzac était lancé dans cette carrière de « plus fécond de nos romanciers », comme avait dit Sainte-Beuve avec une perfidie calculée, car un romancier était suspect, non reçu, il avait enfin trouvé le moyen d'organiser et de coordonner cette masse immense. C'est en 1840, l'année même où échoue à grand dommage une nouvelle entreprise de presse *(la Revue Parisienne),* que lui vient l'idée de *la Comédie humaine*. Entreprise de libraire certes (diffusion, papier moins cher) avec réédition plus compacte (suppression des préfaces, des chapitres et de nombreux alinéas), mais aussi entreprise d'unification technique et philosophique. Le système des personnages reparaissants serait poussé à ses extrêmes conséquences, les personnages réels — par exemple les écrivains — étant remplacés par des personnages fictifs déjà connus ou dont on ferait la connaissance, les personnages fictifs étant mêlés, réduits les uns aux autres, unis par des liens de famille, etc. Pratiquement aucun roman, aucun héros ou groupe de héros ne serait isolé; tous vivraient dans plusieurs romans, voire dans l'ensemble des romans. Ainsi naissait l'idée de biographies imaginaires à constituer à partir de romans dont tous ne seraient que les facettes ou les épisodes d'une immense histoire. C'est en octobre 1841 que fut signé le grand contrat avec Furne, Hetzel, Paulin et Dubochet. En avril 1842 parut le prospectus, et la première livraison suivit quelques jours plus tard; la dixième, qui achevait de constituer le premier volume, parut fin juin. Un *Avant-propos*, texte théorique capital, ne fut composé qu'ensuite et publié en 1846. A la fin de l'année, trois volumes avaient paru. Il devait y en avoir dix-sept, le dernier paraissant en 1848.

Balzac, toutefois, auteur et maître d'œuvre de cette immense entreprise, était bien loin de se considérer — surtout de pouvoir se considérer — comme un homme ayant atteint son but, classant ses dossiers, rééditant et arrangeant ses œuvres. Il continuait — il était bien obligé de continuer — à se battre sur le terrain commercial et littéraire. Il essaie d'abord une percée au théâtre. Mais *Vautrin* (1840) est interdit, et *les Ressources de Quinola* (1842) tombent avec fracas. Il réédite inlassablement. Mais aussi il lance des entreprises nouvelles dont certaines de la plus haute importance : *Un début dans la vie, Albert Savarus* (1842), *Honorine, la Muse du département, les Souffrances de l'inventeur* (dernière partie d'*Illusions perdues*, 1843), *Modeste Mignon* (1844), la dernière partie de *Béatrix, Splendeurs et misères des courtisanes* (1843-1848), *l'Envers de l'histoire contemporaine* (1842-1848); il entreprend *le Député d'Arcis, les Petits Bourgeois, les Petites Misères de la vie conjugale*; il termine *Sur Catherine de Médicis* (1844). On notera le nombre de courtes nouvelles, voire de pochades, pendant cette période : *les Comédiens sans le savoir* (1846), *Un homme d'affaires, Gaudissart II* (1845). Signe de fatigue, sans doute. Mais aussi Balzac est pris par l'immensité de ses tâches en même temps qu'il est sollicité de toute part et qu'il broche des textes rapides qui lui procurent, et vite, quelque argent. En 1846-1847 toutefois se produit un extraordinaire et spectaculaire rétablissement. *La Cousine Bette* et *le Cousin Pons* (formant ensemble *les Parents Pauvres*) sont deux chefs-d'œuvre, amples, puissants, lancés vers des explorations nouvelles; il ne s'agit plus de peindre, de retrouver la Restauration en son temps perdu, mais bien de peindre à nouveau, comme en 1830, au contact, au jour le jour; les intrigues des *Parents Pauvres* se situent pratiquement la même année que celle de la mise en vente. Balzac a rattrapé le temps. Il ne peint plus les bourgeois en lutte de 1825, mais les bourgeois arrivés de 1846, les Camusot au pouvoir. Ils s'emparent du trésor de Pons, si le musée secret d'Elie Magus leur échappe. Ils sont à la Chambre, au ministère, partout. Une page est sur le point d'être tournée.

Alors même naissent et pressent des forces neuves; les « barbares », que Balzac salue et dénonce à la fois dès 1840 dans un grand article : *Sur les ouvriers.* Le thème est repris, puissamment transposé, dans un autre roman de première grandeur, malheureusement abandonné après plusieurs essais, *les Paysans* (1844). Balzac semble avoir dit ce qu'il avait à dire, et un autre monde commence. La production se ralentit, puis se tarit. L'homme épuisé, est pris tout entier par son idée fixe d'épouser son Étrangère pour qui il installe à Paris, rue Fortunée, un invraisemblable palais, meublé de ses ruineuses chines et bric-à-bracqueries à travers l'Europe. L'année 1848 est une année à peu près vide : nouvelle tentative au théâtre avec *la Marâtre,* puis la fin de *l'Envers de l'histoire contemporaine.* Pendant les deux années qui suivent Balzac cesse d'écrire. Après sa mort, sa veuve fera publier, en remaniant ou en complétant les manuscrits ou fragments déjà parus, *les Paysans, le Député d'Arcis, les Petits Bourgeois* (1854). Pour des raisons évidentes, ces œuvres, ainsi que *Splendeurs et misères des courtisanes* et *l'Envers de l'histoire contemporaine,* ne trouveront pas leur place dans la *Comédie humaine* du vivant de leur auteur. On les y intégrera après sa mort, en se fondant sur deux documents : un plan d'ensemble, daté de 1845 (137 titres, dont 85 ouvrages achevés et 50 ébauchés ou projetés), et un exemplaire de *la Comédie humaine* corrigé de sa main en vue d'une réédition qui ne vit jamais le jour (c'est l'exemplaire universellement connu sous le nom de *Furne corrigé*). Balzac prévoyait alors une réédition en vingt volumes. A partir de la fin du xixe siècle, les érudits ont publié de nombreuses œuvres inachevées, textes inédits, etc. En leur ajoutant les *Contes drolatiques,* les *Préfaces,* le *Théâtre,* les innombrables articles publiés en plus de vingt-cinq ans de vie littéraire, on arrive aujourd'hui à un ensemble de vingt-huit volumes du format de *la Comédie humaine,* auquel il faut ajouter seize volumes de romans de jeunesse, cinq volumes de *Correspondance,* trois volumes de *Lettres à Mme Hanska.* Ce total conservé de ce qu'a écrit Balzac représente à peu près le double des dix-sept volumes de *la Comédie humaine.*

Comment vécut l'homme Balzac

Parallèlement à son immense travail de production littéraire (Zola, le premier sans doute, le qualifia d'*ouvrier*) Balzac, jusqu'à sa mort, poursuit certaines images de réussite, de bonheur, de puissance et d'affirmation, qui tiennent à sa substance même et à son vouloir-vivre forcené; ce qui ne veut pas dire que Balzac obtînt et réussît. Car, pour ce qui est de son *pouvoir-vivre,* il s'agissait de bien autre chose : Balzac, semble-t-il, ne put jamais être l'homme d'un triomphe durable, d'une réussite et, comme aurait dit Péguy, d'une inscription temporelle. Lamartine idole d'un peuple, Vigny académicien, Michelet professeur, Hugo maître et symbole d'une république : ce sont là autant d'impossibilités pour Balzac, toujours en situation d'échec et toujours s'y mettant comme pour mieux se sentir être. Il y eut bien quelques enclaves : près de la Dilecta, Frapesle avec Zulma Carraud, là où tout se vivait un peu hors du monde. Mais pour le reste, pour le quotidien, pour ce qui fut connu et comptabilisé, pour ce qui fut vécu, ce fut toujours et sans cesse la course épuisante. Un romancier à succès comme Balzac aurait dû normalement, au XIXᵉ siècle, avec ses relations, faire sa fortune. D'autres la firent, lui non. Pourquoi? C'est par là que cette vie est vraiment une biographie et qu'elle fait problème. Pourquoi la carrière d'un Dumas, d'un Gautier, d'un Eugène Sue? Et pourquoi le naufrage d'un Balzac? Il serait faux de dire que le siècle seul et les institutions ou les structures en furent responsables : même (ô horreur!) « aidé », Balzac aurait fini comme il a fini. Là n'était pas la solution, de toute façon hors de nos prises. Mais là était bien le problème : Balzac ne pouvait réussir dans cette société, en jouant « honnêtement » de ses lois. Antoine Adam a diagnostiqué en lui une conduite d'échec, une recherche de l'échec, un refus secret de réussir selon le monde, et il est vrai que Balzac ne réussit jamais rien selon ce monde dont il avait montré par ses romans qu'on ne pouvait y réussir sans renoncer à soi ou se détruire soi-même. Il y a parcouru cependant plusieurs ardentes décennies.

Les femmes

Ses amours furent nombreuses et, semble-t-il, à l'exception du pénible épisode de la duchesse de Castries (qui sans doute avait des excuses, un accident de cheval lui ayant brisé les reins), heureuses. Dans le secret comme dans le triomphe. Leurs héroïnes les plus marquantes furent la demi-mondaine Olympe Pélissier (maîtresse de Rossini), la duchesse d'Abrantès, Maria du Fresnay — qui lui donna une fille, morte seulement en 1930 —, la comtesse Guidoboni-Visconti — qui devait lui donner un fils —, Caroline Marbouty qui l'accompagna en Italie déguisée en page, Hélène de Valette, avec qui il séjourna à Guérande lors de la rédaction de *Béatrix*, etc. Malgré sa balourdise, Balzac n'avait rien d'un éthéré. Il connaissait de longues périodes de chasteté, favorables au travail. A la différence toutefois de Stendhal cultivant les amours ancillaires mais souvent empêché avec celles qu'il aimait et qui, selon les lois profondes de son éthique et de sa personnalité, méritaient mieux que ce qui ne concernait que filles de chambre et belles paysannes, Balzac était aimé, convainquait et laissait de grands souvenirs. Il n'a guère peint ni évoqué dans ses romans la nuit d'amour compensatrice de celles qu'on n'a pas connues. Le bonheur de Valmont avec Mme de Tourvel lors du « second succès », le bonheur de Julien avec Mme de Rênal lors de leur seconde rencontre, on n'en trouve pas l'équivalent chez Balzac, seulement préoccupé de faire de ses héros virils et amants de grandes dames des êtres élégants et lestes comme il aurait voulu l'être (Lucien, dans *Illusions Perdues,* Blondet, dans *les Paysans*) avant de devenir ce Silène au cou épais et lorsqu'il était encore ou pouvait être lord R'Hoone et le bachelier Horace de Saint-Aubin.

En contrepoint du thème féminin (la femme ange — Mme de Mortsauf, comme la maîtresse sensuelle — Arabelle Dudley ou Mme de Maufrigeuse ou Mme de Sérizy), à quoi le thème misogyne, si important dans l'œuvre (la femme détruit, détourne et gaspille l'énergie de l'homme, et la véritable énergie ne trouve à s'employer vraiment que dans l'amitié virile), correspond-il ou répond-il dans la vie ?

Des accusations précises ont été formulées, en particulier par Philarète Chasles et divers échotiers, et il est bien certain que Balzac aima à s'entourer et fut entouré de jeunes gens, parfois comme de harems de secrétaires mâles : Jules Sandeau, Gramont. Le ton de certaines lettres est par ailleurs curieux. S'il y a toutefois homosexualité balzacienne, il s'agit toujours d'une incarnation du thème de la puissance, jamais d'une croix à porter ou d'une honte secrète. La fraternité virile est certainement un thème balzacien, mais elle n'est ni une tare ni une malédiction; elle est un choix au nom de l'homme total, amical et solidaire contre une société de gaspillage et de dissolution : la femme étant la passion, la rupture et la perte de soi, le piège, l'un des pièges que tend au spontanéisme naïf de l'être la société des prestiges, des plaisirs et de la consommation. Se laisser aller à la femme est piège comme se laisser aller à la vie, et la femme est certes souvent la sirène, la destructrice et la captatrice d'énergie, le mauvais placement. L'androgyne, on verra, pourra être l'une des solutions symboliques et littéraires, comme le mythe de l'homme aux deux femmes. L'exclusion de la femme peut en être une autre, mais aussi folle et illusoire que toute autre solution individualiste et, en tout cas, il faut y insister, sans racines biographiques au sens clinique du terme.

Toutes les grandes entreprises de sa vie furent dominées, à partir de 1832, par l'image d'une comtesse polonaise, Mme Hanska, qui lui écrivit un premier message d'admiration signé d'anonyme et romanesque manière : l'Étrangère. Balzac alors s'éloignait d'une Mme de Berny vieillissante et qui devait mourir en 1836 en lui ayant vraiment tout donné, l'année même où hommage lui était rendu dans le Lys. Il s'ensuivit une longue intrigue et une assez extraordinaire correspondance-journal qui devaient aboutir au mariage de 1850, après de multiples épisodes : rencontre et « jour inoubliable » à Neuchâtel en 1833, retrouvailles à Vienne en 1835, à Saint-Pétersbourg en 1843, après la mort du comte Hanska, en 1845 à Naples, à Paris en 1847. A la fin de cette année, Balzac part pour la Russie; il est l'hôte de la famille Hanska en Ukraine, à Wierzchownia, où l'on se méfie de lui. Il continue à tenter de travailler (ébauches pour la Femme *auteur, Un caractère de femme*). Mais le malheureux venait alors d'éprouver une immense déconvenue : Victor-Honoré, le fils sur lequel il comptait tant, n'était pas venu à terme. En septembre 1848, nouveau départ pour l'Ukraine où il séjournera jusqu'en mai 1850. Mᵐᵉ Hanska, après de nombreuses réticences (dont les plus vives en provenance des siens, peu soucieux de la voir lier sa vie à ce Français gaspilleur et endetté et qui finirent par obtenir un arrangement favorable au maintien de la fortune dans la famille), finit par consentir au mariage. Mais Balzac, usé, condamné, affecté de congestion cérébrale, ne devait pas profiter de cette conquête enfin réalisée de Fœdora. Il mourut le 18 août 1850 après avoir reçu Victor Hugo, qui raconta la scène dans une page inoubliable de *Choses vues*. Balzac mentit souvent à Mᵐᵉ Hanska et, dans l'intervalle des longues séparations, fut loin de lui être fidèle. Mais elle a été pour lui un point fixe, le seul peut-être de sa vie. Elle a été Fœdora, mais aussi la princesse lointaine. La chance aussi, un moment, d'une fortune. Elle a surtout été la personne au monde à qui il se soit le plus confié.

Paris

Il était juste que cette mort eût Paris pour théâtre. Non seulement l'œuvre avait fixé pour toujours le cadre d'une nouvelle mythologie : la montagne Sainte-Geneviève, le Marais, l'île Saint-Louis, la Chaussée d'Antin, les Boulevards, les Champs-Elysées, les nouveaux quartiers de la Madeleine. C'en était fini d'un Paris présent dans la littérature par ses embarras, son seul pittoresque ou ses originaux. Non seulement, sans aucun détour par le style ou par la légende, l'œuvre avait — à la suite, en partie, de *Joseph Delorme* et des romans de Janin — donné les premiers *Tableaux parisiens* de la littérature moderne (vus d'en haut, de manière dantesque, comme dans *la Fille aux yeux d'or*; vus d'en bas, au fil des rues, ainsi que dans tant de romans et nouvelles), mais encore elle avait été profondément et continûment liée, dans la pratique et dans la vie quotidienne, à l'aventure balzacienne. Rue de Tournon (1824), rue Visconti (1826), rue Cassini (1829). En 1835, c'est l'installation rue des Batailles, à Chaillot (près de l'actuelle place d'Iéna; c'est là que Balzac se cachera pour échapper à ses multiples créanciers). Quatre ans plus tard, il achète les Jardies à Sèvres qui contribueront à le ruiner. Mais, dès 1840, il retrouve Paris : rue Basse, à Passy où il restera six ans. En 1846, pour accueillir la future Mme de Balzac, il achète l'ancienne « folie » du financier Beaujon, rue Fortunée, qu'il aménage, meuble et décore à grands frais. C'est là qu'il devait mourir, ayant émigré, d'un bout à l'autre de sa vie, du Quartier latin vers l'ouest de la capitale, après un séjour assez long en banlieue : symbole, peut-être, de ses efforts, de ses entreprises, de ses illusions. A ces logis parisiens il faut ajouter les logis de secours, les asiles de province où il allait retrouver le calme et l'amitié : surtout Saché (les Margonne) et Frapesle (la famille Carraud) où il jouait les Félix de Vandenesse. Balzac a été un errant, l'homme d'un rêve et d'une entreprise, jamais d'une terre ou d'une maison.

La vie quotidienne

Sa vie quotidienne a été celle d'un homme de métier, toujours écrivant, corrigeant, recomposant, occupé à honorer des contrats, à boucher des trous, à réemployer ou à relancer des textes anciens. Au niveau le plus concrètement matériel se situe un travail immense et d'un type assez particulier, signe que l'écriture a cessé d'être du siècle de la plume pour être de celui de la technique. Jusqu'à ce qu'il devienne imprimeur, les manuscrits de Balzac sont corrigés, refaits, découpés, collés, recollés, surcollés de manière fantastique (*Wann-Chlore,* et encore *le Dernier Chouan*). Mais il découvrit (peut-être après avoir composé lui-même directement certains textes lorsqu'il était imprimeur : Restif de la Bretonne procédait ainsi) cette manière d'écrire qui devait contribuer à le ruiner (les nouveaux frais de composition grevant, voire annulant le prix touché par contrat) : la correction sur épreuves. Il rédigeait, souvent très vite, une sorte de brouillon de premier jet qu'il envoyait au prote. Puis, sur les placards qui lui revenaient et qu'il relisait comme une sorte de texte frais, nouveau, là, devant lui, objet, avec les grandes marges blanches, commençait un second travail de

105

rédaction, par éclatement du texte, par une sorte d'explosion en rosace autour du premier noyau. A la différence de la correction flaubertienne, la correction balzacienne n'est jamais de polissage et de resserrement, mais toujours d'enrichissement et de plus grande surface couverte. A la relecture, le plus souvent, l'imagination est mise en branle par tel détail ou tel incident de premier jet qui n'avaient pas eu d'abord tous leurs développements ni ne les avaient même suggérés. Ainsi, dans *le Médecin de campagne*, la construction de la route et du pont, d'abord rapidement indiquée, devient sur épreuves quelque chose d'extraordinairement épique, l'enthousiasme du romancier montant avec celui des villageois qui redécouvrent un sens au travail. Ainsi encore, dans *le Lys,* une brève notation du manuscrit sur l'enfance du héros donne-t-elle naissance, sur épreuves, à cet énorme *excursus* qu'est le récit de l'enfance de Félix de Vandenesse, apparu à Balzac comme étant, sans qu'il l'ait d'abord clairement su, Balzac lui-même. En ce qui concerne ce roman, on a pu compter que le manuscrit ne représentait que le tiers ou le quart du texte définitif.

Plus que la simple manifestation d'une technique, il y a là révélation d'une manière de concevoir et de vivre l'acte d'écrire : non pas, pour Balzac, acte de souffrance, mais acte d'expansion et d'affirmation. Balzac n'a pas connu les affres du style, mais bien l'aventure exaltante et épuisante des bonds successifs, des vagues qui se recouvrent et vont toujours plus loin, des pulsions d'un investissement et d'un don de soi au texte toujours plus grand. A ce métier Balzac s'est tué. Non seulement parce qu'il travaillait quantitativement beaucoup et devait faire face à de multiples engagements, mais parce qu'il travaillait intensément. Il a souvent lui-même parlé de cette « bataille des épreuves », moment essentiel de la création, chantier, alors qu'il n'est pour beaucoup d'écrivains que corvée ou occasion de revoir quelques détails. La pensée tuant le penseur, le mythe de la peau de chagrin et de l'énergie qui ne se dépense pas deux fois, tout ceci, bien loin de n'être que fiction littéraire ou construction abstraite, a été vécu par Balzac pendant ces journées et ces nuits de travail en tête à tête avec le papier, la célèbre cafetière sur la table. Cette claustration d'ailleurs, n'était pas retraite. Benassis, dans *le Médecin de campagne*, a refusé la solution de la Grande Chartreuse. Balzac ne s'est pas retiré, comme se retireront Flaubert, Mallarmé, Proust, Huysmans. Il allait dans le monde, il voyageait. Il était un intarissable et parfois outre-cuidant bavard de salon. Il imaginait de mirifiques entre-prises commerciales ou industrielles (chênes de Pologne, mines argentifères de Sicile, ananas des Jardies). Mais, il faisait son métier, à la fois besoin, technique, mission. Il y a eu dans la vie de l'homme Balzac un côté gigantesque et illu-miné, mais dans la pratique et sans la pose ou les attitudes romantiques, sans noblesse, sans front lourd et sans drapé, quelque chose en tout de prosaïque, au moment où la prose devient, dans la presse et dans l'édition à grand tirage, la langue même du monde moderne.

La mort de Balzac

Nous traversâmes un corridor, nous montâmes un escalier couvert d'un tapis rouge et encombré d'objets d'art, vases, statues, tableaux, crédences portant des émaux, puis un autre corridor, et j'aperçus une porte ouverte. J'entendis un râlement haut et sinistre.

J'étais dans la chambre de Balzac.

Un lit était au milieu de cette chambre. Un lit d'acajou ayant au pied et à la tête des traverses et des courroies qui indiquaient un appareil de suspension destiné à mouvoir le malade. M. de Balzac était dans ce lit, la tête appuyée sur un monceau d'oreillers auxquels on avait ajouté des coussins de damas rouge empruntés au canapé de la chambre. Il avait la face violette, presque noire, inclinée à droite, la barbe non faite, les cheveux gris et coupés court, l'œil ouvert et fixe. Je le voyais de profil, et il ressemblait ainsi à l'empereur [...]

Une odeur insupportable s'exhalait du lit. Je soulevai la couverture et je pris la main de Balzac. Elle était couverte de sueur. Je la pressai. Il ne répondit pas à la pression.

C'était cette même chambre où je l'étais venu voir un mois auparavant. Il était gai, plein d'espoir, ne doutant pas de sa guérison, montrant son enflure en riant.

Nous avions beaucoup causé et disputé politique. Il me reprochait ma « démagogie ». Lui était légitimiste [...]

Il me disait aussi : « J'ai la maison de M. de Beaujon, moins le jardin, mais avec la tribune sur la petite église du coin de la rue. J'ai là dans mon escalier une porte qui ouvre sur l'église. Un tour de clef et je suis à la messe. Je tiens plus à cette tribune qu'au jardin. »

Quand je l'avais quitté, il m'avait reconduit jusqu'à cet escalier, marchant péniblement, et m'avait montré cette porte, et il avait crié à sa femme : — « Surtout, fais bien voir à Hugo tous mes tableaux. »

La garde me dit :

— Il mourra au point du jour.

Je redescendis, emportant dans ma pensée cette figure livide ; en traversant le salon, je retrouvai le buste immobile, impassible, altier et rayonnant vaguement, et je comparai la mort à l'immortalité.

Victor Hugo, *Choses vues.*

4

Structures, fonctions, fonctionnement du roman critique : les conditions et les passions

D'une combinatoire moderne

L'école du désenchantement avait donc imposé une image philosophique de l'homme. Mais aussi une image *littéraire* et naissant, par-delà les intentions claires et sans pour autant les annuler, de certains rapports de force et de possibilités à l'intérieur de l'œuvre lue dans n'importe quel ordre. Il existe une typologie et une combinatoire romanesques, propres non tant à *la Comédie humaine* il est vrai qu'à un certain type de roman moderne et d'éducation, mais qui chez Balzac, compte tenu de l'ampleur de l'entreprise, de l'immensité du champ couvert et de la multiplicité des angles d'attaque, disent avec la force propre des formes et des structures une réalité nouvelle, au moins autant subie que vue et assumée. L'école du désenchantement, en effet, s'inscrivait dans un cercle beaucoup plus large que celui des simples séquelles de 1830. C'est déjà certes beaucoup de dire que *la Peau de Chagrin,* conte philosophique, est un texte politique. Mais il faut dire de quelle politique relève le conte, et s'il s'agit seulement d'une politique immédiate, limitée, conjoncturelle, ou structurelle et non créée par l'événement. Sinon, l'on borne la signification et la portée des textes et l'on renvoie à cette idée que tout temps un peu fort et nerveux de l'Histoire produit de ces littératures galvaniques et violentes. L'école du désenchantement, qui reprend, amplifie et précise certains thèmes Restauration et qui en préfigure d'autres destinés à animer une littérature éventuellement plus calme, s'inscrit dans le cercle de l'impasse idéologique des Lumières, de l'impasse pratique du libéralisme et de l'impasse politique de la bourgeoisie.

Pour les Lumières en effet, le clivage essentiel du monde, celui qui rend compte des conflits maxima, des conflits vrais et mobilisateurs, était le clivage philosophes-non philosophes : le clivage voltairien ou, souvent, le clivage selon Diderot. En fait, très tôt, il était apparu qu'une fois ce clivage pris en charge et assumé, exprimé, il demeurait un immense reste, qualitativement d'abord, quantitativement ensuite. Que faire, en effet, dans la perspective philosophes-non philosophes, de ces trois types de héros, derrière lesquels se presse et s'exprime tout un réel, et qui dans l'idéologie comme dans la pratique littéraire des Lumières n'ont pu trouver de place?

— le jeune homme
— la femme
— le héros sauvage

Toute la littérature moderne est là posée. C'est le roman réaliste du XIXe siècle, et singulièrement le roman balzacien, qui commence de répondre.

Le jeune homme

Faire émerger ou valoriser la jeunesse, constater simplement qu'elle est là et qu'à elle seule, indépendamment de toute analyse philosophique, elle fait problème, que le jeune homme est un bloc brut sur lequel on ne mord pas et dont on ne rend pas compte, c'est déjà, à la couture XVIIIe-XIXe siècle, dire qu'il est nécessairement en avant d'autres conflits que ceux des aînés. Jeunesse-non jeunesse : même s'il s'agit là d'un masque ou d'un leurre, où est désormais le conflit philosophe-non philosophe et bourgeoisie révolutionnaire-ancien régime? Mais ces jeunes gens, dans l'univers philosophique et libéral, ne seraient-ils pas d'origine de droite ou manipulés par la droite? Un moment ce sera vrai : les jeunes émigrés et les beaux fils tristes fourniront au romantisme ses premières troupes et son premier personnel. La conscience et les leçons de liberté, voire de révolution, viendront des grandes familles, des châteaux et des beaux quartiers, alors que la jeunesse officiellement progressiste est semble-t-il parfaitement intégrée à ce qui devient un ordre. Mais par-delà cet accident et cette incarnation d'un instant, à partir du moment où des forces commencent à peser de l'intérieur de la société libérale contre ses valeurs, ses structures et ses intérêts propres, le jeune homme (étudiant, poète, génial ou ambitieux) trouvera toute sa virulence et sa signification, avec aussi bien entendu ses limites.

La femme

Dès la fin du XVIIIe siècle et alors que se dessine la victoire libérale, on voit mal quel bien en tirera la femme, qui demeure appropriée à la famille, au mari, à l'argent. Les philosophes n'étaient guère féministes et ne posaient le problème de la liberté de la femme qu'en termes de vertu retrouvée, conquise ou redevenue possible dans un monde libéré. Toute une littérature dit toutefois dès longtemps que le mariage est l'institution piège. Il a certes été critiqué, mais bien sûr de manière à alimenter la bonne conscience bourgeoise, par le libertinage aristocratique et mondain, langage certes parfois d'exigences mais aussi pourvoyeur de défaites et d'abîmes. Lovelace et Valmont plaidaient-ils (ou les faisait-on plaider) pour un mariage vertueux et bourgeois? Clarisse eût-elle été heureuse, mariée selon la loi des Harlowe? Il est évident que le conflit philosophes-non philosophes ne pouvait vraiment rendre compte du drame de Clarens ni du problème Julie-Saint Preux (ou amour-vertu, éprouvé-durée etc.), et la vitalité, voire la faconde, de la littérature féminine ou féministe sous l'Empire témoigne bien que, de ce côté, la Révolution n'a rien résolu. Malgré la Révolution, la femme est là dans un univers masculin où simplement certains rôles ont été redistribués. C'est ce qu'on appelle, dès avant Balzac, l'univers de la vie privée.

Le héros sauvage

C'est le hors-la-loi, l'exclu, l'inexplicable, le plus souvent un homme du peuple, une force irréductible ou brute. Surtout celui dont la littérature, pas plus que la société, ne sait que faire. C'est, dès la seconde moitié du XVIIIe siècle, le brigand, le réfractaire, le déserteur : Mandrin, le héros de Sedaine, le soldat mécontent, Félix dans *les Deux amis de Bourbonne,* mais aussi le bohème. Réglé (ou continuant à se régler, ou faisant croire et se faisant croire que là est encore le vrai conflit) le conflit philosophes-non philosophes, reste Félix ou le Neveu de Rameau, dont l'histoire s'effiloche et ne peut réellement se dire et s'écrire selon les canons, parce qu'elle ne relève d'aucune catégorie idéologique, donc littéraire.

Chez Balzac, le héros sauvage, celui que l'on découvre avec surprise par-delà les oppositions spectaculaires du libéralisme et de l'Ancien régime, c'est en premier lieu le paysan (Marche-à-Terre d'abord, le père Fourchon ensuite); c'est le réfractaire et le « chauffeur », le semi-bandit (Butifer dans *le Médecin de campagne,* Farrabesche dans *le Curé de village*), l'homme qui a refusé la conscription. Or qu'est-ce que la conscription, sinon l'embrigadement, la mise en service des masses pour le profit de ceux dont les Lumières étaient l'idéologie philosophique, le libéralisme l'idéologie politique, l'argent les moyens et la fin, c'est-à-dire la classe bourgeoise? On a voulu faire faire à ces hommes une guerre qui n'était pas la leur : ils ont résisté; les gendarmes les ont cherchés; ils se sont terrés. Quel est le sens de ce thème, cher à Balzac, du « réquisitionnaire »? On y chercherait en vain du légitimisme bien pensant; en fait, c'est l'anti-militarisme, tel qu'il se développera plus tard à l'intérieur de l'univers républicain, qui est ici en germe : les amours du déserteur et de la bourgeoise en rupture de ban, celles du mauvais garçon et de la fille du peuple devenue bourgeoise, le couple symbolique de *Quai des Brumes* ou de *Pépé le Moko,* naissent et fonctionnent à l'aube même du romantisme. Mais il est à noter qu'elles fonctionnent toujours comme signe d'optimisme et d'ouverture et que la possibilité du rapprochement femme-héros sauvage est toujours signe de ce qu'une chance reste au monde et de ce qu'on lui pense sinon un avenir du moins un sens possible. Ainsi, dans *The Forsyte Saga,* Irène découvrira Bosinney, l'architecte, l'artiste, le maudit, l'être de fuite qui ne sait pas compter; ainsi, dans *Main Street,* l'héroïne de Sinclair Lewis trouvera le vieil anarchiste. Madame Bovary, par contre, n'aura rien.

C'est toujours un signe de fermeture du monde que la femme ne rencontre pas, quelque part, le jeune homme, le marginal, le hors-la-loi en qui s'incarnent, en qui se fixent ses désirs et possibilités de revanche. Chez Mauriac même, il y aura, tout près de Thérèse Desqueyroux et de sa cousine, ce beau juif mystérieux et phtisique, preuve non pour un avenir terrestre et pour la révolution, mais pour la vie intérieure et pour Dieu. On tient ici l'un des maîtres éléments de la dramaturgie moderne.

Or, que l'on compte bien : les jeunes gens, les femmes, les a-sociaux (ne disons pas encore le peuple), c'est le total, c'est l'ensemble de ce qui finalement n'a rien gagné à la révolution bourgeoise, et qui depuis sa stabilisation libérale constitue la masse incomprise, opprimée, exploitée. Tout un surgissement littéraire, tout un bloc héroïque dit ce reste, ce surplus, cette immense et valable humanité faisant problème dans un monde révolutionné qui se voulait désormais non problématique ou ayant cessé de l'être, cette Histoire à nouveau nécessairement à faire, à subir, à assumer, à penser : cette Histoire-méditation et cette Histoire-philosophie de l'Histoire, cette Histoire romanesque et roman. Le jeune homme pauvre, la femme de trente ans, le héros poursuivi, avec leurs nécessaires et logiques retrouvailles, la situation la plus lumineuse et la plus parlante étant bien sûr celle du *Curé de village* avec le triangle Véronique-polytechnicien Gérard-Farrabesche, c'est la structure fondamentale du roman critique moderne et, pour l'essentiel, du roman balzacien.

Ainsi, le désenchantement est profond, fatal, constitutif de la vie, et plus qu'à des déclarations il se mesure à la manière dont émergent et jouent les personnages. Tant qu'on en était demeuré à l'univers stable de la société d'ancien régime, le désenchantement n'avait guère pu s'exprimer que par le lyrisme et par une sorte de présence et d'intensité individuelle (Rousseau) ou par le surgissement encore non explicité, non réellement dit, de nouveaux types de héros (le Neveu de Rameau, Jacques le Fataliste, le Félix des *Amis de Bourbonne*). Mais après la Révolution, et une preuve ayant été donnée de ce que l'humanité pouvait *plus*, le système étant débloqué et l'Histoire repartie, l'expression va elle-même se débloquer et passer la vitesse supérieure. L'école du désenchantement n'est donc pas un simple moment de l'actualité post-révolutionnaire de Juillet 1830. Il n'y a eu là qu'un coup de lumière plus violemment asséné à une réalité non pas accidentelle, mais bien structurelle et ayant sa propre et impitoyable *logique*. On a un ensemble d'éléments, de situations, qui, de par leur nature et leur manière de jouer, manifestent une situation, des contradictions et des essais pour en sortir. D'où la possibilité de tableaux qui rendent compte de constantes et de redéparts. Il n'est pas question que de telles formalisations épuisent le contenu et le jeu balzacien, encore moins que les exemples donnés soient eux-mêmes exhaustifs. Du moins peut-on voir ainsi se matérialiser des nécessités romanesques qui sont autant d'instruments du dire et de la découverte. Ce sont les fonctions balzaciennes.

Tableaux

1. *Le champ significatif* peut-être explicite et *parlé* (c'est le héros qui s'exprime ou c'est l'auteur qui commente) ou *lu* (on lit l'action du héros ou ses paroles, ou le commentaire de l'auteur). Le champ significatif est en général un champ de droit.

2. *Le champ contraire* peut-être lui aussi parlé ou lu. Il désigne un contre-univers de faire et de destin, dans certain cas un univers de réussite qui signifie souffrance et envie dans le champ significatif.

3. *Le champ d'expansion*, très vaste, comprend :
    nouveaux domaines du roman,
    inversions,
    perversions,
    symbolisations,
    solutions momentanées, apparentes ou illusoires.

C'est dans ce champ d'expansion que tentent de se résoudre les contradictions définies par les rapports des champs 1 et 2. C'est aussi bien le champ des solutions éthiques claires (la bande par exemple) que celui des inventions et des avancées esthétiques (nouveaux héros, nouvelles fables).

La passion offre au faible l'illusion de la violence, au solitaire elle fait croire qu'il est mêlé à quelque chose, à l'impuissant qu'il agit. A ce titre, elle s'apparente à la religion. L'amour fou est une autre version de l'amour de Dieu. Les poèmes aux yeux de la bien-aimée ont plus d'un rapport avec les cantiques à sainte Thérèse de Lisieux. L'amour-passion s'excuse à la rigueur chez l'esclave dont la rébellion vient d'être châtiée et qui n'a plus d'espoir de modifier son sort; il fleurit au lendemain des révolutions vaincues; on ne le chanta jamais si bien que sous Louis XVIII et Charles X. Mais nous vivons en un siècle où l'homme peut légitimement espérer changer la face du monde; c'est dans le visage du réel que nous façonnerons désormais nos rêves, plus d'un peuple déjà sculpte son destin dans sa propre chair. Persister à faire du « Je t'aime » un mot magique qui lie, qui contraint et qui ne doit être prononcé qu'avec précaution, en certaines circonstances et selon certains rites, relève de la mentalité primitive, s'apparente au respect du trône et de l'autel. En l'an 2047, l'amour-passion apparaîtra vraisemblablement aussi périmé que le christianisme. « Je t'aime » n'aura plus cette odeur de confessionnal, ces relents de basse sorcellerie. Ce sera un appel, un cri de plaisir, un soupir de bonheur.

Roger Vailland, *les Mauvais Coups**.

* Ce texte est reproduit grâce à l'aimable autorisation des Editions du Sagittaire.

LE JEUNE HOMME

	Champ significatif		Champ contraire		Champ d'expansion	
I	jeunesse : les années à vivre		vieillesse et vieillissement : les années vécues		l'enfance : les vertes années	(1)
II	sensible / génial / instruit / brillant	(1)	univers positif et utilitariste		les études / les premiers écrits / le prophétisme juvénile	(2)
III	artiste	(2)	faux artiste - ignorance de l'art / les bourgeois et les adultes ignorants de l'art	(2) (3)	les ambitions littéraires et artistiques / les carrières littéraires et artistiques	(3) (4)
IV	énergique / ambitieux	(3) (4) (5)	gérontocratie et société bloquée	(4)	la France réelle	
V	pauvre		règne de l'argent		l'économique en littérature / le dandysme / le corsaire à gants jaunes	(5) (6)
VI	noble	(6)	vulgarité bourgeoise		la littérature « jeune émigré »	
VII	beau	(7)	laideur			(7)
VIII	démocrate	(8)	castes		la bande	(8)
IX	révolté	(9)	conservatisme		l'anarchisme libertaire	(9)
X	témoin	(10)	découverte du monde		le jeune homme fidèle à sa jeunesse / le vieillard resté fidèle à sa jeunesse / le justicier	(10) (11)

(1) Lambert. Raphaël. Joseph Bridau. Lucien. (2) Raphaël. Marcas. (3) Marcas. Lucien. (4) A. Savarus. (4) Rastignac, Marcas. (5) Raphaël, Lucien. (7) Raphaël, Lucien. (6) Félix de Vandenesse. Michel Chrestien. (8) Athanase Granson. Michel Chrestien. Lucien. (9) Raphaël. (10) Derville.

(1) Les épaves : Kergarouët, Pons. (2) Pierre Grassou, Steinbock. (3) La famille Guillaume. (4) Angoulême, Z Marcas.

(1) Félix de Vandenesse. (2) Lambert. (3) Lucien. (4) Joseph Bridau. (5) De Marsay, Maxime de Trailles. (6) le Lys dans la vallée. (7) les Treize, la Rabouilleuse. (8) Philippe Bridau, Lousteau. (9) Bianchon. (10) Pillerault, Niseron. (11) Gobseck.

LA FEMME

Champ significatif	Champ contraire	Champ d'expansion
I le principe féminin / l'univers féminin	**I** le principe mâle / l'univers des hommes	**I** l'hermaphrodisme, l'homosexualité (1) / la prostituée au grand cœur (2)
II la jeune fille / de qualité / romanesque / exigeante / révoltée (1)	**II** les parents (1) / les épouseurs (2) / les séducteurs (3)	**II** la vie privée (3) / les problèmes sexuels (4) / la revanche féminine
III la femme mariée (2) / digne / souffrante / pitoyable / vertueuse / révoltée	**III** le mari (4) / les enfants (5) / le voisinage et le milieu (6) / la vie mondaine (7)	**III**
IV la femme de province (3)	**IV** la parisienne heureuse (8) / la provinciale heureuse (9)	**IV** la province comme destin (5)
V le droit au bonheur (4)	**V** les pièges de la passion (10)	**V** l'amour pour le héros vil (6) / l'amour pour le héros sauvage (7) / le salut par l'action; au-delà de la vie privée (8)

Champ significatif

(1) Augustine Guillaume, Eugénie Grandet, Véronique Graslin, Modeste Mignon
(2) la Femme de trente ans, le Lys dans la vallée, le Curé de village
(3) le Curé de village
(4) la Femme de trente ans, Modeste Mignon

Champ contraire

(1) Eugénie Grandet
(2) Graslin, les Cruchot
(3) la Femme de trente ans, Eugénie Grandet
(4) Graslin, Nucingen
(5) la Rabouilleuse
(6) le Curé de village
(7) le Père Goriot
(8) Madame Firmiani
(9) Renée de l'Estorade
(10) la Femme de trente ans, Mémoires de deux jeunes mariées

Champ d'expansion

(1) Seraphita
(2) Coralie
(3) le Lys dans la vallée
(4) Bette, Flore Brazier, Mᵐᵉ de Sérizy
(5) le Curé de village, Eugénie Grandet
(6) Anastasie de Restaud
(7) Véronique Graslin
(8) Véronique Graslin

LE HÉROS SAUVAGE

	Champ significatif	Champ contraire	Champ d'expansion
I	le paysan (1)	la frivolité l'égoïsme les puissances de la ville les féodalités la culture	la vie de campagne, non pas bucolique, mais dramatisée
II	le réfractaire (2) le hors-la-loi (3) le criminel (4) l'ouvrier (5)	les vrais crimes (1) les vrais criminels les riches	la Justice, la Police, la criminalité (1) les procès
III	le républicain (6) ⎤ le le royaliste (7) ⎦ politique	la sclérose royaliste (2) la révolution embourgeoisée (3)	la vie politique, l'élection, le parlement (2)
IV	l'artiste (8)	le non-art bourgeois et l'art-objet (4)	l'artiste et l'art dans le monde (3) la vie d'artiste (4)
V	le protecteur (9)	les crapoussins	

Champ significatif	Champ contraire	Champ d'expansion
(1) Marche-à-Terre, le Médecin de campagne, le Curé de village	(1) le Curé de village	(1) Splendeurs et misères des courtisanes, le Curé de village, Une ténébreuse affaire
(2) Butifer, Farrabesche	(2) le Cabinet des antiques	(2) Z. Marcas, le Député d'Arcis, les Comédiens sans le savoir
(3) Vautrin	(3) la Vieille fille	(3) la Rabouilleuse, la Maison du Chat-qui-pelote
(4) Tascheron	(4) Pierre Grassou, le Cousin Pons	
(5) Tascheron	(5) la pension Vauquer, le monde des Restaud	
(6) Michel Chrestien		
(7) Montauran, les Simeuse		
(8) Sarrasine, Gambara, Frenhoffer		
(9) Gobseck, Vautrin		

JEUNE HOMME → FEMME

Champ significatif	Champ contraire	Champ d'expansion
I le désir (1)	I le refoulement (1)	I le « mécanisme des passions publiques » (1)
II l'initiation (2)	II l'initiatrice qui protège et remplace la mère (2)	II la réussite par les femmes (2)
III l'amour durable (3)	III la grande passion partagée (3)	III l'adultère durable ou répété (3)
(1) Félix de Vandenesse (2) Félix de Vandenesse (3) Félix de Vandenesse	(1) Félix de Vandenesse (2) Mᵐᵉ de Mortsauf (3) Félix de Vandenesse	(1) *Physiologie du mariage. Un homme d'affaires.* (2) Rastignac. (3) Rastignac et Mᵐᵉ de Nucingen.

FEMME → JEUNE HOMME

Champ significatif	Champ contraire	Champ d'expansion
I le sentiment maternel (1)	I l'alibi du jeune homme (1)	I les jeunes amants de ces dames (1)
II le sentiment éducatif (2)	II l'initiation donnée au jeune homme (2)	II les gigolos de ces dames (2)
III vivre l'amour (3)	III la grande passion partagée (il faut être fidèle) (3)	III l'adultère répété ou le collage immoral (3)
(1) Mᵐᵉ de Mortsauf (2) Mᵐᵉ de Mortsauf (3) Mᵐᵉ de Mortsauf	(1) Mᵐᵉ de Mortsauf (2) Mᵐᵉ de Mortsauf (3) *la Femme Abandonnée*	(1) Lucien, Mᵐᵉ de Sérizy et Mᵐᵉ de Maufrigneuse (2) M. de Marsay, Rastignac (3) Mᵐᵉ de Nucingen, la Duchesse de Chaulieu

JEUNE HOMME → HÉROS SAUVAGE

Champ significatif		Champ contraire		Champ d'expansion	
I l'initiation	(1)	I remplace la formation vraie (familiale, universitaire)	(1)	I le pourvoyeur de tuyaux	(1)
II le protecteur	(2)	II remplace le père	(2)	II le jeune homme en carte	(2)
III découverte d'une force nouvelle	(3)	III remplace le progrès et la révolution	(3)	III alliance avec les bas-fonds	(3)
IV l'indépendance	(4)	IV la soumission		IV la nouvelle indépendance	(4)
(1) Vautrin		(1) Rastignac		(1) Rastignac	
(2) Gobseck		(2) Lucien		(2) Lucien	
(3) Rastignac, Lucien		(3) Rastignac, Lucien		(3) Lucien	
(4) Rastignac, Lucien				(4) Rastignac n'aura pas besoin de Vautrin	

HÉROS SAUVAGE → JEUNE HOMME

Champ significatif		Champ contraire		Champ d'expansion	
I le besoin de paternité	(1)	I la proie	(1)	I Faire sa chose du jeune homme	(1)
II le besoin de protéger	(2)	II la bonne affaire	(2)	II « Jouer aux hommes »	(2)
III redécouverte de ce qu'on était et de la pureté	(3)	III l'exclusion de la femme ennemie	(3)	III l'amitié masculine l'homosexualité	(3)
IV apprendre à vivre	(4)	IV la vie impossible	(4)	IV analyse du monde moderne une charte de l'ambition	(4)
(1) Vautrin		(1) Vautrin		(1) Lucien	
(2) Vautrin, Gobseck		(2) Gobseck		(2) *Traité de la vie élégante;* le dandysme	
(3) Vautrin		(3) thème de Pierre et Jaffier		(3) Cycle Vautrin	
(4) Vautrin		(4) Vautrin et Rastignac		(4) Vautrin	

FEMME → HÉROS SAUVAGE

Champ significatif	Champ contraire	Champ d'expansion
(1) fraternité des révoltes (2) fraternité des anti-conformismes	(1) (2) l'amour criminel	(1) (2) l'amour purificateur chute de l'ange
(1) Véronique (2) Dinah	(1) Véronique (2) Dinah	(1) Véronique (2) Dinah

HÉROS SAUVAGE → FEMME

Champ significatif	Champ contraire	Champ d'expansion
(1) fraternité des révoltes la mère retrouvée	(1) amour interdit démultiplication du crime	(1) destruction ou éloignement de l'ange
(1) Tascheron, Michel Chrestien, Athanase Granson	(1) Tascheron	(1) Véronique, Dinah, Mme de Maufrigneuse

Signification et portée

Le jeu peut évidemment se compliquer et se nuancer : le jeune homme en tant que jeune homme peut être héros sauvage (Michel Chrestien pour Diane de Maufrigneuse, Félix de Vandenesse pour Mme de Mortsauf, Rastignac arrivant à Paris pour Delphine de Nucingen) ainsi que la femme en tant que telle (Béatrix pour Calyste du Guénic) : c'est qu'il s'agit beaucoup moins de rôles et de fonctions attachées à des personnes, encore moins à des types, que de qualités, d'aptitudes et d'exigences. Balzac, avec Stendhal, a dit et répété que la littérature de caractères (le distrait, l'avare) était morte et qu'il y avait nécessairement dans le monde moderne une littérature des *conditions* : il faut prendre *conditions* non tant au sens étroit et finalement encore molièresque de *métiers* avec leurs tics, habitudes et pittoresque qu'à celui de porteurs et titulaires de fonctions significatives. Dans d'autres champs, l'émigré, le père, la mère sont aussi des fonctions, parce que l'émigré n'est pas seulement l'homme de Coblentz, des petits métiers en Allemagne et du retour de 1814, mais bien l'inadapté, le paria au sens large (on sait que le commandant Carraud, républicain, a été le modèle de M. de Mortsauf, légitimiste !), et parce que le père comme la mère renvoient à cet univers de la vie privée, microcosme des relations bourgeoises (volonté de puissance, possessivité, dévouement, désirs de revanches condamnés à jouer à l'intérieur d'un système où l'humain ne saurait s'affirmer ou simplement même émerger qu'aux dépens d'un autre humain). Le jeune homme, la femme et le héros sauvage renvoient d'abord à une certaine communauté de destin (tous les jeunes gens tendent à constituer une force de rupture à l'intérieur d'un univers bloqué, toutes les femmes sont appropriées, les héros sauvages sont tous les misérables et tous les marginaux de la nouvelle féodalité des Lumières et de l'argent), mais aussi et surtout à cette idée, à ce fait, que dans cette société révolutionnée il y a encore un destin, que le destin recommence et que les divinités jalouses cette fois sont celles qui maintiennent et qui ont besoin de maintenir la jeunesse, les femmes et toute une masse immense de misérables en marge de la vraie vie [6]. Ainsi, ces fonctions et catégories, loin de se substituer aux clivages de classes et de permettre de leur substituer quelque coupure morale, ou psychologique, ou pseudo-sociologique, bref d'apprendre à s'en passer — et avec quelle éloquence ! — aux problèmes et contradictions nés précisément de l'évolution des rapports de classes et de l'exercice du pouvoir par une classe qui n'est pas la dernière à pouvoir l'exercer et par là capable de mettre un terme à la lutte des classes. Rien ne serait plus absurde que de prétendre à partir de ces fonctions faire une lecture par exemple marcusienne de Balzac : la fille, l'étudiant, le hippy sont aujourd'hui proposés aussi bien chez Marcuse que chez divers « penseurs » ou « sociologues » non comme des fonctions mais bien comme des forces, comme les seules forces de rupture et de descellement dans un monde où la classe ouvrière serait intégrée et aurait perdu toute virtualité révolutionnaire. Mais alors que le moralisme est patent chez Marcuse et chez les marcusiens, gens qui, à l'intérieur des possibilités et de l'univers bourgeois ou petit-bourgeois peuvent éprouver du scandale et de la révolte mais ne disposent pas de forces réelles sinon pour cultiver et perpétuer la situation dans laquelle ils s'éprouvent scandalisés et révoltés, alors que Marcuse et les marcusiens cultivent leurs catégories contre une analyse des classes telles qu'elles existent, fonctionnent et évoluent dans le monde d'aujourd'hui et contre une politique qui en tire les conséquences, chez Balzac, qui n'est pas un théoricien politique mais un écrivain, quelqu'un qui dit le réel par l'intermédiaire d'images, de figures et de relations, et qui dit un réel ouvert, problématique, appelant un avenir au moins d'élucidation et de signification, catégories et fonctions sont le moyen non pas de briser, d'émietter et de pourrir un élan et un mouvement au nom du subjectif, du fractionnel et de l'immédiat, mais bien de faire éclater la factice unité et la factice unification des Lumières et celle du monde révolu-

---

6. Théorisation lucide sur ce point dès 1825, dans le *Code des gens honnêtes* : « la société ne donne pas du pain à tous ceux qui ont faim ; et quand ils n'ont aucun moyen d'en gagner, que voulez-vous qu'ils fassent ? La politique a-t-elle prévu que le jour où la masse des malheureux sera plus forte que la masse des riches l'état social se trouvera tout autrement établi ? ».

tionné par « leur » révolution. Balzac n'a pas fait la théorie du jeune homme, de la femme et du héros sauvage : seulement ses romans montrent à l'œuvre un jeu, une recherche, des appels et des tensions, des alliances, des échecs aussi, à la fois une ouverture et une suggestion de clôture qui disent et le redépart de la vie parfois sauvage, aveugle, mais vraie, selon d'autres lignes de force et d'exigence que celle de la bourgeoisie libérale, et l'impossibilité à partir de ce jeu, de ces recherches, etc., de refaire vraiment le monde et de changer la vie. Ce dernier élément d'ailleurs n'est encore qu'indiqué, ou, plus exactement n'oblitère et ne ridiculise pas encore la quête et le jeu qui ne sont jamais au départ donnés comme illusoires et absurdes. Il faut le redire : Lucien n'a pas tort d'avoir voulu quitter Angoulême et Dinah de la Baudraye n'a pas tort de collectionner les objets d'art et d'aimer la littérature. Emma Bovary, elle, aura tort dès l'origine de lire des livres et de croire au bonheur. Les figures et fonctions balzaciennes sont à la fois celles d'un univers en crise et qui commence à s'éprouver comme tel, et celles d'un univers encore ouvert et dont la conscience même qu'il commence à avoir de sa propre crise est un élément d'ouverture, de relance, et d'affirmation. La preuve en est bien la présence, au sein des trois catégories, mais surtout bien sûr dans la dernière, des figures de révolte et de liberté appelées à plus et à autre chose : hommes du peuple, ouvriers, paysans, réfractaires, républicains, intellectuels. Emma Bovary n'aura plus droit, comme héros sauvage et comme jeune homme, qu'au bellâtre Rodolphe et au médiocre Léon, tandis que la paysannerie s'enfoncera dans la servitude et dans la vulgarité et que toute la poésie des misérables et des pauvres ira se réduire à une chanson d'ivrogne. Si donc combinatoire il y a chez Balzac, ce n'est en aucune façon un jeu froid et un moyen d'évacuer de la lecture toute préoccupation humaniste, morale et dialectique. C'est, bien au contraire, un moyen de les retrouver, mais selon des voies inattendues, selon d'autres voies que celles d'une morale et d'un humanisme installé qui se referment et qui excluent. Ce qui a pour conséquence aussi que les fonctions balzaciennes ne sauraient se clore sur elles-mêmes et délimiter un univers définitif.

Elles ont une valeur d'ouverture et d'avancée, non de conclusion. C'est là sans doute l'une des plus fortes raisons pour lesquelles *la Comédie humaine* ne pouvait être une œuvre achevée, complète, bien bâtie, avec organigrammes satisfaisants. Les fonctions de tout univers romanesque vrai ont toujours ce caractère : elles sont des signes et non des *rôles*. Et de là une seconde conséquence : tous les jeunes hommes, toutes les femmes, tous les héros sauvages sont à la fois semblables et différents; tous relèvent d'une commune problématique et définissent un univers commun, mais tous aussi sont uniques, individuellement valables, présents et efficaces. C'est la solution au problème posé par Lukács de l'individuel et du typique et de la nécessité du personnage libre. Ce qui est globalement connu demeure individuellement à vivre et à découvrir. Ceci parce que Balzac n'a, ni ne propose, ni n'impose de certitude, qu'elle soit négative ou affirmative. Plus tard, ou ailleurs, dans une sorte de pseudo-réalisme, tout pourra se refermer, et d'abord la triade elle-même : on passe alors du roman critique au roman simplement anticonformiste et sans implication ou lectures révolutionnaires possibles, avec jeunes gens, femmes et héros sauvages de service, scepticisme ou rhétorique anesthésiant ou désamorçant tout. On peut avoir aussi une récupération de la triade par le placage sur l'avenir d'une orientation rassurante et rassurée : le roman historique à la Dumas ou un certain western qui conduisent à des sociétés de réintégration et de réconciliation. Or chez Balzac n'affleurent même simplement ni le scepticisme, ni le révolutionnisme et l'insurrectionnisme complaisants :

— Balzac n'est jamais sceptique
— Balzac ne suggère jamais ni n'encourage ou ne justifie le scepticisme
— Balzac n'assigne jamais aux efforts et aux souffrances des hommes un avenir explicite ou définitif.

C'est ce que disent ces structures et ces fonctions nouvelles. On pourrait objecter qu'elles ont souvent un aspect archétypique, et il est vrai qu'a fonctionné avant Balzac une littérature du jeune homme, de la femme et du héros sauvage. Non pas sur un aussi large front d'abord, mais surtout : une fonction peut en apparence traduire une sorte de sagesse archétypique, mais celle-ci peut aussi bien renvoyer à un non-démarrage de l'Histoire (qui n'a pas bougé depuis quelque immémorial alpha) qu'à un blocage de l'Histoire (par quoi se retrouve une situation préexistant à la Révolution). De même une fonction nouvelle (ou un système de relations nouvelles) répond aussi bien à une accélération de l'histoire qu'à l'apparition de contradictions nouvelles nées de cette accélération. Il est assez évident que certaines fonctions, liées au problème du mariage et du statut du sexe dans la société, et qui reportent au fabliau, au conte populaire ou savant, etc., disent que la révolution n'a rien changé au problème du mariage et au statut de la femme. Ainsi, fonctions et constantes peuvent, dans certaines analyses, relever d'une intention mystificatrice (rien de changé sous le soleil, et la vie n'est qu'un grand jeu boy-scout de rôles et de figures); mais aussi elles peuvent très bien manifester sinon la conscience du moins l'expression de tout ce qu'une histoire récente a pu avoir d'illusoire, de mystificateur et d'incomplet.

Ce qui précède n'avait donc pas pour intérêt de se livrer à quelque petit jeu donnant l'illusion de l'exactitude et de l'efficacité. En conséquence il faut préciser que l'idée de *fonction* chez Balzac renvoie — à l'intérieur de l'univers balzacien, lui-même à l'intérieur, mais l'interprétant et l'exprimant, de l'univers moderne, c'est-à-dire à l'intérieur d'un univers où les forces libérales bourgeoises sont aux prises avec des forces qu'elles ont fait lever et se taire ou avec d'autres qu'elles empêchent de se lever et d'aller selon leur propre loi — à un certain nombre de constantes de fonctionnement et d'expression qui sont autant de tentatives pour répondre, sur une ligne ferme, continue et mobile autant que nécessaire, à une pression du réel elle-même ferme, et continue, et fluctuante. Ces fonctions, bien loin de définir soit un univers comme hors du temps, soit des espèces constituées une fois pour toutes, déterminent un système de relations, de réponse et d'organisation par la littérature, quelque chose qui est apparu et qui est en mouvement. Ces fonctions pourront, à partir d'un certain moment, et alors qu'auront commencé à se lever d'autres forces et à naître d'autres problèmes, commencer à constituer une rhétorique et quelque chose d'assez terriblement et comme institutionnellement français : elles n'en gardent pas moins, au regard de l'historien, une signification puissante.

C'est peut-être, malgré tant de pénétration par ailleurs, ce qu'Ilya Ehrenbourg n'avait pas compris lorsqu'il affirmait que les passions du petit-bourgeois français constituaient le ressort de toute une littérature donnée en exemple aux nations. Qu'il y ait eu dégénérescence et complaisance, appel en creux donc à un nouveau réalisme le jour où d'autres forces étaient apparues et donc où s'étaient dessinées les lignes de nouvelles vérités, il est vrai. Dans une lumière nouvelle, les héros bourgeois de Balzac, de Stendhal ou de Flaubert ont pu paraître un temps comme ayant vieilli et constituant à leur tour et à leur manière une galerie. Mais il faut bien voir que le roman réaliste français, et singulièrement le balzacien qui lui a donné ses références, a eu le mérite, pour signifier, de renoncer à ne passer que par les grands mythes et à mettre en place sa propre rhétorique. L'histoire désormais et l'épopée se jouent au niveau de cette humanité moyenne qui tient le monde, au sens où, dans le monde féodal, on tenait un pays, c'est-à-dire qu'on en possédait à la fois les moyens de production, les chemins et la légitimité aussi bien de fait et institutionnelle que sacrale et mystique. D'autres problèmes ont pu paraître, à partir d'un certain moment, et prendre à la gorge, que ceux de la triade romantique bourgeoise : les masses, le monde immense et lointain de l'humanité purement objet et agie (prolétariat sans visage, monde colonisé), en sorte que les drames du roman réaliste romantique ont pu rétrospectivement, et pour s'en tenir aux éléments les plus apparents de l'affabulation, prendre comme des couleurs de boulevard. Mais il faut avoir ici le regard historique et voir que ce qui se met en place chez Stendhal et Balzac a le même sens et la même importance que ce qu'avait mis en place et pour un autre public la tragédie française au XVIIe siècle : une dramaturgie non pas d'exercice et de règles, mais de signification et d'efficacité.

Héros et personnages :
l'univers des passions

Balzac, c'est bien connu, est un romancier des passionnés et des passions (amour — avec ses pervertis : les « hommes à passions » —, avarice, ambition, volonté de puissance). L'ombre du classicisme pèse sur cette tradition interprétative. Mais il faut mettre ces passions en perspective et, c'est une tâche de salubrité critique, les relativiser, dût l'homme éternel des moralistes y laisser l'essentiel de lui-même.

D'où viennent les passions ?

Il n'est de passions devenant littéraires et ayant besoin de la littérature que contrariées ou tournant à poison. Libre de s'accomplir et de s'exprimer, surtout intégrée à la marche de l'Histoire, la passion n'est pas littéraire. La littérature de la passion naît et se développe lorsque des instincts naturels, ou qui avaient trouvé dans des événements libérateurs, avec des possibilités inattendues, comme une légitimité nouvelle, se trouvent à nouveau ou brusquement brimés, bloqués, obligés à se nier eux-mêmes, à chercher des voies obliques, ou, de forces créatrices, à se tourner en puissances destructives. Deux directions sont alors possibles :
— la littérature moraliste du renoncement et des transmutations correspondantes.
— la littérature de la révolte et des ravages.
Il peut s'agir de description. Il peut s'agir de la formulation plus ou moins explicite d'un idéal. Mais nul écrivain n'a jamais à lui seul *inventé* ni fabriqué un univers passionnel ou soumis aux passions, ni décidé, à froid, de donner aux passions une importance spéciale en littérature. Balzac, avec ses monomanes, ses obsédés et ses fous de génie, avec ses « drames cachés », n'a pas plus inventé ou découvert la passion que Racine ou Mme de La Fayette.
La grande littérature classique avait enregistré ce fait, contre quoi rien ne pouvait : les nobles et les aventuriers devaient accepter d'entrer dans le système et de se marcher

sur le cœur; le temps des héroïsmes et des aventures était fini; vivre dans le monde, aussi bien pour les grands que pour les purs, devenait une dure épreuve. Le monde des amours et des exploits devenait l'enfer de la vie privée, et le grand individu baroque devait accepter la loi de l'État. En même temps, déjà, l'argent, les carrières à faire, les lois de la « société civile » s'imposaient de dure manière. Dès lors, le roi lui-même, maître et bourreau, mais victime et pièce du système, devait être impuissant et malheureux, tourmenté par la première Junie de rencontre. Dans cet univers, il n'y avait plus de père; il n'y avait plus de guide, et l'individu, pour sentir et pour agir juste, n'avait plus que les incertaines poussées d'un *moi* affolé de solitude. Alceste, ainsi, regrettait le temps et la chanson du roi Henri, alors qu'existaient encore, croyait-il, une communauté, des valeurs, un bon sens. Et Alceste, qui avait raison, se mettait dans son tort. On en faisait un fou. Or, Molière n'a pas inventé Alceste, et Racine n'a pas inventé Néron. Toute cette vie qui devient apparence, toutes ces courses folles, tous ces palais qui ne sont plus que vain décor, ces rencontres qui ne mènent à rien, ce théâtre qui n'est plus le lieu d'aucun accomplissement, mais que désertent à la fin des personnages jetés au vide ou à la mort, quel signe, en même temps que de l'obscurcissement du monde héroïque, de l'entrée terrible dans le monde nouveau soumis à la bourgeoisie! Racine et Corneille ne sont pas historiquement permutables, non plus que La Bruyère et Descartes.

Lumières et passion

Or, la peinture des passions, au XVIIIe siècle, avait pris un cours nouveau. Les grands monstres sacrés de la tragédie disparaissaient : le genre galant et le culte du beau style récupéraient Racine pour des spectateurs et des lecteurs éclairés qui ne comprenaient plus rien à Pascal. Par ailleurs une humanité nouvelle perçait, qui avait droit aux orages du cœur et à la dignité, et Marivaux, très vite, disait l'élargissement de la population « intéressante ». Chez Rousseau, surtout, l'amour et l'ardeur quittaient définitivement les lieux du bel air. Mais ils se composaient avec le sentiment profond

129

d'une injustice. Alors que du côté des philosophes on parlait aisément le langage de l'intégration à une famille, à un État, Rousseau disait tout ce qui ne pouvait et ne pourrait entrer dans un cercle encore à nommer et à définir, encore même à percevoir, mais qui n'en existait pas moins dans la réalité quotidienne et secrète.

Libéralisme et passion

Quelle différence avec le côté par avance satisfait de la Révolution! L'univers voltairien, s'il connaît la sensualité, l'érotisme et l'usage modéré du plaisir, ignore la passion et n'a de l'amour qu'une vue bourgeoise. Les voltairiens du XIXᵉ siècle ne changeront guère sur ce point : la Lisette de Béranger, qui ne meurt jamais mais dont on change, leur conviendra toujours mieux qu'Atala ou que Mᵐᵉ de Rênal et les autres femmes à problèmes. C'est que la passion est signe et rupture, fissure dans la muraille des certitudes et des tranquillités. Contre elle, les bourgeois réinventeront les vieilles malédictions : la passion, c'est le vice et le diable. Le diable! dans cet univers laïcisé! Rousseau était un fou! On le disait chez les gens sages. Balzac était nourri de Rousseau, comme l'étaient Lamartine et Chateaubriand. Mais comme ne l'était guère Hugo, homme d'ordre. Les exigences pré-romantiques, comme disent les manuels, les tempêtes, les montagnes, les orages désirés, les incestes et les pensées adultères de la fin du siècle, signent un grondement sourd, déjà, contre un ordre qu'on ne saurait plus raisonnablement dire qu'il n'est que celui des nobles et des rois. C'est au cœur d'un monde patriarcal et bourgeois que Werther se tire ce coup de pistolet que toute une Europe, à la veille de sa propre régénération, a tout de suite entendu. Pourquoi ce réveil des monstres? Pourquoi cette tragédie nouvelle, mais, cette fois, dans un roman? La passion, le goût et la volonté de vivre pourront, un temps, trouver dans les événements révolutionnaires et dans les guerres de l'Empire un aliment et un divertissement : ni la Révolution ni l'Empire cependant (Balzac, avec Stendhal, le dira, le montrera) ne resteront longtemps innocents. La course aux fortunes et aux carrières, l'individualisme déchaîné — avec au sommet l'exemple du lieutenant corse — l'emporteront bientôt sur la réalisation d'un idéal d'abord naïvement universaliste. Mais tout s'exacerbera en 1815, avec la paix restaurée, l'installation solide de l'ordre, la bonne conscience de tous les nantis, qui avaient fait la révolution. Les romancières féminines sous l'Empire, *Atala* et *René*, les romans de Mme de Staël avaient déjà tracé avec assez de précision les contours d'un monde du rêve, de l'amour et de l'art, face au monde de l'utile, du positif et de l'embrigadement. La passion, d'ailleurs, chez Chateaubriand et chez la proscrite de Coppet, n'était pas séparable de la liberté politique et de la résistance à la tyrannie. Quels modèles! Mme de Staël sera la seconde mère et la patronne de Louis Lambert, et Chateaubriand pourra bien être moqué dans le *Falthurne* de 1820 (« mange-t-on dans *René?* ») Balzac dira souvent combien les jeunes gens rêvèrent de cette prodigieuse figure (cf. *les Employés*). En 1815, en tout cas, le monde qui s'installe est un monde qui s'entend désormais voué à la raison, que ce soit celui des thermidoriens nantis ou celui des aristocrates ralliés à la finance et à l'administration. Toute une France révolutionnée devient ainsi un immense et inattendu Ancien Régime pour des forces diffuses et mal cernées qui se sentent, en dépit de tout, un avenir. En 1822, dans *Wann-Chlore*, Balzac rapporte cet imaginaire mais significatif dialogue entre Horace Landon, porte-parole du monde à naître, et Mme d'Arneuse, bourgeoise devenue marquise, en qui se conjuguent tous les scepticismes de toutes les aristocraties refroidies et qui n'est autre que la transposition assez directe de Mme Balzac elle-même :

Mesdames, s'écria Landon avec la douce chaleur que donne la raison, je conviens que la jeunesse d'aujourd'hui n'est pas celle de 1799 [...] Mais les temps sont bien changés, et *ce siècle a reçu un baptême de gloire et de raison qui donne un autre sens aux idées.* Sans approuver les institutions présentes, qui, selon moi, tendent à imprimer à la nation un mouvement bien défini vers l'abstraction et vers les sciences exactes, ce qui prive l'individu de cette faculté de l'âme qui me semble précieuse, et qui consiste à pouvoir être poète et à nuancer sa vie d'une foule de sentiments au risque de passer les bornes et d'être exalté, je trouve que jamais l'instruction des temps modernes n'a été plus parfaite et les institutions plus propres à répandre les lumières et à faire naître des profonds génies. L'on ne saurait nier la supériorité des hommes fameux de ce siècle de gloire. La peinture, les mathématiques, la guerre, la science administrative et commerciale ont agrandi leur sphère, et si la poésie est maltraitée, j'en viens d'indiquer les motifs [...]

— Voilà bien ce dont nous nous plaignons, répliqua Mᵐᵉ d'Arneuse.

— Quoi, vous regretteriez, madame, que Napoléon ait proféré en plein Sénat : là où est le drapeau, là est la France...

— La pensée est un peu nomade, repartit la marquise, enchantée de montrer tant d'esprit.

— Vous regretteriez nos conquêtes?

— Les ennemis sont en France.

— Nos institutions?

— Votre noblesse n'a qu'un jour [...]

— Je n'ai pas prétendu, Madame, que nous fussions parfaits; je m'étonnais seulement de vous entendre regretter le temps où nous étions constamment à vos pieds : vous avez perdu des galants, mais vous avez gagné des amants.

Tout y est : la *vraie* raison, les conquêtes modernes, alliées à une exigence, à un frémissement profond, contre le scepticisme mondain. Le monde moderne a d'abord refait l'unité du cœur et de l'esprit, du vrai du cœur et du vrai de l'esprit. Ce sont les dépérissements, les fourvoiements, les trahisons et les diverses et successives « haltes dans la boue » comme dira Stendhal, qui vont condamner les enfants du siècle à vivre à nouveau en se séparant, en se divisant, l'esprit appliqué à réussir, le cœur s'usant et se perdant après des chimères. La passion balzacienne (comme aussi la stendhalienne) sera une passion de l'unité non tant perdue — ce qui renverrait à la métaphysique — que rompue — ce qui peut du moins renvoyer à l'Histoire. Science coupée de l'âme, pouvoirs de fait succédant aux pouvoirs de droit, sentiment du droit et du cœur condamnés à l'impuissance, à la souffrance ou à l'insurrection sans lendemain : le redépart « classique » de la psychologie littéraire au xixᵉ siècle permet de se poser quelques questions sur l'origine de tous les classicismes.

Théorie balzacienne des passions

Balzac parle dans *le Père Goriot* des « hommes à passions »; il s'agit là selon lui d'une découverte à faire dans le réel moderne, comme de celle par exemple des « terribles secrets d'une femme à la mode ». Découverte pourquoi? N'est-ce pas qu'en ce début de siècle régénéré et révolutionné la laideur surprenait? Et l'horrible? Et le monstrueux? Epopée des passions, *la Comédie humaine* n'est pas un univers de monomanes au sens consterné — ou jubilant — d'un classicisme qui redécouvre enfin des raisons de s'affirmer comme tel. Balzac n'a fait ni la pathologie ni l'étude clinique des passions. Il ne s'est pas attaqué à un réel immobile. Il a vu dans les passions des produits de la vie sociale, des hypertrophies ou des déviations de ce dont on pouvait mieux faire. Il y a vu aussi — et ceci est capital — un élément irréductible, la preuve d'une inaptitude ou d'un refus à quoi ne peuvent rien les sagesses et les recettes. Car la position traditionaliste est ici double :

— les passions sont de l'homme éternel et inchangeable.

— les passions sont des aberrations personnelles à quoi il est entendu que peut remédier le bon sens et que peuvent corriger les institutions.

C'est parfois le sens de la comédie classique : on admire les monstres (ils témoignent contre l'Histoire et l'idéal révolutionnaire), mais on quitte ce théâtre rassuré (morale, famille, patrie l'ont emporté sur les déviants). Car il faut bien vivre, c'est-à-dire désamorcer l'idée que le monde soit changeable, et faire aller le monde comme s'il n'y avait pas quelque part ces poussées de l'absolu. Quelquefois le système craque : et c'est *le Misanthrope* et la naissance de la littérature moderne, avec un dénouement impossible et un nécessaire ailleurs romanesque. Balzac dit : « l'idée de l'absolu avait passé partout comme un incendie » *(la Recher-*

che de l'absolu) et : « les libertins, ces chercheurs de trésors » *(la Cousine Bette)*. Il dit aussi : « L'état de société fait de nos besoins, de nos nécessités, de nos goûts, autant de plaies, autant de maladies, par les excès auxquels nous nous portons, poussés par le développement que leur imprime la pensée » *(Pathologie de la vie sociale)*. Il dit encore : « Tuer les passions, ce serait tuer la société » *(la Maison Nucingen)*, et que les passions « ne sont donc pas mauvaises en elles-mêmes [...]; régulariser l'essor de la passion, l'atteler au char social n'est pas lâcher la bride aux appétits brutaux. N'est-ce pas faire œuvre d'intelligence et non de matérialité ? » *(Lettres sur Sainte-Beuve)*. Ce qui est largement et puissamment cerner le problème. En 1830, Balzac constatait que la France et les Français, tombés, retombés « dans une effroyable indifférence », allaient être rendus et condamnés aux « calculs étroits de la personnalité » *(Lettres sur Paris)*. Comment, face à de tels coups de sonde et à semblables analyses, parler d'autre chose que de génie ? Après l'embourgeoisement de la Révolution, les passions ont recommencé. La passion est légitime. Mais aussi la passion est piège et fatalité. La passion s'explique. Mais la passion ne résout rien. Et même elle masque. A l'inverse, l'absence de passion est aussi la fin de tout refus, le plongeon dans la quiétude brute. La passion est à la fois moteur, valeur et faux-semblant. De tout ceci ne sauraient se tirer ni « morale » ni recettes. « Il n'y a pas de grand homme sans passions » et « Il est en nous un sentiment inné, *développé d'ailleurs outre mesure par la société,* qui nous lance à la recherche, à la possession du bonheur » *(Modeste Mignon)* : la fourchette balzacienne est ici d'une telle rigueur et d'une telle ouverture dans le registre théorique qu'on se demande si le roman peut être de quelque secours. Et pourtant...

Le roman des passions

Les passionnés balzaciens ne sont jamais d'abord des coupables. Ils songent à l'amour, au mariage, à la paternité en termes non d'institutions mais de partage et de communication, et ils sont donnés comme ayant raison de penser ainsi. Jamais le royaliste Balzac n'a présenté ses héros et ses héroïnes dans une perspective maistrienne, et quelle humanité d'ailleurs s'est jamais nulle part acceptée comme devant uniquement *servir* et être utilisée? Raphaël, Eugénie, Lucien, Modeste, Delphine de Nucingen se jetant sur la poitrine de Rastignac, comme l'Agnès jadis de Molière, ont de bons crocs, une âme vive et ardente, des appétits que rien ne borne. Flore Brazier, la Rabouilleuse, « grasse et fraîche », « belle commère », « diamant brut monté par un bijoutier », résume à la limite de la provocation tout ce paganisme. On peut songer aussi à la fête des passions dans *les Paysans,* aux filles, au vin cuit du café de la Paix. Il n'y a nulle part de diable dans tout ceci, mais une humanité dans son mouvement naturel et dans son droit.

Ce mouvement naturel et ce droit toutefois conduisent à des ruines et à des catastrophes. L'univers des passions est l'enfer des passions, et d'abord bien entendu l'univers de l'amour et l'univers de la famille. Augustine Guillaume *(la Maison du Chat-qui-pelote)* découvre que l'amour et la vie sont « un combat », non une communion et une assomption : la fuite hors de la maison familiale la conduira à la déception, à la solitude, à la mort. Plus à fond, l'histoire de Mme de Mortsauf *(le Lys dans la vallée)* et de Paul de Manerville *(le Contrat de mariage)* montrent que la vie sexuelle et même conjugale sont des champs clos pour intérês et forces rivales. L'enfer d'Eros est au cœur de la vie privée. La fin des passions est toujours triste ou plate.

C'est que la passion vécue est artifice. La société certes (entendons la société de fait, la société libérale) développe à l'excès la vanité, le désir de paraître. Mais aussi elle bloque les allées naturelles du devenir et de l'expansion de soi. Dès lors la passion se retourne contre l'être. On en vient à rêver d'une vie d'automate, d'une vie régulière, qui ne désirerait pas et qui ne penserait pas. Vieux rêve de Rousseau. Le spontané devient suspect. Faut-il se maîtriser? Balzac ignore le moralisme de type classique, et jamais il ne prêche en termes abstraits. Mais il montre, du côté de ceux qui « y » ont cru, les échecs et gaspillages de soi, pire : les meurtres et saccages dont sont victimes les autres, les proches, ceux qu'on aime ou croit aimer, ceux aussi qu'on ne voit même pas. Mais il montre des gens réussissant à être moins malheureux en ayant moins voulu, moins désiré. C'est la leçon des *Mémoires de deux jeunes mariées.* Louise se perd à vouloir vivre selon ses rêves fous. Renée réussit à vivre et à trouver un sens à sa vie dans le mariage, la famille, l'éducation des enfants. Pendant que l'une lit *Corinne,* l'autre lit Bonald. Pendant que l'une court après des ombres, l'autre construit une réussite et un bonheur. L'une rêvait de « faire enrager les hommes », l'autre a rendu un homme heureux. Bibliothèque rose? Surtout que Renée et son mari, après 1830, se rallient au régime? Mais Louise dit que son amour à elle « fut stérile »; un jour elle avoue : « Ma vie à moi s'est restreinte, tandis que la tienne a grandi, a rayonné », et elle s'interroge : « Faire de l'excès sa vie même, n'est-ce pas vivre malade? ». Balzac devait dire qu'il préférerait mourir avec Louise que vivre avec Renée... Mais qu'est-ce à dire sinon qu'il ne saurait y avoir ici de solution globale et définitive inventée à partir de soi seul? Renée a été conçue par Balzac comme une réfutation de l'insurrectionnisme et de la passion à la Sand. Contre le fort et le sans lendemain, il fallait montrer que l'une des dimensions vraies de la vie était la durée, l'aptitude à tenir et à fonder. Mais Balzac fait vivre le réel de ses contradictions; il ne formule rien de définitif. On retrouvera ceci au plan des mythologies : le vivre vite et le vivre longtemps ne parviendront jamais à se composer réellement et s'équilibrer. D'où l'homme aux deux femmes, Pauline l'ange et Foedora la sirène. Il y a eu rupture entre les structures et l'esprit de responsabilité d'une part, les pulsions les plus légitimes et l'exigence de totalité d'autre part. D'où cet éclatement significatif du roman et, dans certains cas, du héros lui-même. Eugénie Grandet avait cru pouvoir un jour épouser Charles et vivre avec celui vers qui tout l'avait jetée, dans ce mouvement charmant et fou qui lui avait fait briser tous les tabous : du feu dans la chambre, de la bougie au lieu de chandelle, de la galette à Nanon. Il lui faut bien admettre que le mouvement ne saurait s'investir dans la durée : il n'est de durée qu'évacuée par le cœur et par l'intense; il n'est de durée que durcissant et figeant dans des rôles (c'est l'établissement de Charles à Paris, son mariage, sa fortune, les dettes acquittées); il n'est de cœur et d'intense qui ne puissent parler et vivre plus qu'un moment. Le rayon de soleil dans le petit jardin de Saumur : l'instant merveilleux; le comte d'Aubrion qui fait carrière à Paris et la fille de M. Grandet qui reprend ses habitudes et attend le coup de sonnette des Cruchot et des Grassins : il faut s'y faire et ainsi va la vie parce que les intérêts et les institutions sont hétérogènes à l'humain. Louise et Renée ne « dialoguent » pas comme on le fait dans les fables ou dans la littérature moralisante : il n'est au-dessus des deux jeunes mariées nul guide et nul démiurge détenteur d'une clé des choses et de la vie. L'affrontement et les deux vies parallèles de Louise et de Renée, le déchirement d'Eugénie ne sont compensés par nul ciel, quelque part, des valeurs ou des idées. Dès lors on n'est plus exactement dans le roman, mais bien dans la tragédie.

La tragédie fantastique

Pour sortir du piège et de l'enfer, la sagesse et la volonté ne sont pas d'un secours nul : Balzac montre comment certains bonheurs sont possibles, loin des folies, et le ménage Ursule Mirouet-Savinien de Portenduère, celui de Madame Firmiani, celui d'Eve et David au bord de la Charente font certes preuve en faveur d'un refus du passionnel et du « passionalisme ». Le bonheur peut se trouver ailleurs que dans l'excès. Mais ce sont là enclaves et ilots dans un monde emporté, au sein duquel se définissent une nécessité et une fatalité nouvelles. Augustine Guillaume est prise dans une sorte d'impitoyable mécanisme : l'appel du cœur, le désir d'autre chose que la grisaille familière, le beau jeune homme artiste et élégant, la vie parisienne, l'abandon, la solitude, le marbre au Père Lachaise. Et pourtant Balzac ne lui donne pas tort (les Lebas, demeurés au Chat-qui-Pelote, restent dans leur équilibre une image de sous-humanité), pas plus qu'il ne donne tort à Lucien d'avoir quitté Angoulême ou à Raphaël d'avoir désiré encore une fois. Balzac *décrit*. Mais cette description précisément, parce qu'il n'y a pas de ciel au-dessus des têtes, parce qu'il n'est pas de recours, conduit nécessairement à la formulation d'un tragique nouveau dont le langage sera le fantastique. Le fantastique, c'est la tragédie dans le roman. On ne peut pas ne pas vouloir et désirer. On ne bâtit rien sur le désir; ce n'est pas là un simple jeu de forces intérieures ou abstraites : qui désire et veut ne peut désirer et vouloir que dans et par des structures, des institutions, une organisation, des rapports sociaux, finalement des rapports de production qui ne sont ni gratuits, ni innocents, qui ont une histoire et qui ont un nom. Tout roman balzacien de la passion est à la fois une tragédie et un conte fantastique : tragédie parce que le héros est enfermé et condamné à se déchirer lui-même ou à déchirer les autres; conte fantastique parce que, par delà le quotidien, le prosaïque, le banal, finit toujours par luire comme une étrange lueur, comme un surnaturel. Une poésie. Le jardin de Saumur, la lumière sur le visage de Véronique : tout est intense, tout ce feu, toute cette beauté viennent de l'humain porté à une sorte de plénitude et d'incandescence, à une sorte d'immédiate et totale présence, qui dessinent et suggèrent comme un au-delà. Mais cet au-delà, mais cette radiance de lieux et de moments, comme le fantastique de certaines destinées, n'est pas de nature ou de mission spiritualiste et surnaturelle.

Le seul au-delà réel

En fait il existe bien un au-delà de l'enfer passionnel, mais il ne peut être, et il n'est, que suggéré, indiqué. Quiconque a dans sa vie quelque chose qui lui donne un sens ou un début de sens, quiconque travaille à quoi que ce soit ayant un sens ou un début de sens, apparaît comme partiellement ou momentanément préservé. Seuls sont ravagés sans espoir ceux qui n'ont pas trouvé leur chemin. Gobseck, Goriot, Dinah, Louise s'enfoncent. Mais Michel Chrestien, mais d'Arthez, mais même les jeunes gens sérieux et appliqués, croyant en quelque chose ou en ce qu'ils font et veulent faire, constituent une sorte d'univers à part. Tous ceux, toutes celles qui n'ont d'autre horizon que leur propre vie et leur propre réussite (les « calculs étroits de la personnalité ») dans le monde tel qu'il est sont impitoyablement condamnés au gaspillage et à la destruction de soi. Les autres prouvent qu'une autre vie est possible. C'est le sens des utopies *(le Médecin de Campagne, le Curé de village)*. Ce pourrait être le sens de ce dernier roman au titre significatif, *l'Envers de l'Histoire Contemporaine,* dans lequel Godefroid, jeune libéral déçu par 1830, devait trouver le salut par la pratique organisée, collective, de l'action sociale et de la charité. Il ne faut pas être trop dur pour cette œuvre trop chargée d'intentions bien pensantes : les Frères de la Consolation devaient porter à un degré supérieur l'entreprise de Véronique et de Benassis; c'était la franc-maçonnerie de l'amitié, c'était la bande, comme dans les *Treize* ou dans *la Rabouilleuse,* mais de négatrice devenue pleinement positive. La bande, constituée à partir du monde libéral et pour y jouer avec plus d'efficacité ou pour retrouver de manière fugitive quelque sens réel du groupe et de la communauté, même si elle exaltait, ne pouvait, à terme que s'insérer dans l'Ordre (ou dans le désordre établi) et le renforcer : ainsi les Treize, conduits par de Marsay, avaient-ils fait la Révolution de 1830. Ici il n'en va plus exactement de même, et il s'agit bien d'essayer *autre chose.* Balzac continuait à flirter avec le catholicisme social, surtout sans doute avec ce qu'il y avait derrière : sortir de la solitude libérale et rendre à l'individu, comme dira Malraux, sa propre fertilité. Malgré les bavures, d'ailleurs significatives (le vrai roman de l'*Envers* est cette suite des *Chouans,* l'affaire des chauffeurs de Mortagne, à la fois scène d'histoire et scène de la vie privée, non pas l'épopée charitable et pas même cette esquisse du thème du prêtre ouvrier), on voit où continuent d'aller et la pensée et le sens balzacien du réel : il n'est pas question que la passion « disparaisse »; mais on voit bien, au moins, à quelles conditions elle devient non ce qui porte l'humanité, mais ce qui la trompe et peut la détruire.

Dans la perspective iréniste traditionnelle, la passion est l'exceptionnel, le monstrueux, ce qui n'existe que dans la littérature, laquelle, on le sait, n'est pas le réel. Il faudra lire la critique pour comprendre que, pendant assez longtemps, Balzac a été ressenti non comme de la littérature, mais comme un insupportable fer rouge. Nul, vers 1840 ou 1850, n'aurait encore songé à dire que Balzac « peignait » à nouveau non pas *comme* Molière, mais *du* Molière, du littéraire, de l'éternel humain. Tout le monde alors savait bien que Balzac entendait donner une image vraie de ce qui était autour de chacun. Peu à peu, comme il fallait bien vivre, on a inventé cette nouvelle fable : les êtres passionnés de Balzac sont d'ailleurs. Chez nous, dans les familles et dans les patries telles que les définissait la bourgeoisie, il n'y a rien de tel. C'est de la littérature. Et la littérature ce sont les passions. Mais la vie c'est la raison. Racine est aujourd'hui trop loin de nous peut-être pour que nous puissions vraiment voir tout ce qu'il y avait de vrai et de daté dans son théâtre de la passion. Il nous faut des médiations, des relais, pour comprendre. Mais Balzac, dans sa société de l'argent, on ne peut pas lui faire le même coup. L'argent, le sexe, la famille, le jeu social : l'essentiel du mécanisme est encore en place. On sait encore tout ce qui se joue et s'affirme, tout ce qui se perd, triche et signifie. C'est pourquoi l'opération Balzac-Molière n'a jamais pu réellement prendre et a pu même apparaître, à la limite, comme une aventureuse entreprise universitaire pour récupérer Balzac et faire du modernisme à peu de frais. La passion balzacienne est encore la nôtre : non pas au nom de quelque éternité qui se révélerait, mais au nom de ce qui dure encore. Un peu plus de sauvagerie seulement marque que l'on calcule moins, ou simplement que nous lisons mieux au travers des calculs d'alors : ce qui nous paraît spontané, c'est ce en quoi nous voyons clair. La passion chez Balzac est le signe de ce qui, au travers d'une histoire infligée et subie, à la fois marque l'homme et le porte, est le signe de ce qu'il est marqué et porté. Condamnation de fait et signe d'un possible et d'un au-delà : les soi-disant alchimies des psychologues n'y pourront rien.

Le problème de l'ésotérisme balzacien

Esotérisme, Humanisme, Réalisme

Dans un coin et dans plusieurs de *la Comédie humaine,* jaillissent des textes bien faits pour embarrasser ceux qui entendent se faire de Balzac une image d'un matérialisme et d'un rationalisme rassurants. Les rêves de Louis Lambert et ses méditations sur les mystiques, les questions de double vue dans *Ursule Mirouet,* de magnétisme dans *le Cousin Pons, Séraphîta* surtout, ont été tour à tour des textes déconcertants ou inespérés. On les a mis de côté ou on leur a fait un sort démesuré : André Wurmser n'a pas tort de reprocher aux uns de se servir de *Séraphîta* pour ne pas parler des affaires de la maison Nucingen, mais Albert Béguin et d'autres n'ont pas tort non plus de rappeler tout un chacun à la nécessité d'une lecture complète du texte balzacien. On pourrait certes se tirer d'affaire en constatant et en disant (à moins que dire ne conduise à constater) qu'il existe de Balzac toute une partie morte ou peu intéressante : ce serait oublier que d'autres aspects longtemps morts eux aussi on peu intéressants (le fantastique par exemple dans *la Peau de chagrin,* dont Lukács a dit qu'il était l'élément le plus profondément réaliste du conte), marginaux en tout cas, ont pu trouver récemment leur justification et leur intégration dans un ensemble textuel et interprétatif qu'ils ont puissamment contribué à enrichir et à modifier. Il n'est pas question de prendre son parti. Il est question de comprendre.

Or un axe s'impose, dès *le Centenaire* en 1822 : ce qui intéresse et concerne Balzac dans la lecture qu'il fait du *Melmoth* de Maturin, c'est une philosophie prométhéenne qui égale l'homme à Dieu, le rend maître des choses et du temps, le fasse échapper à la mort. Le grand vieillard de 1822, qui reparaîtra dans des textes comme *les Martyrs ignorés,* est porteur d'une idéologie conquérante et scientiste qui s'exprimait déjà dans le *Falthurne* de 1820 : la connaissance donne la puissance et met un terme aux aliénations ancestrales et naturelles. C'est tout le faustisme et tout le prométhéisme qui conduisent au premier Louis Lambert, héros lui aussi des lectures infinies et des pensées infinies, héros de la lutte contre les monstres. Héros de l'orgueil qui, ne trouvant pas à se prendre hors de soi, conduit à la folie. Balzac voit bien ici l'une des impasses du prométhéisme moderne : l'homme seul ne refait pas le monde. Benassis, conçu immédiatement après Lambert, sera beaucoup moins spéculatif. Il sera peut-être même plus encore démiurge et démiurgique, mais il parlera le langage de l'action, du politique et de l'économique. Reste qu'au lendemain de 1830, sans doute sous l'influence indirecte et seconde de certaines lectures faites alors par sa mère (qui découvre le magnétisme et se passionne pour « le chemin d'aller à Dieu »), pour aller aussi dans le sens qui plaît à Mme Hanska, Balzac lit Swedenborg, Saint-Martin et les mystiques. En 1835, il recharge son Louis Lambert de toutes ces lectures et préoccupations neuves pour lui donner la figure que nous lui connaissons aujourd'hui. On notera toutefois que c'est cette même année que Balzac envoie son Lambert découvrir Paris et la société dans laquelle « il faut de l'argent même pour se passer d'argent » *(Lettre à l'oncle)* : un coup du côté mystique, mais un aussi (et de quelle force!) du côté réaliste. On se rappellera que dès 1823 Balzac avait découvert la poésie religieuse et sans doute les mystiques chrétiens (Sainte Thérèse), ceci non dans un mouvement d'abandon mais bien de recherche et d'expansion, dans un mouvement vers un *ailleurs* qui condamnait le simpliste *ici* libéral de la vie parisienne et de la vie privée. Tout ceci rappelle assez bien la grande formule d'Hamlet : il y a plus de chose dans le ciel et sur la terre que n'en rêve notre philosophie. Ce qui est bien loin d'être une formule de démission, mais un rappel au contraire aux puissances de la terre et aux esprits étroits de l'infinie complexité du réel qui échappe toujours et toujours nécessairement déborde toute injustice et toute entreprise de mettre fin à l'Histoire. Ce qui signifie aussi dans l'immédiat que la lecture des mystiques s'inscrit dans le grand procès du positivisme et du rationalisme libéral commencé depuis dix ans alors par Cousin, Saint-Simon, les saint-simoniens et Balzac lui-même : le réel immédiat, vécu, à terme ou venu de loin, est plus complexe que ne le voudraient prétendre et faire croire les bénéficiaires de la Révolution. Redécouverte du catholicisme et des religions comme forme de l'effort civilisateur et culturel, appréhension du besoin de croire et d'adhérer qui travaille l'humanité révolutionnée et retrouvée : il ne s'agit plus là d'anecdotes et d'accidents, mais bien de mesure d'un phénomène de civilisation. Les auteurs mystiques de Mme Balzac pouvaient venir : Balzac, avec son sens global et exigeant du réel ne pouvait — l'essentiel est là — s'accommoder d'une vision mutilante que tentait d'imposer la bourgeoisie armée de ses certitudes et de ses raisons. Le fantastique et le philosophique de 1830-1831 qui devaient tant surprendre les lecteurs n'avaient pas d'autre origine ni d'autre signification vraie. Tout un surplus se cherche par delà l'« assez » de la « démocratie modérée », que diront la littérature, la poésie, l'histoire littéraire et poétique, chez Hugo même et chez Michelet, chez tant d'autres. Dans l'affaire Minoret, à Nemours, le recours aux rêves et aux apparitions diront l'impossibilité, à l'intérieur de ce monde cependant de gauche et révolutionné (voir la carrière des Minoret-Levrault), de trouver un recours réel quelconque contre le mensonge et le vol. Balzac alors certainement poussera quelque peu, et avec complaisance, certains effets; mais il faut se rappeler la phrase qui figure à la fin de *Pierrette* : « la légalité serait pour les friponneries sociales une belle chose si Dieu n'existait pas ». Le mécanisme de substitution est patent et avoué : il n'est plus d'Histoire et il n'est plus de loi pensable qui puisse faire rendre justice. Alors puisque l'être humain, puisque l'âme sont choses confuses et complexes, puisque la société, les mécanismes sociaux sont bien loin d'avoir trouvé leur transparence, puisque tout est problématique, le *moi* comme l'historique ou le social éprouvé et subi, il faut bien, pour que tout ait un sens, ces mystères éclairants quelque part. Mais jamais on ne trouvera chez Balzac l'équivalent du : « Aux armes citoyens! il n'y a plus ni raisons ni raison » de l'ère suivante. Telles sont les bases objectives de l'ésotérisme et du mysticisme balzacien, qui ne sont jamais contraires au réalisme, mais effort pour que le réalisme ne soit pas ignorance et condamnation du réel. Ceci va plus loin que des *mots.*

Le problème Séraphîtüs-Séraphîta

On s'arrange, hélas, certainement mieux des *Contes Drolatiques* que de *Séraphîta*. Mais il faut regarder les faits : même au travers du pathos et du procédé, Balzac, qui croyait en son livre, y a dit des choses qui importent. Lesquelles?

Bachelard soulignait ce fait important que *Séraphîtüs-Séraphîta* est une androgynie, c'est-à-dire une figure d'assomption, une réalisation de l'ange qui, on le sait, ne saurait être sexué de manière univoque, c'est-à-dire nécessairement mutilante. En d'autres termes : l'androgynie est l'un des moyens de réduire et de dépasser l'un des conflits qui déchirent le monde réel immédiat, et qui est le conflit né de la différence des sexes. On sait que Balzac avait été de bonne heure frappé par le récit de Latouche : *Fragoletta*. Une fois de plus, anecdote? Non pas, mais vision profonde.

En fait dans un monde du manque et de la différence (mais pour des raisons d'ensemble et structurelles qui d'abord échappent et ne sont pas appréhendées par la conscience), l'une des premières expériences de la différence et du manque vient de la découverte — pas dans l'abstrait : dans des conditions et dans un contexte précis, défini — de la différence des sexes et de la subordination non tant de l'un à l'autre et pour toujours, ce qui serait parfaitement sécurisant et empêcherait la naissance de toute vision dramatique et problématique, mais bien de la dépendance de chacun par rapport à l'autre. Masculin comme féminin, le sexe éprouve et manifeste ce qu'on appelle en langage romantique « l'incomplet de la destinée ». Ajoutons que la mère (éventuellement le père) nie dans le fils le mâle, et soit le féminise pour mieux le garder comme enfant, soit le dévirilise pour s'éviter et supprimer un rival et un successeur, et que le père voit en la fille quelque être inférieur et monnayable, ou bien, au nom de la loi des mâles et des chefs, méprise ou déprécie sa volonté d'être et de vivre en tant que femme. Dans un monde où les rapports avec l'autre sont non la conquête et le progrès, la chance d'un accomplissement, mais l'inévitable et le destin, la découverte de sa propre différence en tant qu'être, c'est-à-dire non totalement sexué, n'est qu'accentuation d'une découverte plus profonde : l'être est manque plus qu'affirmation. La conquête de la complétude se fait toujours contre les parents et singulièrement contre la mère pour le fils (Félix de Vandenesse ne s'accomplit ou ne s'éprouve comme mâle que contre ses parents — c'est-à-dire, au niveau de la confidence balzacienne, contre sa mère — puis contre le substitut supérieur de la mère, Mme de Mortsauf : ce sont les escapades chez les filles du Palais-Royal, c'est l'aventure sacrilège et traumatisante avec la sensuelle Arabelle Dudley — une étrangère, une Anglaise! —) ou contre le père pour la fille (la Vendetta). De manière apparemment naturelle et « spontanée », la mère et la famille sont castratrices, l'exercice et l'expérience de la virilité par le jeune homme étant toujours plus ou moins expérimentées et vécues comme un viol de tabou et comme une catastrophe : c'est l'aventure qui arrive à Octave Husson dans Un début dans la vie, d'abord lorsqu'il veut jouer au grand dans la voiture (en racontant les secrets d'une femme et de son mari), ensuite, lorsqu'il se laisse entraîner chez Florentine Cabirolle, danseuse à la Gaîté. Le « Majeure ! » d'Eugénie Grandet à son père n'a pas qu'une valeur financière et légale; il est l'affirmation, à quelque prix que ce soit, d'une adultéité sacrilège et ici particulièrement éloquente : l'argent même, l'argent du père, n'est plus respecté. Il suffit de relire les lettres du jeune Balzac et celles de sa famille le concernant aux alentours de la grande crise familiale en 1822 : on veut l'empêcher d'être, et il veut « les » faire crever, y compris le malheureux cousin Malus qu'on avait hébergé pour l'aider à finir sa tuberculose. C'est bien là le piège : dans une certaine situation, le pouvoir-être et le vouloir-être de l'individu ne peuvent jouer et s'éprouver que contre d'autres vouloir et pouvoir-être, vouloir et pouvoir, dans les deux cas, assumant un sens dramatique et plein, vouloir renvoyant au droit de vivre, pouvoir aux armes qui lui sont imposées ou laissées. Roland Barthes a eu raison de souligner que le drame initial de Sarrasine était dans la tenue d'un être par sa famille à l'écart de la sexuation. Toujours dans cette nouvelle de 1830 qui porte son nom, le peintre, l'artiste (esquisse de la figure virile et responsable) éprouve que la figure féminine et maternelle est castratrice, ce qui dans le contexte biographique balzacien est d'une signification profonde. Rappelons par ailleurs qu'Agathe Bridau, dans *la Rabouilleuse,* n'admet la virilité de son fils aîné Philippe (« il est, dit-elle, si fortement organisé ») qu'en se marchant sur le cœur en tant que génitrice, et surtout en imposant à son fils cadet une sorte de purgatoire et de noviciat supplémentaire et prolongé. Philippe est un homme, mais Joseph manifeste ce à quoi on a bien dû se faire et que l'on s'arrange pour qu'il prenne couleur de revanche et d'affirmation. La sexuation, la division de l'univers en deux sexes prend donc valeur et signification de rupture d'une idéale unité, perdue, à retrouver. Mettre un terme à l'adultéisation et à la sexuation, c'est mettre un terme à une histoire vécue non comme accomplissement et comme développement, mais comme déchirement et comme destin. La sexuation est pour le moi le degré zéro de l'Histoire. D'où le sens qu'assume et que vise le mythe de l'androgyne : le dépassement et l'annulation d'une Histoire dramatique et problématique. Avoir des enfants qui ne soient ni garçons ni filles (et donc qui n'aillent pas un jour se perdre auprès des filles ou se faire abîmer par des garçons), ou bien accéder soi-même à ce statut complet de l'homme qui ne souffrirait plus de ne pas être femme et de la femme qui ne souffrirait plus de ne pas être homme. L'homme dans ses rapports avec des femmes n'aurait plus à être brutal aux dépens de sa propre tendresse et de sa propre féminité, et la femme dans ses rapports avec les hommes n'aurait plus à être faible et soumise aux dépens de sa propre valeur et de sa propre dignité. Le roman balzacien connaît bien ce langage : l'homme s'y fait harmonieux et doux (Lucien de Rubempré), la femme s'y fait indépendante et forte (Béatrix). Comme Lucien demeure un homme à femmes et l'amant adoré de ces dames (de Maufrigneuse, de Serizy), comme Béatrix demeure une bacchante, il ne s'agit dans les deux cas non de perte, de dénaturation ou d'avilissement, mais de surnaturation et de gain. Le mythe de Séraphîtüs-Séraphîta relève par là de bien autre chose que du simple exercice pour plaire à la mystique (?) Mme Hanska.

Cette année 1835, qui voit paraître ce livre embarrassant, est d'ailleurs une année bien curieuse : Balzac sort du *Père Goriot* (l'ambition et la découverte du monde, l'initiation) achève *la Fille aux yeux d'or* (Paris secret), entreprend *le Lys dans la vallée* (l'enfance, la jeunesse, la Touraine, l'amour et l'éducation), publie *Melmoth réconcilié* (toujours Paris secret et revisité par le fantastique), fait publier *l'Introduction* de Félix Davin aux *Scènes de la vie privée* (le système), écrit la *Lettre à l'oncle* de Louis Lambert (la découverte de Paris par le philosophe), achète *la Chronique de Paris* (l'entreprise), refait *les Dangers de l'inconduite* en *Papa Gobseck* (accentuation du thème fantastique et signifiant dans une œuvre un peu sommairement réaliste). *Séraphîta* a été écrit dans cet extraordinaire contexte : roman d'initiation, roman autobiographique, injection et soulignement de l'idée dans le roman réaliste. Tout ici se tient. Comment lire *Séraphîta?*

En fait, c'est assez simple. On a vanté le poème immaculé du fjord : manière, pour la critique, de se laver les mains et de donner dans le propre à peu de frais; non pas en accordant toute leur importance aux efforts faits ou à faire pour transformer un impur réel, mais en le faisant disparaître dans une trappe et en parlant d'autre chose. L'histoire de Séraphîtüs-Séraphîta serait le lieu où, enfin, on ne serait plus pris à la gorge par l'ici. Et de fait, à la lecture de l'exposé consacré par Balzac à la doctrine de Swedenborg, on pourrait bien penser que, comme chez Pascal, tout en validant au maximum l'ordre intermédiaire humain, on ne vise qu'à l'annuler par un ordre supérieur : amour de soi (qui donne les chefs-d'œuvre de l'art), puis amour du monde (qui donne les prophètes, les grands politiques), enfin amour du ciel qui donne les anges. On notera toutefois que les deux ordres pascaliens de la chair et de l'esprit semblent fondus en un seul qui rétablit une certaine unité de la pratique humaine (passions plus esprit), puis que l'ordre politique, séparé de celui des passions, se voit promu à une dignité spécifique, et peut-être surtout à ce niveau que l'ordre politique est donné comme un dépassement de l'ordre de l'art qui est balbutiement, non aboutissement : ceci correspond de manière très exacte et très profonde aux valeurs et à la pratique romantiques comme balzaciennes. Pascal ne se déterminait que par rapport à des passions nécessairement divertissantes et sans intérêt, jamais constructives ni positives, et par rapport à une science maximale (la mathématique) dont les vertus n'étaient mieux soulignées que pour en faire constater les limites. Comme les gouvernements de Montesquieu, pour des raisons objectives, avaient remplacé les gouvernements d'Aristote, les ordres swedenborgiens remplaçant les ordres pascaliens, bien loin de nier le monde moderne, le disent en ses nouvelles aptitudes et en ses nouvelles fonctions. Reste l'amour du ciel, apanage des grands esprits qui sont, « pour ainsi dire, les fleurs de l'humanité » et qui, par l'amour, ont su dépasser le rugueux et l'imparfait. « Nos sciences humaines ne sont que l'analyse des formes », mais, par delà les formes, « les correspondances » livrent le sens. « Le royaume du ciel, dit Swedenborg, est le royaume des motifs ». Le désir, « l'état le moins imparfait de l'homme non régénéré », conduit à l'Espérance et aux correspondances. « Tout Swedenborg est là : Souffrir, Croire, Aimer. Pour bien aimer, ne faut-il pas avoir souffert, et ne faut-il pas croire ? » Cette dernière formule est, en fait, une formule romanesque, qui convient très bien, par exemple, à Mme de Mortsauf. On n'aime vraiment qu'en fonction d'un échec ou d'un manque intérieur (les amours naïves sont simples et sans grande force, limitées, peu rayonnantes, comme dans le cas d'Eugénie Grandet), et parce qu'on croit en quelque chose (enfants, famille, société, Histoire, soi-même et le prix qu'on y attache). Mais alors la question se pose : est-ce, dans une démarche idéaliste, la théorie mystique qui rend compte du roman, ou bien est-ce, dans une démarche parfaitement scientifique et matérialiste, le roman du réel qui se théorise et cherche une formulation ambitieuse et digne du mouvement qu'il exprime ? Est-ce que l'on comprend Mme de Mortsauf par la théorie des anges, ou est-ce que l'on comprend la théorie des anges par Mme de Mortsauf ? Ni Flaubert ni Maupassant, pour d'évidentes raisons, ne pourront être swedenborgiens : leur univers ne sera pas ascensionnel, mais de dégradation. Le swedenborgisme de Balzac apparaît bien comme la superstructure pertinente de sa pratique et de sa vision du monde. L'amour et l'art, la politique, la connaissance : on commence par la femme et par des sonnets, on devient d'Arthez ou Catherine de Médicis, on en vient au regard qui rend compte du sens et de la place de l'amour, de l'art et de la politique dans le système du monde. Il n'y a point là de mystère, et il faut bien voir ce qui fonctionne derrière le vocabulaire et le folklore. Il faut bien prendre garde que, dans *Séraphîta*, Swedenborg est *raconté* au moins autant qu'assumé, exactement comme Lambert. Il y a un *intérêt* pour Swedenborg, parce qu'il a fourni un langage à une intuition et à un besoin : « imparfait, le monde admet une marche, un progrès; mais parfait, il est stationnaire. S'il est impossible d'admettre un Dieu progressif, ne sachant pas de toute éternité le résultat de sa création, Dieu stationnaire existe-t-il? n'est-ce pas le triomphe de la matière? » Pascal disait que si Dieu était Dieu il ne pouvait être manifeste. Swedenborg et Balzac disent que si Dieu est Dieu il ne peut pas ne pas être progrès et signe de progrès. Pascal raisonnait dans un système purement intellectuel. Balzac raisonne dans un système historique : *stationnaire* et *progressif* appartiennent au vocabulaire daté des grandes discussions politiques de la Restauration. Et l'on en revient toujours là : humanisation, non-déshumanisation. Qui pourrait dire, dès lors, que *Séraphîta* n'a pas sa place dans une lecture de Balzac ou que *Séraphîta* puisse la subvertir dans un sens anti-balzacien? Les symboles du printemps, des grandes eaux qui se remuent sous la glace et retentissent dans le fjord comme une musique, tout ce qui prend ou peut prendre un sens, à quoi ici tourne-t-on le dos?

Le dénouement de *Séraphîta* va dans le même sens : une union Wilfrid-Séraphîta ou Minna-Séraphîtüs serait nécessairement mutilante. On n'épouse jamais qu'une partie de quelqu'un, et c'est folie que prétendre qu'une union humaine puisse faire ou refaire l'unité. Wilfrid comme Minna cherchent en Séraphîtüs-Séraphîta ce qui à chacun manque. Il n'est pas d'union possible entre l'imparfait et l'absolu. Mais de l'union de deux imparfaits peut naître le mouvement vers l'absolu. L'amour de Minna pour Wilfrid et celui de Wilfrid pour Minna est forme et moyen d'un au-delà des simples objets qu'analysent « nos sciences humaines ». On ne va au chemin de Dieu que par des voies humaines. Mais les voies humaines ne tournent pas en rond dans le vieil univers cyclique des civilisations agraires. Le désir, le progrès, flèches, poussées, trouent vers un ailleurs, vers un avenir, la vieille horizontalité, aussi bien celle des mythes pré-industriels que celle des sociétés nouvelles qui prétendent enfermer les hommes dans leur système de forces et d'intérêt. L'assomption finale de *Séraphîta* n'est pas une assomption d'assurance, de certitude et de fin des choses. Elle est signe de tout l'assomptionnel qui est en nous. « Les esprits méditatifs qui veulent trouver un sens à la marche des sociétés et donner des lois de progression au mouvement de l'intelligence », comme le dit Balzac au début du chapitre V *(les Adieux)*, ne peuvent plus s'arranger des idéologies d'Osiris et du salut. Le XIXᵉ siècle, dit l'épigraphe du *Livre mystique*, est travaillé par le doute : la vision verticale, ascensionnelle, reprend la vectorialité historique un moment entrevue, mais compromise et rendue absurde par l'Histoire libérale. « Lyrisme psychique » disait Bachelard? Ni animus ni anima ne *parlent* seuls dans *Séraphîta*. Ils parlent et cherchent à parler ensemble, dans un mouvement de recherche et dans un effort non vers quelque chose à trouver ou à mériter, mais bien à conquérir, et d'abord par les images, par le langage, par les mots.

Les anges sont blancs

La vision de Lambert est, elle aussi, une vision assomptionnelle. Comme Victor Morillon, parti du réel brut et des objets intensément vus, il passe aux idées, au pouvoir infini des mots, qui sont appropriation des choses et leur humanisation, puis, par-delà l'épaisseur d'un réel temporel hostile, qui est un réel daté par la *Lettre* de 1835 (« il faut de l'argent même pour se passer d'argent »), à l'idée d'« une humanité nouvelle sous une autre forme ». Au centre de la pensée de Lambert, mais de manière plus explicitement historique que dans le poème de l'androgyne, se trouve cette notion de perfectibilité qu'avait élaborée Mᵐᵉ de Staël, mais en lui donnant alors une dimension exclusivement historique et sociale; c'étaient les Lumières fécondées par la Révolution. Or il est bien évident que la perfectibilité avait quelque peu souffert, sous sa forme staëlienne, de l'expérience libérale. Lambert intériorise la notion. « Peut-être sommes-nous tout simplement doués de qualités intimes et perfectibles, dont l'exercice, dont les développements produisent en nous des phénomènes d'activité, de pénétration, de vision encore inobservées » : ce texte, Balzac l'a ajouté en 1833. Il y reprend des idées fortement exprimées en 1832 contre Charles Nodier, sceptique et cherchant à ruiner les illusions progressistes : l'humanité n'est pas condamnée à errer et à tourner; mais seul, pour l'instant certes en témoigne ce profond besoin intérieur, dans lequel jamais ne s'enferme Lambert. Tout au contraire : dans un double mouvement, il a à la fois découvert la matérialité de la pensée et l'impossibilité de réaliser concrètement les aspirations à la perfectibilité. D'où le blocage. D'abord spiritualiste, Lambert en était venu à voir dans la pensée une réalité, une arme. Ignorant du monde, Lambert avait découvert Paris. Il disait attendre, chercher le général qui rassemblerait les troupes. Il savait que sous le scalpel des physiologistes renaîtraient « de vastes pouvoirs ». Mais *Louis Lambert* est bien, ceci n'a pas été suffisamment dit, un chapitre d'*Illusions perdues*. Et il n'y a d'illusions perdues que dans le monde historique concret. Lambert s'est enfoncé dans la nuit, non comme on aime tant à le dire pour avoir trop pensé, mais pour n'avoir pu accrocher sa pensée à une pratique. Les pensées que Balzac reproduit à partir de l'édition de 1835 font partie du *dossier* Lambert; elles ne constituent pas un discours réellement pris en charge par Balzac. La descente en enfer a commencé après le retour de Paris, après l'échec du Cénacle. L'amour, le mariage même n'ont pu sauver le jeune héros. « Les anges sont blancs », ces dernières paroles qu'entend le narrateur, sont à la fois cohérentes et incohérentes. Incohérentes parce qu'elles ne prennent sur rien et ne conduisent à rien. Cohérentes parce que, comme le dit Pauline, « tout est parfaitement coordonné chez mon mari », parce qu'il reste dans sa propre ligne. « Les anges sont blancs », merveilleuse formule qui renvoie à plus que Swedenborg, à toute une vision d'innocence conquise, renvoie aussi aux infinis pouvoirs du langage. Contrairement à ce qui se passera chez Flaubert, le langage, chez Balzac et chez Lambert, n'est pas en soi et de manière constitutive instrument de l'illusion. Le langage est preuve et conquête. Le langage, chez Balzac, n'engrange pas des lieux communs; il élabore et il invente. Que l'on songe aux proverbes de Mistigris dans le coucou d'*Un début dans la vie* : ce n'est pas amère parodie, c'est relance; ce n'est pas grincement; c'est bonne humeur. On pardonnera d'ailleurs à Mistigris. De même, lorsque Lambert parle, il ne déclasse pas l'action historique; il ne proclame pas un surréel : il fait ce qu'il peut; il joue et fait jouer au plan qui lui est laissé. On a truqué la signification de *Louis Lambert* en voulant en faire un bréviaire de spiritualisme et de démission. Etait-ce parce que Balzac avait voulu faire de son héros celui qui tente de s'approcher de Dieu, comme le dit le manuscrit? *Quelle* nuit a traversée Lambert? *Quelle* lumière cherchait-il et qui lui a manqué? Il ne faut pas être dupe d'une accumulation de mots, de formules, de tout un matériel culturel ou conventionnel (Saint-Martin, Swedenborg). Comme toujours en saine critique, il faut voir ce qui travaille et fonctionne derrière les mots, quelles notions et quelles images sont à l'œuvre. « Les anges sont blancs » ne signifie pas qu'il y ait plus de vérité dans les formules magiques et poétiques que dans l'analyse et dans l'action. « Les anges sont blancs » signifie qu'il est des moments où l'humanité est condamnée à la poésie. Albert Béguin ne dit jamais clairement que ce qui serait justifié en Louis Lambert, c'est le christianisme, le catholicisme, l'Église. Il ne dit même pas que ce soit Dieu. Il se contente de faire allusion à « la vérité »... Pourquoi cette fuite? Que ceux qui n'ont pas toujours su lire acceptent de s'y faire : Lambert n'est en rien gênant pour l'épopée critique du XIXe siècle, et il fait partie de la phalange balzacienne.

Il ne saurait être question de vouloir à tout prix tout récupérer. Lucien Goldmann nous a cependant appris à ne pas couper dans le texte d'un auteur, mais à s'efforcer de rendre compte de l'ensemble textuel. Comme toujours fait brèche l'esthétisme de Stendhal, toujours fait brèche et signifie chez Balzac un certain « ésotérisme » qui n'est pas finalement plus difficile à lire que son monarchisme, pour peu que la section envisagée soit renvoyée ou confrontée au tout. Ce qui vaut pour les premiers romans, pour les divers essais de jeunesse, vaut aussi pour cette entreprise si ardemment et si sérieusement poussée dans les années de pleine force. C'est aujourd'hui une évidence critique : il ne peut pas y avoir de contre-Balzac à l'intérieur même de Balzac.

Balzac, Walter Scott et le retour des personnages

Chez Walter Scott et chez d'autres romanciers classiques, il découvre la possibilité de représenter une époque de l'histoire par un personnage romanesque, donc de représenter toute la succession des époques historiques par une succession de personnages liés par des aventures; il transpose cette succession en une simultanéité, découvrant que ces personnages ne représentent pas seulement des époques, mais des « espèces » différentes. Donc, renonçant peu à peu à ce projet d'une histoire générale de l'humanité, il se concentre sur la description de la société contemporaine, dont la richesse se développe de plus en plus sous ses yeux, et dont la peinture est rendue possible par la pratique du retour des personnages, technique qui a d'abord comme avantage d'être en quelque sorte une ellipse romanesque, un moyen de raccourcir considérablement un récit autrement démesurément long.

Michel Butor

La Comédie humaine : ordre, logique, signification

Lire l'ordre balzacien

Faut-il lire chaque roman séparément, ou faut-il lire *la Comédie humaine*, comme, nécessairement, on lit *A la recherche du Temps perdu*? Une fois faite une première lecture selon la chronologie de production [7], se pose le problème de la valeur de l'ordre tenacement voulu par Balzac et qui, s'il ne saurait être tenu pour contraignant, doit quand même lui aussi être lu. Y a-t-il vérité voulue et conquise ou artifice et post-fabrication dans ce qui peut apparaître, selon le cas, comme cathédrale ou vaine machine? Proust a dit que *la Comédie humaine* était faite de morceaux qui n'avaient plus eu, le moment venu, qu'à se rejoindre. Mais on a souligné par ailleurs d'innombrables artifices qui font douter de la validité aussi bien du projet que de sa réalisation. Les critiques portent essentiellement sur deux points : des incohérences et contradictions chronologiques (âges de personnages, dates d'événements) inutiles à aligner ici, mais qui prouvent que Balzac, à la différence du premier naturaliste venu, n'a pas sérieusement travaillé sur des tableaux; surtout des incohérences psychologiques. Tel nom unique recouvre en fait des personnages différents, et l'unification n'est que nominale et non de contenu. Nous le voyons par les exemples de Rastignac et de Lousteau.

Le Rastignac juvénile du *Père Goriot,* étudiant en droit et frère de charmantes sœurs, n'a que peu de rapport avec le Rastignac viveur de *la Peau de Chagrin,* dandy, journaliste, introduit dans les milieux littéraires. L'histoire des textes nous dit pourquoi : le premier Rastignac celui de 1831, a été inspiré à Balzac par son camarade dandy Lautour-Mezeray, de la boutique Girardin. C'est un Rastignac *vu.* Le second

---

7. Cf. chapitre I, p. 23-30.

Rastignac, celui de 1834, incarne l'expérience, les souvenirs et les hantises de Balzac débutant dans la vie. C'est un Rastignac assumé. Ce n'est que dans un second temps que Balzac a décidé de faire de Rastignac I et II le même personnage à deux moments bien distincts de leur itinéraire. Mais l'unification n'est que nominale et anecdotique et le personnage ne tient guère. Il ne suffit pas, dans l'ultime version de *la Peau de Chagrin,* de montrer Rastignac au théâtre en compagnie de Mme de Nucingen : les deux Rastignac viennent de deux univers différents. La génétique rend compte ici de différences typologiques.

Il y a trois Lousteau : le Lousteau jeune et charmeur de la première *Muse du Département;* le raté tragique et conscient d'*Illusions Perdues,* avec des allures de Lorenzaccio (« et j'étais bon, j'avais le cœur pur »); le personnage amorphe et dégénéré enfin de la dernière partie de *la Muse du Département.* Ici encore : trois moments, trois messages. Que faire ?

Un univers romanesque organisé

Il faut d'abord savoir comment et pourquoi Balzac a classé ses romans. Or, l'idée d'un ensemble et d'un classement sont nées presque avec Balzac même : que ce soit sous forme de *suite* avec retour de personnages (*le Vicaire des Ardennes,* 1822; *Annette et le Criminel,* 1824), que ce soit sous forme de cycles (les romans sur l'histoire de France et le projet de Victor Morillon). Plus tard les nécessités de la librairie (revendre des œuvres déjà publiées en les présentant dans un cadre plus vaste, en leur joignant éventuellement quelques inédits) ont joué pleinement, aussi bien dans le cas des contrats Béchet *(Etudes de Mœurs)* et Werdet *(Études philosophiques)* en 1834 que lors de l'opération *Comédie humaine* en 1840. Mais là n'est pas toute la question. Car Balzac n'a classé, transféré, voire forcé ou truqué, dans tous les cas orienté, qu'à partir d'idées, d'intuitions ou de découvertes toujours vraies et fécondes.

Les deux sections les plus anciennes sont les *Scènes de la vie privée* et les *Études* (d'abord *Romans et Contes) philosophiques :* réel immédiat et moderne, plus éclairage théorique des drames rapportés. C'est la cellule-mère de l'œuvre.

Puis, dans le cadre des *Études de Mœurs,* ont été lancées des sections nouvelles : *Scènes de la vie de province, Scènes de la vie parisienne,* les *Scènes de la vie militaire* et celles *de la vie de campagne* étant annoncées dans *l'Introduction.* L'histoire de détail importe certes, mais moins que les problèmes qu'elle pose. Et d'abord : classer, mais au nom de quoi, à partir de quels principes, pour quelle fin? Car il n'est pas question ici d'organisation simplement narrative, mais bien théorique et philosophique.

Deux modèles se sont successivement imposés : Walter Scott et les sciences naturelles. Dès sa jeunesse, Balzac, avec toute sa génération, avait admiré le vaste panorama de l'histoire d'Écosse des *Waverley Novels.* Un romancier, comme l'avait remarqué dès 1820 Augustin Thierry, faisait œuvre d'historien et le roman devenait chose grave. Aussi Balzac pensa-t-il d'abord faire une histoire de France à coup de romans : il en reste, outre de nombreuses ébauches, *l'Excommunié* (commencé en 1824, terminé par un secrétaire en 1836; sujet : les Armagnacs et les Bourguignons) et ce qui devait devenir *Sur Catherine de Médicis.* Pendant longtemps, dans les années trente, il fut question, au cours de tractations avec les éditeurs et dans la publicité, de deux romans sur le XVIIe siècle : *les Trois Cardinaux* et *le Privilège.* Mais Balzac était alors trop forcément engagé dans d'autres directions et ces projets disparurent. Il n'y revint, un peu à froid, que pour faire, en 1841 *le Martyr calviniste* et *le Secret des Ruggieri,* œuvres peu réussies. Les sciences naturelles, en dépit de l'*Avant Propos* de *la Comédie humaine,* prendront le relais d'un historicisme qui se fatigue et s'épuise, ce relais n'étant pas mécanique mais disant un approfondissement de la vision.

Le tournant réaliste des années 1829-1830 *(Physiologie, Scènes de la vie privée)* conduit à la série des *Études de mœurs,* puis l'émergence du thème philosophique aux *Contes* qui portent ce titre. Mais une diversification va vite intervenir à l'intérieur de la série réaliste : le thème de la province, qui vient de loin *(Wann-Chlore,* en 1822), conduit par *Eugénie Grandet* à des *Scènes de la vie de province,* le *Médecin de campagne* mène à des *Scènes de la vie de campagne,* et *l'Histoire des Treize* amorce des *Scènes de la vie parisienne.* Demeurent en réserve et à faire des *Scènes de la vie politique* (annoncées dès 1830) et des *Scènes de la vie militaire (les Chouans* et *la Bataille,* à écrire). La division devient parfois artificieuse et artificielle, mais les masses se mettent en place. Le système du retour des personnages peut aider à jeter des passerelles d'un roman et d'un groupe à l'autre, à donner ce sentiment d'un mouvement qui dépasse les traditionnelles bornes littéraires. Les titres flottent, la répartition aussi : Balzac annonce des *Études de femmes,* et l'on ne sait pas toujours bien clairement pourquoi des romans sont dits de la vie privée, d'autres de la campagne, d'autres de la province, d'autres enfin de Paris. Les interférences sont multiples, et d'ailleurs plus d'un roman, soit pour des nécessités de librairie, soit réflexion faite, changera de case : *Gobseck,* d'abord scène de la vie privée, passera aux *Scènes de la vie parisienne,* puis in extremis reviendra à la vie privée; *le Lys dans la vallée,* d'abord scène de la vie de province, passera aux *Scènes de la vie de campagne,* etc. Mais ce qui compte, c'est comment Balzac avance, d'abord autour d'une leçon (les premières *Scènes de la vie privée* entendaient montrer par exemple l'illusion et le danger de passions, par ailleurs légitimes, dans la recherche du bonheur), ensuite autour d'un motif (comment on vit, ou comment on en est venu à tel endroit). Ici interviendra, avec ses raisons, le classement pris à Geoffroy Saint-Hilaire. On s'est éloigné d'un classement par époques. On en vient à un classement par rôles, peut-être par espèces. C'est ce qui apparaît nettement dans la genèse de l'idée d'une « comédie humaine ». L'opération fut conduite en deux temps :

— de 1836 à 1837 : retour des personnages; idée d'un titre global d'*Études Sociales* (*Études de mœurs,* plus *Études philosophiques,* plus *Études analytiques* à écrire); idée d'une souscription pour l'ensemble. Le projet n'eut pas de suite.

— en 1840-1842 : groupement de l'ensemble sous le titre de *Comédie humaine,* opération de librairie avec Furne, Hetzel et Dubochet, rédaction d'un *Avant-propos* d'intention scientifique. L'ensemble serait nécessairement incomplet, mais Balzac dresse en 1845 le catalogue de ce que devrait être un jour *la Comédie humaine complète* en 26 volumes.

Première partie : ÉTUDES DE MŒURS

En italique : les ouvrages à faire.

SCÈNES DE LA VIE PRIVÉE (4 volumes, tomes I à IV). — 1. *les Enfants.* — 2. *Un pensionnat de demoiselles.* — 3. *Intérieur de collège.* — 4. la Maison du Chat-qui-pelote. — 5. le Bal de Sceaux. — 6. Mémoires de deux jeunes mariées. — 7. la Bourse. — 8. Modeste Mignon. — 9. Un début dans la vie. — 10. Albert Savarus. — 11. la Vendetta. — 12. Une double famille. — 13. la Paix du ménage. — 14. Madame Firmiani. — 15. Étude de femme. — 16. la Fausse Maîtresse. — 17. Une fille d'Ève. — 18. le Colonel Chabert. — 19. le Message. — 20. la Grenadière. — 21. la Femme abandonnée. — 22. Honorine. — 23. Béatrix ou les Amours forcées. — 24. Gobseck. — 25. la Femme de trente ans. — 26. le Père Goriot. — 27. Pierre Grassou. — 28. la Messe de l'athée. — 29. l'Interdiction. — 30. le Contrat de mariage. — 31. *Gendres et belles-mères.* — 32. Autre étude de femme.

SCÈNES DE LA VIE DE PROVINCE (4 volumes, tomes V à VIII). — 33. le Lys dans la vallée. — 34. Ursule Mirouet. — 35. Eugénie Grandet. — LES CÉLIBATAIRES : 36. Pierrette. — 37. le Curé de Tours. — 38. Un ménage de garçon en province (la Rabouilleuse). — LES PARISIENS EN PROVINCE : 39. l'Illustre Gaudissart. — 40. *les Gens ridés.* — 41. la Muse du département. — 42. *Une actrice en voyage.* — 43. *la Femme supérieure.* — LES RIVALITÉS : 44. *l'Original.* — 45. *les Héritiers Boirouge.* — 46. la Vieille Fille. — LES PROVINCIAUX A PARIS : 47. le Cabinet des antiques. —48. *Jacques de Metz.* — 49. Illusions perdues, 1re partie : les Deux Poètes; 2e partie : Un grand homme de province à Paris; 3e partie : les Souffrances de l'inventeur.

SCÈNES DE LA VIE PARISIENNE (4 volumes, tomes IX à XII). — HISTOIRE DES TREIZE : 50. Ferragus (1er épisode). — 51. la Duchesse de Langeais (2e épisode). — 52. la Fille aux yeux d'or (3e épisode). — 53. les Employés. — 54. Sarrasine. — 55. Grandeur et décadence de César Birotteau. — 56. la Maison Nucingen. — 57. Facino Cane. — 58. les Secrets de la princesse de Cadignan. — 59. Splendeurs et misères des courtisanes. — 60. la Dernière Incarnation de Vautrin. — 61. *les Grands, l'Hôpital et le Peuple.* — 62. Un prince de la bohème. — 63. les Comiques sérieux (les Comédiens sans le savoir). — 64. Echantillons de causeries françaises. — 65. *Une vue du palais.* — 66. les Petits Bourgeois. — 67. *Entre savants.* — 68. *Le théâtre comme il est.* — 69. *les Frères de la Consolation* (l'Envers de l'histoire contemporaine).

SCÈNES DE LA VIE POLITIQUE (3 volumes, tomes XIII à XV). — 70. Un épisode sous la Terreur. — 71. *l'Histoire et le roman.* — 72. Une ténébreuse affaire. — 73. *les Deux Ambitieux.* — 74. *l'Attaché d'ambassade.* — 75. *Comment on fait un ministère.* — 76. le Député d'Arcis. — 77. Z. Marcas.

SCÈNES DE LA VIE MILITAIRE (4 volumes, tomes XVI à XIX). — 78. *les Soldats de la République* (3 épisodes). — 79. *l'Entrée en campagne.* — 80. *les Vendéens.* — 81. les Chouans. — LES FRANÇAIS EN ÉGYPTE (1er épisode) : 82. *le Prophète;* (2e épisode) : 83. *le Pacha;* (3e épisode) : 84. Une Passion dans le désert. — 85. *l'Armée roulante.* — 86. *la Garde consulaire.* — 87. SOUS VIENNE, 1re partie : *Un combat;* 2e partie : *l'Armée assiégée;* 3e partie : *la Plaine de Wagram.* — 88. *l'Aubergiste.* — 89. *les Anglais en Espagne.* — 90. *Moscou.* — 91. *la Bataille de Dresde.* — 92. *les Traînards.* — 93. *les Partisans.* — 94. *Une croisière.* — 95. *les Pontons.* — 96. *la Campagne de France.* — 97. *le Dernier Champ de bataille.* — 98. *l'Émir.* — 99. *la Pénissière.* — 100. *le Corsaire algérien.*

SCÈNES DE LA VIE DE CAMPAGNE (2 volumes, tomes XX et XXI). — 101. les Paysans. — 102. le Médecin de campagne. — 103. *le Juge de paix.* — 104. le Curé de village. — 105. *les Environs de Paris.*

Deuxième partie : ÉTUDES PHILOSOPHIQUES

(3 volumes, tomes XXII à XXIV). — 106. *le Phédon d'aujourd'hui.* — 107. la Peau de Chagrin. — 108. Jésus-Christ en Flandre. — 109. Melmoth réconcilié. — 110. Massimilla Doni. — 111. le Chef-d'œuvre inconnu. — 112. Gambara. — 113. Balthazar Claës ou la Recherche de l'absolu. — 114. *le Président Fritot.* — 115. *le Philanthrope.* — 116. l'Enfant maudit. — 117. Adieu. — 118. les Marana. — 119. le Réquisitionnaire. — 120. El Verdugo. — 121. Un drame au bord de la mer. — 122. Maître Cornélius. — 123. l'Auberge rouge. — 124. SUR CATHERINE DE MÉDICIS : I. le Martyr calviniste. — 125. ID. : II. la Confidence des Ruggiéri. — 126. ID. : III. les Deux Rêves. — 127. *le Nouvel Abeilard.* — 128. l'Élixir de longue vie. — 129. *la Vie et les aventures d'une idée.* — 130. Les Proscrits. — 131. Louis Lambert. — 132. Séraphîta.

Troisième partie : ÉTUDES ANALYTIQUES

(2 volumes, tomes XXV et XXVI). — 133. *Anatomie des corps enseignants.* — 134. la Physiologie du mariage. — 135. *Pathologie de la vie sociale.* — 136. Monographie de la vertu. — 137. *Dialogue philosophique et politique sur les perfections du XIXe siècle.*

Dans ce catalogue, n'étaient pas prévus, et ne comportent pas de numéro : *Un homme d'affaires; Gaudissart II; les Parents Pauvres : la Cousine Bette; le Cousin Pons; Petites Misères de la vie conjugale.*

Pour une science de l'homme

Dès 1833, Balzac qui sort d'une intense période de production romanesque et qui vient d'accumuler une masse impressionnante de preuves de type littéraire publie sa *Théorie de la démarche* et songe à un *Traité complet de la vie élégante,* auquel il projette d'ajouter un *Traité de l'éducation,* une *Physiologie des corps enseignants,* le tout devant peut-être s'intégrer à une *Pathologie de la vie sociale, ou méditations mathématiques, physiques, chimiques et transcendantes sur les manifestations de la pensée prise dans toutes les formes que lui donne l'état social.* C'est la reprise en force de toutes les tentatives qui vont du *Code des gens honnêtes* en 1825 au *Traité de la vie élégante* de 1830 et aux textes alors publiés dans diverses revues (sur le déjeuner, sur la toilette, etc.). L'idée par ailleurs est nette : description des conduites, et notamment de la pensée, mais de la pensée dans le rôle que la force à jouer la « civilisation ». « La pathologie de la vie sociale sera une anthropologie complète qui manquait jusqu'alors au monde savant, élégant, littéraire et domestique. » *Une anthropologie complète :* ainsi Balzac songeait à « dépasser » la littérature en direction de ce que nous appellerions les sciences humaines. Penser l'homme, penser le monde moderne en les mesurant l'un et l'autre : « la civilisation corrompt tout, même le mouvement ». Il y a là à la fois un en-deçà et un au-delà du roman. En-deçà, parce que, en un sens, le roman peut et prouve plus; au-delà, parce que le roman ne peut avoir les mêmes ambitions systématiques. D'où cette idée qu'à faire du roman, on fait moins qu'à faire des traités. Et tout le prouve : Balzac multiplie alors les tentatives pour revenir, lui le conteur parisien, connu et coté, aux œuvres de type théorique et philosophique. Mais les directeurs et les éditeurs font la petite bouche. Pichot, à la *Revue de Paris,* n'apprécie guère la *Lettre à Charles Nodier* sur Ballanche et la palingénésie et il proteste à nouveau lorsque Balzac lui retire la suite de la

« révolutionnante » *Histoire des Treize* : c'est que, pour les abonnés, la philosophie n'allait pas aussi bien que les histoires, et Balzac racontait — sur quel ton! — à Mme Hanska qu'il allait bien falloir se mettre à *Eugénie Grandet.* N'en doutons pas : il y a là un épisode très significatif du projet fondamental et persistant de Balzac. Lorsqu'il se met au roman de Saumur et renonce à la *Pathologie,* il éprouve sans doute des sentiments assez voisins de ceux du jeune homme de 1819-1821 obligé d'abandonner sa chère philosophie pour faire du R'Hoone et du Saint-Aubin. Et pourtant la *Théorie* a ses limites; elle brille et fait de l'esprit. Mais non sans risques. Car le péril et la limite de ce genre d'ouvrage, c'est la satire, c'est la présentation d'un univers manichéen et mécanisé, à deux seules dimensions et sans profondeur de champ. Le *Traité* reprend en un sens les ambitions mécanistes et descriptives du xviiie siècle et de l'esprit bourgeois; le drame, la dialectique profonde de l'en-cours et du non-dominé lui échappent. Le *Traité* donne du réel une image close : la triste preuve en sera administrée à l'autre bout de la carrière par ces *Petites misères de la vie conjugale,* saynètes et bons mots que rien réellement n'enlève et qui font retomber *la Comédie humaine.* Il faudra donc, après une injection d'idées au roman, une relève et une recharge romanesque si l'on veut que l'Idée continue à vivre. On est au cœur de la genèse de cet ordre balzacien qui n'a jamais été réellement compris.

Le fou et le savant

Le cycle romanesque proprement dit (descriptif, narratif, dramatique) ne devait être qu'une préface à des œuvres théoriques et dissertatives plus ambitieuses (et alors situées plus haut par Balzac comme par tous ses contemporains dans la hiérarchie des productions littéraires). Le cycle romanesque, jamais réellement donné pour le plaisir ni pour le divertissement, mais pour la constitution d'un dossier, serait une suite d'illustrations.

Or ceci est capital : de même que dans *le Génie du christianisme, Atala* et *René,* petits romans, n'étaient donnés que comme illustrations et preuves, de même que dans

161

Joseph Delorme Sainte-Beuve ne donnait les poésies de son héros pseudonyme que comme un élément du dossier destiné à être jugé (que vaut, que signifie la vie de ce Delorme qui, entre autres actions et entreprises, a écrit ces poésies?), de même chez Balzac le récit, le roman ne seraient jamais pris en eux-mêmes, écrits destinés à distraire ou à plaire, mais seraient eux aussi éléments d'un dossier, l'essentiel, la visée finale demeurant l'analyse, la démonstration, la formulation d'une idée et d'une vision globale du système de la vie. C'est un peu toute la littérature ici qui pivote sur elle-même, ou qui n'est pas encore ce qu'elle sera bientôt condamnée à devenir : une littérature constatant et admettant qu'elle ne peut plus rien signifier que par des moyens littéraires. Pour Balzac, dès 1822, le roman demeure inférieur et suspect, arme à laquelle on recourt à la rigueur. Science de l'homme : quelle forme est la mieux susceptible de la faire avancer et de la formuler? Il est certain que les écrivains disent toujours plus et autre chose que ce qu'ils ont voulu dire. Il est aussi certain qu'ils ont voulu dire quelque chose et l'ont dit. Ni le respect ou la lecture mécaniste des intentions et des effets, ni la seule lecture de l'involontaire et de l'inattendu ne peuvent rendre compte de Balzac : la dialectique du fou et du savant — qui est explicite et explicitée dans le texte — permet d'avancer. Il suffit de partir d'une expression-clé.

Études de mœurs : l'expression tient à la découverte du croquis, de la scène, de la chose vue, mais aussi à l'idée d'une sorte de zoologie sociale. Le lien est aussi patent avec les *Codes* qu'avec les drames secrets. Mais qu'on ne s'y trompe pas : les *Études de mœurs* ne seraient qu'exercice et détour avant qu'on puisse revenir, preuves accumulées, à la chère et première vocation philosophique. Les mœurs ne relèvent pas de la seule psychologie ou de la seule morale, mais de la science. Au moins d'une visée scientifique. Mais qui dit les mœurs dit des êtres, des drames uniques qui, pour se ressembler et relever d'une commune typologie, ne sont pleinement drames — et donc littéraires, et donc susceptibles de nourrir une science — qu'en ce que justement ils sont uniques et disent l'unique. Le fil se suit assez bien.

Le Code des gens honnêtes, en 1825, et d'autres *Codes* auxquels Balzac collabora sans doute faisaient jouer à la fois l'observation et la systématisation, l'anatomie et la physiologie, Paris par exemple n'étant pas seulement chatoyante, complexe et curieuse ou scandaleuse réalité, mais organisation, système et logique. Dès 1829, à côté du cycle pathétique moderne *(Scènes de la vie privée),* paraît et fonctionne le cycle philosophique (vision dramatique de la vie) et le cycle classement et études scientifiques à visée didactique *(Physiologie du mariage).* L'immense « reste » disponible ou à faire de l'œuvre descriptive (y compris les contes philosophiques et le cycle mystique) conduirait à un sommet scientifique, le mysticisme étant lui-même au passage décrit et expliqué avec le mal et le doute moderne. Il devait y avoir ainsi trois étages :

— l'expérience de la vie concrète

— l'expression philosophique et mystique de cette expérience

— les lois du comportement, des structures et des institutions.

Louis Lambert, certes d'abord personnage autobiographique assumé et vécu de l'intérieur, serait aussi vu et décrit. D'où, dès l'édition originale, le narrateur, qui a connu Lambert, qui le raconte et qui le voit. Qui surtout lui survit. Le couronnement de l'œuvre devait être une sorte d'amplification de la *Physiologie du mariage :* exposition et déduction de lois qui, pour n'être pas toujours morales, étaient inévitables et vraies, objectives. Balzac, sur ce point, faisait faire à la littérature un bond considérable par rapport à la tradition classique, toute pénétrée de finalisme moralisateur. La Bruyère avait certes dit qu'il rendait au public ce qu'il lui avait prêté, mais enfin il ne s'agissait que du tableau de mœurs passagères, et le livre avait tenu à s'achever sur un chapitre de morale. Le point de vue classique était le suivant : la littérature devait édifier, corriger, rendre meilleur. Au passage, la peinture des passions pouvait servir d'exemple et de preuve. Le point de vue moderne est ici affirmé avec force : un mouvement, un processus, n'est pas en soi moral ou immoral ; il est, objectivement, c'est à nous d'en rendre compte et de le comprendre. Le risque était, bien entendu, de tomber non plus dans l'allégorique, comme à l'âge classique, mais dans le systématique froid, et c'est ici que prend

toute son importance et sa signification l'interférence balzacienne du romanesque et du philosophique. C'est, dans la
Théorie de la démarche, la grande parabole du fou et du
savant :

> Un fou est un homme qui voit un abîme et y tombe. Le
> savant l'entend tomber, prend sa toise, mesure la dis-
> tance, fait un escalier, descend, remonte, et se frotte les
> mains, après avoir dit à l'univers : Cet abîme a dix-huit
> cent deux pieds de profondeur, la température, au fond,
> est de deux degrés plus chaude que celle de notre atmo-
> sphère. Puis, il vit en famille. Le fou reste dans sa loge. Ils
> meurent tous deux. Dieu seul sait qui du fou, qui du
> savant, a été le plus près du vrai. Empédocle est le pre-
> mier savant qui ait cumulé.
>
> Il n'y a pas un seul de nos mouvements, ni une seule de
> nos actions qui ne soit un abîme, où l'homme le plus sage
> ne puisse laisser sa raison, et qui ne puisse fournir au
> savant l'occasion de prendre sa toise et d'essayer à
> mesurer l'infini. Il y a de l'infini dans le moindre gramen.

Le fou tombe dans le trou et crie. Le savant mesure le trou. Le
savant voit et dit froidement, mais exactement. Le fou souffre
et participe. Chacun des deux a « tort » et « raison ». La
science doit avoir le sens du tragique. Le tragique ne vaut que
sur des bases scientifiques. Les mécanistes, ceux qui ne pouvaient ni ne voulaient voir le nouveau tragique du XIXe siècle,
né du règne bourgeois et des aliénations nouvelles ont une
vision simplificatrice et lénifiante du réel. Mais les poètes, les
professionnels du pathétique, manquent, eux, d'information
et de sérieux; ils ont une vision irresponsable du réel. Balzac,
lui, a le sens de l'irremplaçable, de ce que jamais on
ne verra deux fois. Mais il a aussi, en même temps, le
commandant, l'organisant et le vérifiant, le sens des quan-
tités, des masses et des problèmes objectifs. « Pour être
exhaustive et efficace, une science de l'homme doit tenir
compte des deux optiques complémentaires. » (Nykrog). « *Il
faut être Jean-Jacques Rousseau et le Bureau des Longi-
tudes.* » Ceci va loin. La description de la réalité objective,
en effet, chez Balzac, continue de relever si l'on veut de la
tradition descriptive matérialiste et scientifique du
XVIIIe siècle. Seulement, elle commence à s'appliquer à une

réalité nouvelle, issue du triomphe des Lumières et des forces qui les sous-tendaient. Quant à l'expression de la réalité subjective, quant aux souffrances, à l'affectivité, à la poésie, etc., tout ceci est à retrouver par delà les conquêtes et réalisations en train d'être dépassées de la même révolution libérale. Retrouver la totalité, écrire le roman de la totalité au XIXe siècle, supposait le sens des liaisons simultanées (tout se tient) et le sens de la dynamique d'ensemble. Or, le sens de la dynamique d'ensemble ne pouvait qu'être dramatique, et l'être de plus en plus : le mouvement, en effet, changeait de nature, de promesse redevenant menace, les destins recommençant à être broyés, charriés par une « civilisation » qui recommençait à ne plus appartenir aux hommes et à s'en servir. En gros, pour les libéraux, il n'y avait plus de souffrances, plus de poésie, plus d'affectivité. Tout allait être simple, utile, clair, rationnel. Seule était concevable une littérature de distraction, une littérature claire, une littérature du bien être. C'est ici qu'éclate, et que continue d'éclater, le scandale Balzac : sa « raison », sa « science » témoignent contre ce qui, de plus en plus, trahit la raison et la science ; son pathétique retrouve et montre, dans l'univers libéral, les innombrables victimes de la vie privée, parisienne, provinciale, etc. A cet égard l'œuvre de Balzac, la pensée balzacienne, sont bien sur la même longueur d'onde, dans la littérature, que le premier éclectisme de Cousin, puis le matérialisme dialectique. Cousin, dans son cours de 1818, utilisant avec éclat les idéalistes anglais, et peut-être sans le dire Hegel, avait insisté sur cette grande idée : les faits de conscience sont des réalités aussi importantes que les faits sèchement « scientifiques » des idéologues ; il faut réhabiliter la dimension dramatique de la vie ; les choses ne sont pas aussi simples que se l'imaginent les prébendiers et thermidoriens satisfaits : il faut retrouver le sens de l'être et du mouvement. Cette philosophie (alors) de dépassement, cette philosophie du total, bien différente de la philosophie de compromis et de juste-milieu qu'exposera le nouveau Cousin de 1829, lorsqu'il sera remis en selle par le ministère Martignac et commencera à craindre un débordement sur la gauche, on sait qu'elle avait passionné Balzac, alors jeune étudiant assoiffé de connaissances et d'idées.

Sans renoncer, loin de là, à l'exactitude, elle s'ouvrait sur le champ immense du sensible. Le véritable éclectisme (que Balzac opposera clairement, dans la version de 1835 de *Louis Lambert,* à l'autre, à celui que démasquait de plus en plus la carrière opportuniste de Cousin sous la monarchie de Juillet) était conquête par rapport aux philosophies rassises qui disaient l'Histoire terminée, l'homme défini, les grands problèmes résolus, alors que, on le sentait bien, et les romanciers allaient le montrer, tout repartait dans tous les sens. « Notre grand dix-neuvième siècle » est aussi celui des « souffrances inconnues ». Ces deux données de l'expérience moderne, Balzac les trouvait certes dans son aventure personnelle (découverte de la civilisation libérée de 1815, mais aussi barrières de l'argent, gérontocratie et vie privée), mais une justification abstraite, idéologique, au moins une conjonction de fait avec une philosophie en forme, ne sont jamais inutiles pour expliquer le surgissement d'une vision et d'une création. Le « philosophe écossais » est cité, en 1823, dans le premier manuscrit de *Wann-Chlore,* et c'est en 1823 que se situe cette « conversion » de Balzac, qui, d'une inspiration surtout libérale et matérialiste, vire à une inspiration spiritualiste, religieuse, poétique, accentuant des tendances déjà décelables dans les romans ébauchés en 1820-1821, *Falthurne* et *Sténie.* Cette découverte du cœur et du style sensible, au moment où se noue la tragédie de sa sœur Laurence, où se manifeste avec la plus odieuse clarté la tyrannie maternelle, cette découverte qui ne lui fait renoncer en rien à son acquis « scientifique » et démystificateur, cette découverte qui n'est pas un retour en arrière, mais bien une avancée, un enrichissement par rapport à l'égoïste et fausse philosophie libérale, elle est à l'origine visible de Balzac. Point n'est besoin de parler d'une « influence » anecdotique et mécanique de Cousin : il y a eu des contacts; mais, surtout, les efforts vont dans le même sens. Est-ce parce que Balzac est devenu romancier que sa philosophie a « continué », au lieu de s'enterrer après 1830, comme celle de tant d'autres qui alors trahirent, ou se mirent à voir, de la meilleure foi du monde, dans la monarchie louis-philipparde le *nec plus ultra* du progrès et de la liberté? Cela est bien possible. Une philosophie étroitement professionnelle se coupe aisément du réel en son devenir. La puissance de voir et de dire, la puissance de créer est plus difficilement aliénable. C'est ainsi que le romancier put à bon droit juger et condamner le philosophe passé à l'Ordre, et demeurer, lui, le véritable philosophe parce que non seulement pensant, mais surtout voyant et créateur de formes.

Mais comment lire cet ordre? Que signifie-t-il? N'a-t-il qu'une valeur anecdotique et curieuse (les ambitions et illusions d'un conteur d'histoires) ou porte-t-il encore quelque efficacité? Et cette efficacité est-elle de type opératoire et interprétatif? Les trois codes proposés par Balzac (mœurs, philosophie, analyse; ou peut-être : anthropologique, théorique, synthétique) avec pour le premier code un groupe de sous-codes (privé, parisien, provincial, rural, politique, militaire) sont-ils chose morte ou vivante? L'idéologie qui était derrière est-elle demeurée opérante? Et au cas où ce ne serait plus qu'idéologie, n'y avait-il pas derrière quelque réaction, quelque essai interprétatif et figuratif qu'il conviendrait de retrouver? Il semble que sur le point de la simple méthode et de l'idéologie on puisse aisément répondre : le classement de *la Comédie humaine* avec ses intentions ou présupposés a subi le sort de toutes les classifications de type positiviste puis scientiste. Si Balzac avait d'abord songé, au temps de son admiration pour Walter Scott, à un ordre de type historique et chronologique, il y a renoncé en faveur d'un ordre descriptif inspiré des naturalistes : il existerait des espèces sociales aussi différenciées (de manière logique et explicable) que les espèces animales; sous diverses influences à décrire et à analyser, sous l'effet des passions et des intérêts (Balzac a parfaitement vu ce point) on est passé de l'unité à l'infinie diversité. Et ce n'est point là abstraite punition ou recommencement de Babel. L'idée de cause conduit déjà à l'idée morale et au jugement : pourquoi et comment les hommes modernes de la France révolutionnée sont-ils ainsi devenus? On sait quelle est toujours la visée initiale et profonde de ce genre de choix et de ce genre de recours à une typologie : selon les cas sortir du grand indéterminé désespérant, du non structuré échappant à l'homme et soumis au théologique ou au divin; ou bien trouver, retrouver, un éternel, un invariant, échapper au vertige du devenir et de l'historique, acquérir le sentiment ou l'illusion d'une possession du monde par la définition de structures, de modèles et de lois de fonctionnement. Toute typologie est selon les cas prométhéenne ou sécurisante, progressiste ou protectrice, exploratoire ou isolante. Prométhéenne, elle donne prise sur un réel que les idéologies obscurantistes prétendaient hors d'atteinte et de conception. Sécurisante, elle permet de n'avoir plus à penser dans le tragique ou dans le problématique, dans le devenant et dans l'en-cours, tout simplement dans le moral, avec tout ce qu'il impose et suggère. Les classifications positivistes ont été, dans le temps, successivement des deux types : elles ont humanisé le réel, puis elles ont prétendu l'écrire et le dire. Et elles ont dit alors la fin de l'Histoire. En un sens, on pourrait se demander même si chez Balzac Geoffroy Saint-Hilaire n'a pas servi à conjurer l'image du devenir imposée par Walter Scott. Balzac a prétendu qu'il avait commencé par Saint-Hilaire, puis qu'il avait découvert Scott. En fait on sait parfaitement que c'est exactement le contraire qui s'est produit, et ce de manière parfaitement logique.

L'image, en effet, d'une humanité progressivement et impitoyablement différenciée (ce toutefois non dans un sens de progrès et d'enrichissement, mais dans un sens de division et d'affaiblissement, la limite étant la guerre de tous contre tous, de chacun contre chacun et de chaque être contre soi-même à l'intérieur de soi-même) peut assez aisément se lire ainsi : l'humanité, libérée par la Révolution, était une humanité normalement unitaire en sa visée, en son idéologie et en sa pratique. Mais sous l'influence des intérêts nouveaux eux aussi libérés, essentiellement sous l'influence de l'argent (qui entraîne l'ambition, la recherche du « paroistre », l'individualisme), cette humanité a recommencé à se diviser, à se parcelliser, à se scléroser aussi; tout un dynamisme est certes à l'œuvre dans le processus moderne, mais c'est désormais un dynamisme faussé en ce sens qu'il ne joue plus qu'au profit de l'installation de féodalités nouvelles avec pour conséquence l'isolement progressif de groupes, de clans, de types de vie, d'individus, etc. *Ainsi décrite, la société devait porter avec elle la raison de son mouvement :* phrase capitale. Toute une mystérieuse alchimie est à l'œuvre dans le monde moderne, qui développe certains organes ou certaines facultés, en atrophie d'autres, fait apparaître par adaptation des organes voire des êtres nouveaux, etc. Balzac manque certes de recul, mais il est parfaitement significatif qu'il ait dit qu'il n'y avait pas description sans dynamique, typologie sans dialectique. Dès lors on peut lire : à partir de l'unité révolutionnaire, la vie privée (la famille), la vie parisienne (les conditions de l'urbanisation et du déracinement des populations), la vie de province (le sous-développement, mais aussi les chances existant parfois de refaire le monde hors du libéralisme et de l'« industrie », ce sera les utopies), la vie politique (les nouvelles institutions), la vie militaire (un aspect particulier des nouvelles institutions) ont fabriqué selon un processus en quelque sorte biologique (mais historiquement explicable, non pas diabolique, mais légitime, et après tout existant, ayant pour lui la légitimité des faits) une humanité nouvelle, divisée contre elle-même, en marche vers l'infinie division, vers la destruction ou vers la folie, cette marche n'étant toutefois comme ralentie, stoppée ou détournée que par l'aptitude à vivre, à durer, à vouloir, à espérer, alors même qu'on a été pris, englué, emporté, enfermé dans la vie privée, parisienne, de province, de campagne, politique ou militaire. A la fois un double mouvement et un non-mouvement rendent compte de l'apparition et du développement ou de la caractérisation dramatique des espèces.

Un double mouvement : celui de l'Histoire et du monde moderne (la révolution bourgeoise se complète et se continue), celui des êtres, de chaque être dans sa volonté de vivre.

Un non-mouvement : l'absence de toute révolution pensable. Au-delà du libéralisme, il n'y a rien que le triomphe de plus en plus insupportable, odieux et assuré de la bourgeoisie, ou le pur négativisme d'un peuple incapable de rien fonder et qu'agitent ou manipulent politiciens suspects et théoriciens irresponsables. En amont, une révolution qui continue de s'accomplir, mais qui dégrade et qui ravine, laissant façades, visages et destinées burinés et polis pour l'observateur. En aval, rien que d'absurdes menaces ou les mirages d'une réussite à l'intérieur d'un monde auquel toutefois et quoi qu'il arrive on ne saurait adhérer. Les espèces résultent d'un processus et d'un blocage. Rien de plus étranger à Balzac que l'idée d'un homme nouveau ou d'une femme nouvelle dans l'Histoire (comparer avec Aragon dans *les Cloches de Bâle*) : où donc les serait-il allé chercher? Seuls se maintiennent le rêve et l'exigence d'une humanité nouvelle sous une nouvelle forme. Mais il ne s'agit alors que des rêves de Louis Lambert : témoignage, mais non pas chance pour une vie quelconque, et, pour l'homme Lambert, gage à court terme de mort ou de folie.

Il faut bien lire et méditer cet échec, comme cette réussite. D'abord philosophe (ayant ses idées sur le monde), Balzac a dû se faire romancier; il a perfectionné, transformé cet instrument nouveau, le roman; il en est venu à bâtir un vaste ensemble romanesque par des moyens romanesques (retour des personnages). Mais il pensait toujours revenir à sa philosophie, donner de son talent et de sa vision du monde des preuves autres que romanesques, en tout cas transromanesques. D'où, malgré l'état inachevé de l'ensemble, le placage, à la fin de *la Comédie humaine*, d'une maigre section « analytique » : c'était là promesse, et engagement d'y revenir. Or, non seulement Balzac n'y est pas revenu, parce qu'il est mort, mais encore on sait bien que les derniers textes auxquels il ait travaillé n'étaient pas des textes philosophiques et analytiques, mais bien des textes romanesques. Pourquoi cette mort du philosophe? Pourquoi, dans les lettres de la fin, cette ironie parfois de Balzac contre la « grrrrrrrande comédie humaine », alors même que visiblement il vit à l'intérieur d'un univers second et plus vrai que l'autre qui est celui de ses romans, et alors qu'à son lit de mort il appellera Bianchon? C'est que la philosophie — on dirait aujourd'hui l'idéologie — s'est révélée durement impropre à dire le monde. Et c'est que la littérature (et le roman) s'est montrée comme le nouveau point de passage obligé de la vision du monde et des idées.

5

La France de Balzac

Une image

La France dont Balzac donne une image, et non une description, tient certes à la nature et aux limites de son expérience : Paris, les provinces qu'il a visitées ou dont il a entendu parler. Non pas les provinces-chantier, mais celles des petites villes, du sous-développement, des conflits feutrés et des drames secrets. Il se trouve toutefois que c'est aussi là, qualitativement, la France de Stendhal et des petits romanciers ou des romanciers secondaires de 1815 à 1840 (Félix Davin, Charles de Bernard, Samuel-Henry Berthoud). Zola ne sera pas du pays minier, mais il ira chercher les gueules noires pour donner l'exact tableau qu'il entend donner. Le caractère limité de l'expérience balzacienne correspond à ce qu'a de limité la France d'alors qui compte et qui fonctionne : la province retardataire, mais travaillée d'énergies et regardant vers la capitale; Paris, maëlstrom d'ambitions et de volontés de puissance, tombeau de puretés et d'illusions, Babylone plus que redoutable et productive concentration urbaine. Le Paris de Balzac, celui qui est vu dans les premières pages de *Ferragus* et de *la Fille aux Yeux d'or,* est assez le Paris de Vigny : chaudière intellectuelle et morale plus que cité laborieuse et fumante. Balzac connaissait bien les statistiques de Charles Dupin qui déjà, dans ses *Forces productrices et commerciales de la France* (1827-1828), signalait l'existence d'une France développée du Nord et d'une France stationnaire du Midi : c'est de celle-ci que monteront les Rastignac, tandis que de Paris et des centres de civilisation partiront vers les provinces sommeillantes idées neuves, spéculations, commis voyageurs et envoyés politiques. La dialectique Paris-province n'est ni une invention ni un gauchissement du roman balzacien; elle résulte de la contradiction fondamentale de la France révolutionnée :

— mise en valeur spéculative et mobilisatrice.

— non développement, retombées, réserves d'énergies, mais un peu pour rien, dans une France jeune.

Balzac sur ce point encore connaît et utilise Charles Dupin qui avait prouvé, chiffres à l'appui, que la France, vieillissante en ses structures, était démographiquement un pays neuf.

Les provinces, avec leurs élites locales, leurs cadres, leurs notables, leurs réseaux d'influences et d'intérêts, les mutations qui s'y sont produites en faveur de la bourgeoisie et de la petite-bourgeoisie (achats de biens nationaux, responsabilités municipales, colonisation de l'administration) constituent comme un pôle négatif d'un ensemble pourtant en mouvement dans ses profondeurs. A la France des échanges et de la production, France en mouvement et France du mouvement, s'oppose la France encore non créatrice et cloisonnée dont tout le pouvoir et tout le vouloir-vivre en sont encore à grapiller, à thésauriser, à jouer contre tout ce qui cherche le plus et la liberté. Les filatures normandes *(la Vieille fille)*, la région rouennaise *(Modeste Mignon)*, Paris (le cycle Nucingen), la Champagne cotonnière *(le Député d'Arcis)* le Nord et les Ardennes textiles *(la Maison du Chat-qui-pelote)*, autant de vues plus ou moins rapides qui s'opposent en d'innombrables romans à la longue et pesante évocation de la Bretagne *(les Chouans, Béatrix)* à la vallée de la Loire (Saumur, Tours, Sancerre, d'*Eugénie Grandet* à *la Muse du Département*), du Limousin *(le Curé de village)*, de l'Angoumois *(Illusions perdues)*, de l'Auvergne, de la Savoie, etc. La fameuse ligne Cotentin-Genève, elle pouvait être tracée avant ou après Balzac : mais sans ses romans, les analyses et les cartes de Dupin manqueraient d'une indispensable illustration, et toute une géopolitique ultérieure se verrait privée de preuves qu'elle peut aller

172

chercher. Que le degré d'instruction et de scolarisation dans les départements soit directement lié au degré de développement économique, que se mettent en place des masses qui pèsent encore lourd aujourd'hui sur la vie de la nation, tout ceci ne serait qu'abstraction sans les retrouvailles de la statistique et de la littérature. La France de Balzac n'est pas folklorique ni, malgré les apparences, régionaliste : elle est exacte et appelée, par la lecture et par l'Histoire, à plus de vérité encore. Il est donc incontestable qu'à un certain niveau *la Comédie humaine* fonctionne comme un document. Mais il faut bien prendre garde aux deux points suivants.

Des documents devenus lisibles

Seul le développement scientifique d'enquêtes historiques et la mise en place d'une problématique et d'une analyse modernes ont permis de lire *la Comédie humaine* comme elle pouvait et devait l'être. C'est à partir de toutes les études théoriques et pratiques sur le XIXe siècle et sur l'histoire de la bourgeoisie, sur l'accumulation primitive, la manufacture dispersée, l'industrialisation, le financement, le développement du tertiaire, les problèmes de l'agriculture etc., que Balzac a pu, mais seulement pour certains, accéder à une signification nouvelle et plus complète. Seulement, Balzac a écrit ses romans *avant* que ces notions-clés ne soient forgées et disponibles et c'est bien pourquoi leur utilisation n'épuise pas la signification de *la Comédie humaine*. D'abord parce qu'il est loin d'être sûr qu'elles soient aujourd'hui monnaie courante en milieu dit « littéraire », ensuite parce que leur simple antériorité définit et situe en elle un *plus* par rapport aux réductions de type historique. Les « universitaires » s'en tiennent aux explications psychologiques ou de type anecdotique; ils ont bien du mal à accepter que les problèmes d'économie politique puissent sérieusement avoir quoi que ce soit à voir avec la genèse d'œuvres et d'une culture. Les tenants de la critique textuelle, eux, sont parfaitement ignorants en ce qui concerne l'Histoire et l'économie et de plus se font gloire de ne pas s'intéresser à ce qui, tout en étant « extérieur » au texte, définit une Histoire depuis longtemps commencée et sur laquelle donc s'est déjà exercée plus d'une critique. La fertilité d'une lecture historique n'est donc pas terminée de ce côté, ni de celui du public que l'on forme, ou que l'on déforme, ou que l'on sous-informe. Quant à l'antériorité balzacienne, elle permet justement, tout en lisant mieux, d'apporter des arguments nouveaux en faveur de la littérature. Ce n'est pas trahir ou l'abandonner en effet que d'aller voir en elle ce qui s'éclaire certes du théorique et de l'idéologique d'aujourd'hui, mais qui leur préexistait et se trouvait dans le texte alors même qu'on ne le savait pas. Ce référent et ce signifié ne sont pas sans intérêt, mais il faut dire pourquoi. Ce référent et ce signifié n'étaient pas évidents pour les premiers lecteurs qui allaient, un peu vite, et selon les habitudes de lecture romanesque d'alors, à la simple et seule « histoire » : quelque chose est apparu (des relations plus que de simples faits) dans la littérature et dans l'Histoire, dans l'Histoire et dans la littérature, mais Balzac n'a attendu ni Marx, ni Labrousse, ni Renouvin, ni Morazé, ni Régine Pernoud, ni Bertier de Sauvigny pour exprimer en termes de rapports dramatiques et même pour tout simplement signaler comme faits et événements ce à partir de quoi ils allaient bâtir et proposer une image plus vraie du XIXe siècle. L'explication certes lui manque, mais pas toujours, et ce n'est qu'en occultant plus d'un passage, en le déclarant non littéraire, qu'on l'a empêché de dire ce qu'il disait. De même Balzac a pu, plus d'une fois, écrire sous l'indirecte dictée des analyses saint-simoniennes. Mais dans tous les cas, c'est à nous, qui le pouvons, de décoder. Or qui dit décodage dit existence d'un message, puis élaboration d'un code. Les documents balzaciens sont devenus lisibles parce que nous avons appris à lire, mais aussi parce qu'ils étaient à l'origine des documents.

Des documents-images

Cette image que donne Balzac de la France, image d'abord vraie, mais ne le devenant vraiment que par la lecture, ne saurait toutefois, sauf à cesser d'être image, se réduire à sa seule valeur documentaire, c'est-à-dire immobile et bloquée, valeur de fiche attendant tout de son intégration à la lecture.

C'est qu'elle est aussi une image littéraire et philosophique chargée de mission et de signification, en ce sens que les structures, les éléments constitutifs ne retombent pas sèchement à eux-mêmes une fois repérés et déchiffrés, mais bien au contraire constituent et contribuent à constituer comme un vaste et mouvant symbole qui sans cesse renvoie au réel pour preuve et vérification, tandis que sans cesse le réel y renvoie pour vérification aussi, c'est-à-dire pour preuve de passage à la conscience et à l'appropriation humaine. Balzac ne sait pas encore vraiment par quels chemins épargnes et capitaux iront s'investir dans les sociétés anonymes. Mais ce qu'il sait déjà et a fait voir, ce qu'il apprend à voir, c'est que pour le moment épargnes et capitaux ne s'investissent que dans d'absurdes désirs et dans d'absurdes folies qui sont autant de fourvoiements de l'aspiration universaliste et prométhéenne dans les chemins du « paroistre » et de l'illusion libérale ou de consommation. Nulle réussite, nulle acquisition dans cet univers de l'objet qui n'échappe et fasse échapper à toute menace. Rien de sûr. Au contraire, un désir qui loin de constituer son objet le divise et le détruit : paysans qui se ruinent pour acheter d'infimes lopins impossibles à cultiver; « industriels » qui rêvent de s'agrandir, mais qui se brisent sur les écueils de la banque et de la haute spéculation; thésauriseurs qui au moment de la mort constatent l'inanité de tout et se trouvent seuls devant une vie sans signification. L'analyse marxienne est déjà là, et parfaitement probante sur ce point : le citoyen, l'agent de la vie économique ou professionnelle, l'homme privé sont peu à peu impitoyablement séparés, éclatés, aliénés. La liberté citoyenne, vantée par les libéraux et par Benjamin Constant, se trouve niée dans les rapports économiques; la liberté du producteur, célébrée par les saint-simoniens puis par les proudhoniens, se trouve niée par les forces de concurrence et de commercialisation; la liberté privée, défendue par les psychologues et les moralistes de la lutte anti-aristocratique, se trouve condamnée à l'ambition. L'objet ne vaut plus que parce qu'il peut se vendre, et tout étant fait pour être vendu devient objet. Où sont les valeurs de production? la joie de Grandet façonnant ses tonneaux ou celle du jeune Popinot clouant ses caisses? Il n'est pas d'homme moderne heureux, il n'est pas de bourgeois heureux, c'est-à-dire ayant accompli ou même approché d'accomplir l'humain libéré qui était en lui et qui le portait. D'où — mais on sort ici apparemment de l'image de la France pour retrouver idéologies et mythologies, et ce passage est bien significatif — ce procès du vouloir et de la force d'être : les dés étant pipés, les réalisations de soi ne pouvant s'effectuer qu'à l'intérieur d'un système aliénant et mystifiant, toute révolution en cours ou concevable ne pouvant que continuer et renforcer le système, le jeu social et les luttes des classes forment un des aspects de l'universelle folie. Comment concevoir l'énergie autrement que dans les cadres et dans les possibilités qui sont alors les siennes? Birotteau, passé au moral et au métaphysique, devient ainsi, de figure parisienne, une figure du cycle philosophique, et David Séchard a recommencé la quête de la peau de chagrin. La France de Balzac n'est pas seulement recensée : elle est aussi et surtout mise en figures.

Une France divisée

La France de Balzac est une France profondément différenciée et surtout divisée, cassée, non pas réalisée en chacun de ses points ou de ses éléments, mais renvoyée, à partir d'une unité entrevue, à autant d'irréconciliables fragments. La République une et indivisible ayant regagné le magasin des principes et des souvenirs, que ce soit dans les réunions mondaines, dans les structures du pays, dans les affrontements et conflits qui constituent la vie quotidienne, que ce soit dans les costumes, dans les mentalités, dans les intérêts, la France semble être redevenue, mieux être devenue un invraisemblable assemblage non tant de diversités (ce serait là un thème optimiste et « bien de chez nous ») que d'incompatibilités irréductibles. Si quelque chose prouve que, contrairement au mot célèbre de Louis XVIII, l'abîme des révolutions n'est pas fermé, c'est bien *la Comédie humaine.* En l'absence de toute menace externe ou interne artificiellement réunificatrice (ce qui se passera à la fin du siècle, avec la montée du nationalisme et l'idéologie de la revanche), la France se manifeste comme une sorte d'immense machine à la rigueur, et seulement, unifiée par la course aux intérêts. La mobilisation révolutionnaire puis impériale avait masqué cette réalité, du moins dans la manière d'écrire l'Histoire; mais sitôt revenue la Paix, nul ne saurait plus être dupe : le bond révolutionnaire n'a pas unifié définitivement le pays; il l'a seulement lancé vers l'avant dans un fracas nouveau de contradictions. Non qu'il s'agisse là de quoi que ce soit qui justifie le pessimisme historique. Simplement, à d'anciennes contradictions en ont succédé de nouvelles, qui mettent en jeu et en cause aussi bien du passé revenu, qui se défend ou qui s'adapte, que du présent qui se cherche, se développe et affronte ses propres conséquences. Il avait été souvent question, de 1789 à 1815, de ne pas toucher à l'industrie et aux propriétés. Non seulement on n'y a pas touché, mais c'est l'industrie, mais ce sont les propriétés qui sont là, et sur quoi butent, divergent ou repartent aussi bien les forces de jadis que celles de demain. C'est ce qu'au début du XIXe siècle on appelle les partis. Parfois les classes.

Or, ces classes et ces partis, Balzac voit et dit de bonne heure qu'ils ne sont pas pures inventions ou machinations, mais qu'ils correspondent à des forces réelles, à ce qu'il appelle en 1831 des « intérêts contraires en présence » (Sur la situation du parti royaliste). L'atomisation du monde social n'est donc pas un fait de Satan et de l'esprit d'orgueil, mais de l'accentuation de plus en plus poussée d'un processus d'héritage et de différenciations en marche. Les passions, les petits intérêts et les réactions personnelles ne sont que les manifestations d'un courant profond. Non pas réellement neuf, et la littérature classique avait bien connu les classes sociales et les différences de mentalités, les dynamismes nouveaux même, qui rendaient compte de ce qui était en cours. Mais la différence fondamentale après 1815, c'est un changement de rythme, le passage à une dimension nouvelle. Les bourgeois gentilshommes classiques n'avaient pas les mêmes armes à opposer aux aristocrates que les bourgeois de Balzac, et les gentilshommes classiques n'avaient pas passé par la Vendée, l'émigration, les prisons de la Terreur, les revanches ou les possibilités constitutionnelles de 1815. Quant au peuple classique, il n'était guère représenté que par servantes et valets, éléments d'intrigue; il n'était qu'individus, jamais masses et présence. Mais il faut le dire : si Balzac nous a appris à lire Molière, c'est le xxᵉ siècle qui nous aide ici à lire Balzac.

La noblesse : une classe pleine

Avec ses noms, avec ses lignées, avec ses armoiries (à partir de 1839 soigneusement composées par le secrétaire comte de Gramont), la noblesse balzacienne se présente extérieurement de la manière la plus sérieuse. Certes, l'intention didactique à partir d'une certaine date n'est pas étrangère à ce magnifiement. Il n'en est pas moins vrai qu'autant que les Grandet, les Pons et les Goriot, existent les Vandenesse, les d'Espard, les Sérizy, les Maufrigneuse, formant dans le dix-neuvième siècle littéraire une société qui se tient par d'autres mobiles que de snobisme. On s'est moqué des duchesses de Balzac : l'important n'est pas de savoir si ses femmes du monde sont vraies — proustiennes, pour tout dire —, mais si cette société-surface du Faubourg et des châteaux parle pour quelque chose de profond. Peu importe que Balzac ait cherché à faire croire qu'il connaissait bien les grandes dames et les ducs. Ce qui compte c'est l'image qu'il a pu donner d'une classe encore en possession de pouvoirs et de prestiges réels. Balzac n'invente ni ne force, lorsqu'il évoque fortunes et puissance de l'ancienne classe dirigeante.

Comme pour l'ensemble de la société, autant qu'une simple description ou physiologie de la noblesse, ce que donne Balzac est une image mythique, elle aussi chargée de mission, le réel dit et peint ne prenant tout son sens que par rapport à cette vision.

Une aristocratie-repère

Ces terres, ces châteaux, ces balustres, ces grilles de parc et·ces domaines sur lesquels on peut régner, toute cette maîtrise, tout cet enracinement dans le sol et toute cette filiation dans les âges, sont autant de symboles mobilisés et surtout suscités contre le désordre, la pacotille et le nonsens moderne, comme aussi autant de digues levées contre le devenir inéluctable et vrai de la noblesse rencontrée. Dans un monde où rien ne s'achève ni vraiment ne se construit, dans un monde où malgré tant d'ardeur, tout s'effiloche, il y a là des images de force et de continuité qu'il faut lire. Rosambray *(Modeste Mignon)*, Gondreville *(Une ténébreuse affaire)* la terre des Aigues *(les Paysans)* : autant d'assurances élaborées, autant de points fixes qui signifient fortement au cœur de l'absurde univers philosophique. Clochegourde *(le Lys dans la vallée)* n'est-il pas d'ailleurs l'endroit où l'on revient toujours après les courses à Paris? L'aristocratie est bien loin d'être ici simplement décrite par un romancier conformiste et mondain. Ces terres peuvent être grevées d'hypothèques (les du Guénic, dans *le Cabinet des antiques*, n'ont plus guère que la nue-jouissance de leurs terres, engagées depuis plus de deux cents ans à leurs tenanciers) ou menacées (les paysans et leurs meneurs de jeu bourgeois autour des Aigues) : Balzac les regarde dans une certaine lumière comme des réussites de ses ambitieux; au travers du personnage ou du décor, on voit ici par transparence jouer comme tout un possible. L'aristocratie pour Balzac n'est pas sans problème, mais il la voudrait, dans le cadre d'une réfection socio-idéologique globale, transproblématique. Ici paraît bien l'idée non tant d'une aristocratie de fait que d'une aristocratie de droit, exerçant un rôle politique et administratif local réel. Cette aristocratie de droit — et là on est sorti de la description, on est dans la vision — serait constamment menacée par les « tarets » et par la « médiocratie » *(les Paysans),* mais là il y aurait une lutte à mener. Perspectives... C'est tout ceci qui *tient* la noblesse balzacienne, ce qui lui donne sa profondeur et fait qu'elle n'est ni celle de Berquin, ni celle de la comtesse de Ségur.

Il faut encore en passer par elle

Balzac, comme toute son époque, nourrit un profond complexe vis-à-vis des terres, des fortunes, des noms et peut-être surtout d'un certain style qui est liberté. Un complexe de roturier seulement à demi-reçu. Nombreux

179

sont les héros de *la Comédie humaine* qui se dirigent avec crainte vers les belles maisons du Faubourg ou de la ville haute, ou qui font anti-chambre en enfants bien élevés. Ceci n'est pas que rançon d'illusions personnelles : pendant longtemps, il n'a été d'avenir et de carrière possible, il n'a été de sacre social, pour ne rien dire des validations et légitimations intérieures, que si l'on était d'abord admis dans certains salons et dans un certain monde. Ces gens-là depuis 1815 tiennent certains leviers. Après 1830, tout changera, et, plus tard, ni Frédéric Moreau, ni Bel Ami ne rêveront d'être reçus par des duchesses. Mais le pouvoir de Mme d'Espard *(Illusions Perdues)* n'est pas un mythe : la réalité socio-politique, se combinant avec les complexes du Tiers, a longtemps contribué à *tenir* ainsi l'aristocratie. Autre élément d'éclairage interne.

Les chances d'une aristocratie moderne et vraie

Ennemi déclaré, constant, des castes et de tout ce qui bloque une société, Balzac n'en pense et n'en voit pas moins le monde social en termes de hiérarchie — ce qu'il appelle les classes. Non classes de fait, mais classes de droit et de responsabilités. C'est dans cet éclairage encore qu'il faut comprendre sa peinture et son analyse. Car l'image qui le fascine est celle d'une aristocratie non pas héritière, mais créatrice qui, tirant tout ce qui est à tirer de ses pouvoirs et de ses droits possibles, ferait, au grand sens du terme, carrière, et vivrait en termes forts et non plus par raccroc l'aventure de ce monde moderne qui lui échoit en 1815. A partir de la table rase que constitue la chute d'un Empire à bout, et compte tenu des nouvelles données politiques, Balzac avait entrevu la possibilité d'une aristocratie « nationalisée » qui reconstruirait sa puissance et prendrait intelligemment la tête de la France. Dès 1822, Horace Landon, polytechnicien, héros des guerres de l'Empire, jeune pair de France de la royauté restaurée, était l'incarnation de ces possibles splendeurs. Plus tard, toutes les images de pairie, de manteaux bleus et de couronnes sur les portières de voiture, de responsabilités administratives et politiques, ne seront ni folklore, ni friperie, ni snobisme, mais bien, une fois encore, contre l'anarchie libérale, actes pour un ordre vivant. Maximilien de Longueville, polytechnicien lui aussi, qui n'hésite pas à se faire commerçant (le Bal de Sceaux), le comte de Sérizy, grande figure de l'homme d'Etat indispensable à tous les régimes (Un début dans la vie) : ce ne sont là parasites ni profiteurs, mais bien figures pour un développement possible selon la Restauration. Selon, comme aurait dit Péguy, une instauration. L'effort balzacien certes retombe ou tourne court : c'est la noblesse réelle qui s'impose, parasitaire. Mais à côté de tant d'intrigants ou de chevaliers d'industrie, la présence noble chez Balzac n'aurait jamais eu la poésie, la densité qu'elle connaît parfois, si toujours n'étaient présentes l'image et l'idée d'une aristocratie de mérite et de fonction.

Noblesse et jeunesse

Mais il est une autre aventure, que Balzac cette fois encore charge d'une signification qui dépasse largement le réalisme descriptif. C'est celle du jeune homme noble (et par là disponible) ardent, sensible, qui ne peut accepter le sommeil de sa race et de sa famille et qui se laisse attirer par le brillant, par la nouveauté de la civilisation nouvelle. Victurnien d'Esgrignon (le Cabinet des antiques), Calyste du Guénic (Béatrix), Savinien de Portenduère (Ursule Mirouet) s'enfuiront, répondant à l'appel à la fois faux et vrai de la vie selon le monde moderne. Certes Balzac peint en eux quelque chose d'irréfléchi et d'irresponsable qui caractérise les races de seigneurs. Mais aussi, ces héros jeunes et beaux qui découvrent l'art, l'amour, la vie intense, même s'ils vont à la catastrophe, ils n'ont pas tort. Certes aussi, les trois aventures prouvent qu'on ne se sauve pas seul et que le monde moderne ne propose guère que d'illusoires images de bonheur et d'affirmation. Mais ce n'est pas là seulement un problème noble et il est aisé de voir tout ce que Balzac a mis de lui-même en particulier dans Calyste. En fait, c'est toute la vie moderne en tant que telle qui est corruptrice, et Victurnien, débauché puis faussaire, ne développe pas là seulement des vices d'aristocrate décadent. Le monde moderne n'a su que faire de la jeunesse noble : cela signifie aussi et surtout que le monde moderne n'a su que faire de la noblesse de la jeunesse, de la noblesse de droit. Mais, tout ceci dit, demeure une noblesse de fait dont Balzac donne une impitoyable image.

Pathologie de la noblesse

Face au monde moderne, l'aristocratie soit boude et refuse de comprendre, soit décide de jouer le jeu hardiment et sans scrupules. Le Cabinet des antiques à Alençon, les du Guenic à Guérande *(Béatrix)* continuent de dire « la taille » et « l'intendant » pour les contributions et le préfet; Mme de Beauséant et quelques autres brocardent les filles Goriot et leur vieux quatre vingt-treize de père. Mme de Langeais s'amuse de ce roturier de Montriveau. Mais le comte de Fontaine *(le Bal de Sceaux)* sait parfaitement placer ses enfants dans les tribus nouvelles et dans les conseils d'administration, et plus d'une famille du Faubourg *(la Duchesse de Langeais)* a joué à la Bourse l'indemnité Villèle supposée destinée à relever ses châteaux. L'aristocratie a découvert en 1815 les merveilles du budget, « équivalent des abbayes détruites ». Ce ralliement de fait, qui n'empêche pas la morgue, les attitudes et les bons mots, est la donnée fondamentale de la nouvelle société noble. Une famille de Mortsauf pourra demeurer à l'écart : Félix de Vandenesse, lui, servira dans la nouvelle administration et Mme de Mortsauf lui dira comment s'y prendre dans le monde.

Mais il y a mieux : le vieil esprit d'aventure, perverti et dégradé, trouve à jouer dans les forêts et sur les mers de la vie moderne. De Marsay, Maxime de Trailles sont de ces « corsaires en gants jaunes » qui transportent au XIXe siècle les mœurs des anciens chevaliers errants devenus chevaliers d'industrie. Exploitation des femmes, missions politiques secrètes, tricherie au jeu, recours à la violence, duels qui sont des assassinats : c'est la descendance des condottieri. On notera seulement que ces don quichottes inverses sont des nobles bâtards ou abâtardis et surtout qu'ils ne se sauvent qu'en jouant le jeu bourgeois, et non, bien sûr, en demeurant à l'intérieur du code mort de l'aristocratie. Si de

182

Marsay réussit, c'est en aidant à renverser la branche aînée, puis en servant la monarchie nouvelle. Il est dit clairement (*le Contrat de mariage*) que les Treize qui veulent le pouvoir préparent la Révolution, tout en ayant fermement l'intention d'étrangler la gauche naïve au lendemain de la victoire. Balzac a sans doute pensé à quelque « lobby » orléaniste (l'équipe de Thiers et du *National* téléguidée depuis le Palais Royal?) qui aurait « arrangé » le changement de régime, mais il faut retenir ici que l'aventurier noble ne pouvait réellement fonctionner que dans l'hypothèse d'un développement du processus d'embourgeoisement de la France. De même Maxime de Trailles servira le Ministère lors de l'élection d'Arcis. Mais le destin de Rastignac est sans doute le plus clair et le plus signifiant : ce fils de hobereaux terriens peu argentés fera sa fortune par sa maîtresse, Mme de Nucingen, dont il finira par épouser la fille, mettant ainsi la main sur les millions de l'Alsacien. Il sera trois fois ministre, comte, pair de France. Lorsqu'il était arrivé de sa province, il avait trouvé sur son chemin MM. de Trailles et de Marsay, alors lions de la société parisienne; il les a dépassés tous les deux et il goûte un jour cette revanche de voir Maxime de Trailles venir lui demander de quoi vivre. C'est que Rastignac a su, lui, ne pas se contenter de coups de Jarnac et d'aventures; il a su jouer à coup sûr, être organisateur et patient. Sa carrière est parfaite, parce qu'elle s'est parfaitement coulée dans le monde et dans la réalité bourgeoise. Jamais Rastignac n'a eu un mot pour les Bourbons, ni pour la cause de la noblesse. Il a marié ses sœurs, son frère a été évêque, son beau-frère ambassadeur. Il n'a certainement jamais lu une ligne de Bonald ou de Chateaubriand. Bien entendu, Rastignac doit à Balzac lui-même et à des arrivistes ou à des arrivés comme le bordelais Jacques Coste, directeur du *Temps,* et surtout Adolphe Thiers. Mais précisément par là il sort de l'univers aristocratique. « Papa est baron » disait Vautrin, mais Eugène sera comte de la monarchie nouvelle, sans ancêtres, ayant à lui seul fondé une dynastie et rendu le lustre à son nom. Pour demeurer pur, Chateaubriand avait dû partir et renoncer à tout. Ceux qui sont restés n'ont pu devenir et percer qu'en servant la loi nouvelle.

Aveuglée par les souvenirs, pervertie par l'orgueil et

par la vie mondaine, la noblesse peut avoir du style : elle meurt. Déjà au temps des guerres de l'ouest, Balzac avait peint durement les divisions, les avidités, l'absurde orgueil des chefs de la Chouannerie. Dans *Modeste Mignon*, la grande chasse de Rosambray est une fête de fin du monde et le duc d'Hérouville, avorton rabougri, dit à lui seul la fin d'une époque et d'une race. D'Arthez, écrivain, le marquis d'Espard, historien, ne changent rien au tableau d'ensemble, non plus que les quelques réussites individuelles sans lendemain pour la race et pour la classe. La révolution de 1830 est la victoire définitive du Tiers et des Gaulois sur les Nobles et sur les Francs. La noblesse, en fin de compte, fait partie d'un certain brillant du moment Restauration. Elle ne compte plus dans la France réelle.

Forces de la bourgeoisie

La bourgeoisie se définit essentiellement par la possession de capitaux, résultat d'une accumulation de plus ou moins longue date. La bourgeoisie est la classe capitaliste au sens que le mot possède en ces temps d'argent rare et d'in-organisation du crédit : *capitaliste* ne désigne pas encore le propriétaire privé de moyens de production, mais l'homme qui dispose d'importantes liquidités. Ces capitaux, la bourgeoisie s'en sert pour faire l'usure (avant la Banque), pour acheter de la terre, de la rente d'État, pour acquérir des terrains et spéculer sur l'urbanisation. L'activité usuraire est la plus ancienne. Elle joue essentiellement aux dépens des paysans et, sur ce point, Balzac reprend la notation de la Fontaine dans *la Mort et le bûcheron* (le paysan écrasé par les féodaux, et déjà par les bourgeois : « *Le créancier* et la corvée »); elle peut très bien se faire par notaire interposé (placements hypothécaires). L'achat de la terre est aussi une vieille habitude et une vieille tentation (Birotteau rêve de retourner au pays fortune faite et de vivre aux Trésorières), mais la secousse de 1789 a donné à l'opération une ampleur extraordinairement nouvelle : Grandet a fait sa fortune en achetant des biens d'Église qu'il a eus pour presque rien. Contrairement aux légendes répandues (Paul-Louis Courier, Michelet) ce ne sont pas les paysans pauvres qui ont acheté : seule la possession de capitaux importants permettait d'acheter en bloc et à bon compte. Quant à la rente, il s'agit d'une nouveauté à laquelle on ne consent qu'à un certain degré d'évolution *(Eugénie Grandet)*, mais vite on s'aperçoit que la rente est sûre, qu'elle ôte tout souci *(Mémoires de deux jeunes mariées)* et que, de plus, elle permet en certaines occasions, comme en 1830, de spéculer et de gagner. La spéculation immobilière, elle, n'apparaît guère que dans les grandes villes et ne concerne qu'une frange d'avant-garde de la bourgeoisie : c'est la fameuse affaire des terrains de la Madeleine, qui fait rêver Birotteau et que l'on voit aboutir dans *les Petits Bourgeois*. On est certes surpris de la quasi-absence d'investissements industriels, même commerciaux. Ceux-ci sont réservés aux grands stratèges de la Banque et d'un capitalisme déjà trans-balzacien : Nucingen ou Charles Mignon. L'épargne familiale n'est pas encore réellement attirée par le mirage de la Bourse et des actions. Les mécanismes de drainage ne sont pas encore en place. Aussi, chez les bourgeois de Balzac, nul capitaine d'industrie, nul chef de grande entreprise. Le capitalisme est encore à peu près uniquement personnel et financier, la bourgeoisie plus rongeuse et proliférante qu'audacieuse, géniale et concentrée. La plus grosse entreprise balzacienne qu'on voit réellement vivre est celle de Birotteau : plusieurs dizaines d'ouvriers, un chiffre d'affaire annuel avoisinant le million. La maison Nucingen, elle, n'apparaît que dans une sorte de marge fabuleuse, hors de la commune mesure, ainsi que ces entreprises qui ne sauraient fonctionner sur une base exclusivement familiale : on nous dit bien que La Baudraye *(la Muse du département)* s'est fait donner un siège dans une compagnie anonyme du Nivernais (certainement une forge), mais lorsque Balzac évoquera cette région *(les Paysans)* il ne fera pas paraître ce qui, aux portes de la Bourgogne, de Firminy au Creusot, est en train de modifier le paysage français. Balzac n'en a pas moins vu avec une étonnante lucidité que seule la concentration de capitaux permettait de se lancer dans des entreprises nouvelles : le coup d'œil de Grandet ne suffit pas, ni le génie de Nucingen. Ces hommes vont toujours à la bataille avec des troupes fraîches.

Bourgeoisie, Destin, Histoire

A l'intérieur de la bourgeoisie s'opère une mutation dramatique : le capitalisme thésauriseur et familial est en train de se faire dépasser, absorber, dévorer, par le grand capitalisme bancaire. Nucingen et les Keller traitent d'affaires immenses : commerce colonial, mines de houille en France, mines de plomb en Slovénie (déjà la mise en valeur et l'exploitation de l'Europe centrale !), mais aussi fournitures au gouvernement, canaux. Ces hommes pèsent sur l'administration des Ponts et Chaussées, sur les votes de la Chambre : déjà s'imbriquent l'appareil d'État et l'appareil monopoliste. Découvrant cet univers vertigineux, Birotteau s'affole. Sa liberté, sa sagesse aussi, se trouvent menacées, mises en cause. Lui-même sera brisé; on lui refusera le crédit dont il a besoin; on lui prendra l'affaire des terrains de la Madeleine. Mais Birotteau lui-même n'avait-il pas lancé le mouvement ? N'avait-il pas follement cherché à s'agrandir, à devenir puissant ?

Il n'y a pas là seulement, comme on l'aurait tant voulu et comme on le voudrait tant encore, une *faute*. Birotteau, comme tant d'autres, n'avait fait qu'obéir au grand mouvement qui, depuis que la paix avait libéré les capitaux, lançait l'industrie vers des horizons nouveaux. A Angoulême, le temps du vieux Séchard et de ses vieilles presses est terminé. De riches marchands de papier, les Cointet, installent une imprimerie moderne; ils s'empareront de l'invention de David Séchard et l'exploiteront *(Illusions perdues)*. Bel exemple de concentration et d'intégration : les boutiquiers ne peuvent pas suivre. Mais les inventeurs non plus. Les formes familiales à l'échelle humaine de l'industrie doivent céder. Mais aussi on s'aperçoit que le progrès technique et la science, qui mobilisent et fascinent tant de jeunes esprits, ne peuvent être efficaces et jouer qu'au service de l'argent. Le grappillage patient du père Sauviat *(le Curé de village)*, la montée à Paris de Martin Falleix *(les Employés)*, tout ceci déjà, de l'Auvergne et du Limousin originels, aboutissait à la banque Brézac, spécialisée dans les opérations immobilières, et devait conduire à la nomination de Baudoyer comme chef de division au ministère : comme quoi les promotions administratives et politiques ont derrière elles non tant l'instruction pour tous et la démocratisation que, toujours, l'accumulation et la constitution d'une force de frappe en numéraire. Le monde des *Employés,* et tous ses arrière-plans, devient un monde subordonné, secondaire. Rabourdin est un grand homme, avec ses idées d'organisation et de rationalisation; mais Rabourdin, homme d'avant-garde, disparaît de la scène comme disparaît l'inventeur David Séchard, dans le même mouvement qui a déjà balayé Birotteau. Qu'est-ce à dire, sinon que s'amorce le triomphe d'un affairisme appuyé sur une classe moyenne grapilleuse, mais sans génie? Les prophètes (l'inventeur Séchard, le polytechnicien Gérard, l'administrateur Rabourdin) sont rejetés à l'extérieur de l'univers industriel en même temps que ceux mêmes dont leurs propositions supposaient et impliquaient le dépassement par des formes modernes d'organisation. Le capitalisme progresse selon un double mouvement : il s'approprie la science et la technologie, les transforme en outils à profit, les vide de leur contenu intellectuel originel, et il réduit, arase, les formes artisanales et familiales de l'économie. Ainsi réalise-t-il à la fois un progrès et une régression, un développement et une dénaturation. Le secret de David ne profitera pas à tous les hommes : il ne profitera qu'aux Cointet. Mais aussi le vieux Séchard n'aurait su qu'en faire. La concentration et l'unification se font par le monopole et par l'accaparement : Balzac pose en termes étonnants de pertinence le problème du progrès en système capitaliste. Les Cointet peuvent exploiter la découverte de David, parce qu'ils ont les capitaux, l'infra-structure technique et les réseaux de distribution. Pendant ce temps à Paris, Lucien se bat contre des moulins et court après des illusions. La bourgeoisie, qu'elle soit la bourgeoisie intelligente et instruite, qu'elle soit la bourgeoisie des affaires familiales, ne peut pas ne pas passer par les broyeuses de son propre devenir. A l'intérieur de la masse bourgeoise, tout un processus est à l'œuvre qui concentre, dénature et détruit. D'où la panique de Birotteau (qui se réfugie dans sa *morale :* un astucieux eût liquidé à moindre frais et serait reparti, au lieu de s'user à payer!). D'où le renoncement de David. D'où surtout le départ du polytechnicien Gérard pour Montégnac, pour un ailleurs non de rêve mais d'entreprise et de développement. Cette catastrophe morale est certes masquée, balancée, par l'histoire d'autres fortunes et d'autres carrières : ascension des Camusot, d'Alençon à Paris (le Cabinet des Antiques, Splendeurs et misères des courtisanes, le Cousin Pons), des Minoret (Ursule Mirouet), constitution et confirmation de la dynastie des Malin de Gondreville (Une ténébreuse affaire, le Député d'Arcis), mais précisément la réalité française moderne est bien celle d'un carriérisme petit-bourgeois et bourgeois obstiné, sur le fond et dans le cadre d'un développement monopoliste. Les vertus bourgeoises (travail, honnêteté, fidélité, sérieux, application), à ce jeu, nécessairement se dégradent ou deviennent inutiles. L'idéologie, qui n'a jamais été très forte, se réduit assez vite à une sorte d'opportunisme, voire de cynisme : Crevel constatera et exaltera le règne et la puissance de la pièce de cent sous (la Cousine Bette). En attendant, on voit Nucingen prendre un ministre dans sa voiture et lui donner ses ordres. La France bourgeoise dont on pouvait croire, au temps de Benjamin Constant, qu'elle serait celle de la liberté, du progrès et de la dignité, si elle continue d'accomplir sa révolution, n'est plus la France philosophique qu'attendait Bernard-François Balzac. Et à sa porte déjà se pressent de nouveaux barbares que l'adjoint au maire de Tours aurait eu bien du mal à imaginer.

Le peuple

Le peuple n'est pas encore le prolétariat, même s'il arrive à Balzac d'employer le mot prolétaire. Il y a bien le passage célèbre de *Facino Cane* :

> Quand il faisait beau, à peine me promenais-je sur le boulevard Bourdon. Une seule passion m'entraînait en dehors de mes habitudes studieuses; mais n'était-ce pas encore de l'étude? J'allais observer les mœurs du faubourg, ses habitants et leurs caractères. Aussi mal vêtu que les ouvriers, indifférent au décorum, je ne les mettais point en garde contre moi; je pouvais me mêler à leurs groupes, les voir concluant leurs marchés, et se disputant à l'heure où ils quittent le travail. [...]

Lorsque, entre onze heures et minuit, je rencontrais un ouvrier et sa femme revenant ensemble de l'Ambigu-Comique, je m'amusais à les suivre depuis le boulevard du Pont-aux-Choux jusqu'au boulevard Beaumarchais. Ces braves gens parlaient d'abord de la pièce qu'ils avaient vue; de fil en aiguille, ils arrivaient à leurs affaires; la mère tirait son enfant par la main, sans écouter ni ses plaintes ni ses demandes; les deux époux comptaient l'argent qui leur serait payé le lendemain, ils le dépensaient de vingt manières différentes. C'était alors des détails de ménage, des doléances sur le prix excessif des pommes de terre, ou sur la longueur de l'hiver et le renchérissement des mottes, des représentations énergiques sur ce qui était dû au boulanger; enfin des discussions qui s'envenimaient, et où chacun d'eux déployait son caractère en mots pittoresques. En entendant ces gens, je pouvais épouser leur vie, je me sentais leurs guenilles sur le dos, je marchais les pieds dans leurs souliers percés; leurs désirs, leurs besoins, tout passait dans mon âme, ou mon âme passait dans la leur.

Mais il est clair que le peuple est ici référence et découverte plus que réelle réalité. Quant à ces ouvriers, ce ne sont pas des ouvriers de fabrique, mais des ouvriers en chambre ou des artisans. De même dans *Gobseck*, l'honnête ouvrière Fanny Malvaut, destinée à devenir la femme de Derville, ne sert guère qu'à souligner la folie et la corruption de Mme de Restaud. Historiquement, le peuple n'est pas majeur : Balzac ne le montre jamais gagnant les Journées de 1830, et pour ce qui est des événements de Lyon, il en fait bien discourir quelques intellectuels *(la Maison Nucingen)*, mais jamais de près ni de loin les canuts en tant que tels n'accéderont à l'intérêt, à la dignité, ni à la présence romanesques. « Nation terrible un jour par siècle », et « tout est rentré dans l'ordre et le canut dans son taudis » : c'est l'alpha et l'omega du peuple en tant qu'ensemble dans *la Comédie humaine.* Les raisons sont bien simples.

Tout d'abord le peuple n'est pas une classe parce qu'il est dispersé (ateliers de village dans *le Député d'Arcis,* multiples ateliers parisiens). Ensuite, le peuple, ne faisant pas masse et n'ayant pas de réels intérêts partagés, n'a pas élaboré la moindre conscience; il n'a produit ni reçu la moindre vision théorique propre. De 1815 à 1840, le peuple balzacien ne saurait être autre que celui d'un capitalisme encore familial, spéculateur et boutiquier, non celui d'un capitalisme concentré. Il existe bien de grandes entreprises aux limites lointaines du monde balzacien : les filatures des Ardennes *(la Maison du Chat-qui-pelote)* ou d'Alençon *(la Vieille Fille)*, les mines de plomb argentifère de Wortschin *(la Maison Nucingen)*, mais on ne les voit jamais, et elles ne sont évoquées qu'à l'occasion de l'histoire des bourgeois. Le peuple balzacien n'a pas de visage et n'existe que par rapport à ses maîtres. On l'entrevoit certes qui grouille dans les villes, mais à l'occasion de vastes panoramas mythiques et symboliques (ouvertures de *Ferragus* et de *la Fille aux Yeux d'Or) :* le travail n'a pas de sens. Le cabaret est la seule échappée; l'ennemi connu est l'usurier de quartier *(les Petits bourgeois).* Nulle figure individuelle ne se détache ni n'accède à l'Histoire. Immense est la distance qui sépare ici Balzac non seulement de Zola, mais des *Misérables.* C'est que l'Histoire ne s'est pas encore radicalement centrée en fonction des masses populaires. Ce n'est que vers la fin de la carrière *(les Paysans)* qu'on verra pointer — et avec quelle force! — des réalités nouvelles : mais alors l'essentiel de *la Comédie humaine* sera écrit, témoignage pour un temps où tout se passait encore entre aristocrates et bourgeois ou à l'intérieur de la bourgeoisie. Le peuple toutefois sera aux obsèques du maréchal Hulot *(la Cousine Bette),* et c'est un ouvrier qui saluera le vieux brave : hommage aux idées de république et de liberté, lorsqu'elles demeurent indemnes de toute contamination par l'argent, et alors que s'apprêtent les fusillades de Cavaignac. Sur ce point encore, mais sans le savoir, la France de Balzac est en marche.

Gustave Lanson disait que si Balzac avait aussi durement critiqué la bourgeoisie, c'est parce que, en bon légitimiste, il ne pouvait que détester la classe moyenne. La naïveté de cette analyse, ce qu'elle a de faux et de faible, tout ceci est aujourd'hui parfaitement clair. Pour Lanson, comme pour tous les idéalistes, fussent-ils à fiches, ce sont les idées et les sentiments, les préjugés qui sont premiers, non les forces et les réalités socio-économiques. Balzac venait pourtant de ces fameuses classes moyennes.

Pourquoi dès lors en a-t-il donné une telle image, ainsi que du monde qu'elles s'étaient approprié et qu'elles gouvernaient? Car il s'agit bien ici d'image plus que de jugement. « Scientifique », le lansonisme ne pouvait l'être que jusqu'à un certain point, jusqu'à ce que certains intérêts ne fussent pas mis en cause. Est-ce le préjugé légitimiste qui explique la peinture balzacienne de la France? On répondra au chapitre de la politique. Dès à présent s'impose toutefois ce langage des choses qui, comme il était dit dans l'Introduction au *Dernier Chouan,* parlent, quelles que soient les conséquences, d'elles-mêmes et si haut.

Quelques aspects du réel à l'époque de la Comédie humaine

L'INTELLIGENCE IMPRIMÉE

De 1812 à 1814, le nombre de feuilles de livres imprimées (en millions) tombe de 72 à 45. Ce sont les années noires de l'Empire.

De 1815 à 1820, on passe de 45 à 70.

De 1820 à 1823, de 70 à 98.

De 1823 à 1825, de 98 à 128.

De 1815 à 1825, période de la formation du jeune Balzac, le nombre de livres imprimés et consommés a triplé.

LA PRODUCTION

De 1812 à 1827 :

la quantité de laine travaillée augmente de 40 %.

la quantité de coton travaillé triple.

la production de charbon passe de l'indice 1 à l'indice 1,5.

la production de fonte passe de l'indice 1 à l'indice 1,6.

700 000 hectares sont en friche : en 1826, l'agriculture reçoit 70 000 F sur un budget d'un milliard.

En 1821, on crée l'usine de Fourchambault (6 000 tonnes de fer). Les forges locales en produisaient à elles toutes 5 000.

De 1830 à 1848, le nombre des hauts fourneaux double. La production de sucre de betterave passe de 6 000 000 de tonnes en 1830 à 52 en 1847.

LES REVENUS

En 1828, d'après *le Globe,* 15 000 Français ont plus de 7 000 F de revenu annuel, et un cinquantième de la population a plus de 1 500 F. Rastignac à Paris dispose d'une pension de 1 500 F. C'est le traitement d'un « employé » (fonctionnaire titulaire).

D'après Charles Dupin, sur 900 000 habitants de Paris, 10 000 possèdent un revenu suffisant pour faire partie des « classes éclairées ». En 1830, sur 32 000 000 d'habitants, 22 500 000 n'ont que de 5 à 8 sous par jour.

LA POPULATION

De 1814 à 1827, la population française augmente de 2 500 000. 700 000 soldats sont rendus à la production.

LA MISÈRE

En 1826, les trois cinquièmes des décès ont lieu à l'hôpital.

De 1836 à 1848, le salaire moyen d'un ouvrier passe de 2 F à 1,78 F, d'une ouvrière de 1 F à 0,77 F.

En 1840, une ouvrière parisienne travaille 11 heures par jour pour 15 sous (le pain de 4 livres coûte 17 sous).

En 1803, on compte 51 000 enfants abandonnés; en 1834, 130 000.

En 1840, il y a 8 millions d'indigents sur 35 millions de français.

LE TRAVAIL

De 1830 à 1850, la durée de la journée de travail d'un ouvrier est de 13 à 16 heures.

En 1839, 150 000 enfants de 5 à 14 ans travaillent de 14 à 17 heures par jour.

En 1841, la journée de travail des enfants de huit ans est limitée à 8 heures.

LE PROFIT

En 1815, l'action des mines d'Anzin vaut 1 000 F; en 1834, 150 000.

En 1816, la Bourse de Paris cote 5 valeurs; en 1847, 198.

En 1816, la charge d'agent de change vaut 30 000 F; en 1836, 950 000.

En 1820, la rente 5 % est à 55 F; en 1827, elle est au pair : en 7 ans, 1 million est devenu 2 millions et demi; placé à 9 %, il sera 5 millions en 1834.

De 1815 à 1830 se fondent 98 sociétés par actions.

De 1840 à 1848 il s'en fonde 1 600.

En 1823, Ouvrard livre pour 73 millions de fournitures à l'armée d'Espagne, sur lesquels il gagne 33 millions.

En 1830 une action du *Constitutionnel,* journal libéral, vaut 100 000 F.

Elle rapporte 10 % au jeune Adolphe Thiers.

Une dimension nouvelle du réel : l'économie

Le problème des « subsistances » et de l'« industrie », du travail et de l'argent n'était pas un sujet pour la littérature classique. Il n'en est pas un non plus pour la littérature romantique. Mais Balzac a fait de l'économie un grand sujet littéraire. Il faut ajouter que sur ce point il n'a guère été suivi. On lui a même beaucoup reproché ce « bruit d'écus » dans ses romans. C'est qu'il est des choses dont on ne parle pas, lorsqu'on a des lettres et de bonnes manières, la vie des hommes (lesquels?) se jouant ailleurs que dans les rapports de production et dans les rapports sociaux et idéologiques qui en découlent.

L'« industrie », fait nouveau

Il est certain que le bond économique depuis la paix et la Restauration, la subite promotion des « hommes spéciaux », comme on disait alors (c'est-à-dire les ingénieurs et techniciens), des industriels et des commerçants, de tous ceux que magnifiait Saint-Simon en 1821 dans sa célèbre parabole, la multiplication des études portant sur le développement industriel et agricole (Charles Dupin, Benoiston de Châteauneuf, Saint-Simon et les saint-simoniens), celle aussi des entreprises modèles et pilotes (pasteur Oberlin en Alsace, duc de La Rochefoucauld-Liancourt en Picardie, Bigot de Morogues en Sologne, Mathieu de Dombasle en Lorraine), la grande image et le grand souvenir de Richard-Lenoir, les discussions passionnées sur les crises anglaises puis sur la française de 1827-1828 qui éclate en pleine prospérité apparente, la permanence d'une tradition éclairée sur le philosophe qui multiplie les charrues, tout un foisonnement idéologique sont certes pour beaucoup dans cette présence et dans cette observation d'un nouveau genre. Henri Beyle, en 1825, s'est scandalisé de tout ce bruit et de toutes ces louanges autour de l'industrie *(D'un nouveau complot contre les industriels)*. Il faisait remarquer que, parce que son voisin avait gagné cinq millions en vendant du calicot, ce n'était pas là une raison suffisante pour que lui, Beyle, qui aimait l'opéra, lui donnât son admiration et le considérât comme un père de la patrie. Le voisin avait simplement bien fait ses affaires. Et de remarquer que les industriels libéraux prêtaient aisément aux gouvernements tyranniques après avoir pris leurs « sûretés ». C'était poser fortement le problème de l'industrie de droit et de l'industrie de fait. Les saint-simoniens du *Producteur* n'avaient vu et ne voulaient voir que la première. Beyle, lui en homme sensible et déjà en romancier, voyait l'autre dans la vie de tous les jours. C'est ainsi qu'à Verrières, Stendhal montrera M. de Rênal, hobereau devenu fabricant de clous (modernisation des maîtres de forge), recrutant pour son usine les fraîches jeunes filles de la montagne et soumettant sa ville comme sa famille à la loi de l'égoïsme. Pouvoir politique, pouvoir économique : tout se tient. Balzac l'a montré à propos de la bourgeoisie. Mais ce qu'il a mieux vu que Stendhal, c'est bien l'ambiguïté de l'« industrie », dont tout le fait n'a pas tué ni épuisé tout le droit. Stendhal ne voit inscrit dans l'avenir des sociétés industrielles (pour lui nécessairement et fatalement libérales) que la république du dollar et la tyrannie de l'opinion bourgeoise. Balzac, plus homme du dix-neuvième siècle, moins homme à pincettes et moins dilettante, voyant plus loin, bien fait aussi pour l'épaisseur et la rudesse, pour l'exactitude et pour le dynamisme des opérations de production, d'échange et de mise en valeur, Balzac qui sait qu'il peut être une autre industrie que libérale, concurrentielle et n'exaltant que les puissances de différence et de division, s'il donne une impitoyable peinture de l'homme moderne en proie à l'argent des « affaires » et aux mécanismes d'accumulation, d'échange et de concentration (c'est l'admirable modernité du thème des *Souffrances de l'Inventeur* ou des *Aventures administratives d'une idée heureuse*), n'en reprend pas moins l'« industrie » aux requins et aux truqueurs pour la rendre aux hommes d'un avenir possible. L'idéologie bourgeoise, face à l'« industrie », ne

connaît que le dithyrambe scientiste et technocratique ou la
bouderie esthético-moraliste et humaniste. Ce qui signifie
que la bourgeoisie a horreur de se regarder dans une glace.
Mais Balzac dit avec une terrible force que la bourgeoisie,
le capitalisme ne sont qu'une étape, une possibilité, à la
limite une variante de l'industrialisation. D'où la profonde
et admirable ambiguïté de *la Comédie humaine* et des textes
annexes : clôture et ouverture de l'économique. Comme pour
l'amour et l'Histoire dans la tragédie classique.

L'individu et l'argent

La pièce de cent sous de Raphaël dans *la Peau de Chagrin*
a choqué, mais aussi, dès 1831, qu'un héros se demande
s'il pleuvra, parce qu'alors il lui faudra ramener la comtesse
en voiture et qu'il n'a pas de quoi, fut immédiatement
reconnu par la jeune critique et par les jeunes lecteurs.
C'était bien là un des éléments de la tragédie nouvelle.
Balzac donnait aussi le budget de Raphaël dans sa mansarde,
et l'on sait aujourd'hui, à partir des dossiers de la collection
Lovenjoul, qu'il se servait d'un document vrai : ses propres
comptes, lorsqu'il était rue Lesdiguières.

Dans la suite, bien souvent, quand Balzac voudra dire
un drame et un destin, l'argent sera là. Par exemple Delphine
de Nucingen est certes mariée à un affreux alsacien libidi-
neux, mais aussi cet homme a pris sa dot pour la mettre
dans ses affaires; le drame de la mal mariée, de la femme
appropriée n'est pas seulement chez Balzac un drame
du lit. Quant à Birotteau, ce héros d'une épopée nouvelle,
c''est bien dans l'enfer de l'argent, de la banque et du crédit
qu'il périt. Nucingen et Keller remplaçant pour lui Minos et
ceux qui aux enfers jugeaient les pâles humains. Mais on
a changé d'univers depuis Molière et, depuis la tragédie, l'argent n'est plus ni l'argent sans problème et fabuleux
des rois, ni celui des cassettes ou des bourses jetées ou
volées, l'argent qui dort ou l'argent instrument des intrigues.
L'argent est au centre de tout, et dit comme tel. Mais ici il
faut tout voir, et Balzac y force.

Progrès ou régression?

Le XIXe siècle naissant est divisé. Pour les uns, fidèles héritiers du siècle voltairien, l'argent et l'industrie libérés, consacrés par les institutions, la politique et l'État, c'est là une victoire et une promesse de plus de liberté. Ainsi parlent Paul-Louis Courier aussi bien que les premiers saint-simoniens : ils ne voient toujours comme ennemis du progrès que les parasites nobiliaires, les « propriétaires », comme on dit alors, les terriens qui vivent « noblement ». Mais d'autres — Stendhal d'abord, des hommes de droite sensibles au nouveau scandale ensuite (Lamennais, notamment) — disent qu'un bazar n'est pas une cité et que ce règne nouveau de l'argent est à la fois le signe et la cause d'un pourrissement, la mort des idées nobles et de l'art. Aucun d'eux ne va toutefois jusqu'à dire que l'argent et le système du gaspillage concurrentiel libéral bloquent et dénaturent l'élan industriel lui-même. Ceci, les seconds saint-simoniens de *l'Organisateur* en 1829 seront les premiers à le dire.

La position de Balzac sur ce point sera dans le sens de tout ce que le siècle aura d'intelligent : d'une part, l'argent et l'industrie, les capitaux qui s'investissent, l'inventivité technique et le courage personnel sont de puissants moyens de transformation et de progrès. L'exemple le plus probant est celui du jeune Popinot clouant ses caisses : il n'est rien de plus exaltant que la naissance d'une entreprise et la croissance d'une industrie. Mais, par ailleurs, l'argent pourrit tout. La recherche du profit l'emporte visiblement sur le désir d'équiper et d'industrialiser. D'où les investissements à court terme dans le commerce, dans les assurances, dans l'immobilier, dans les emprunts d'État, dans la rente, dans la terre aussi, pourvu qu'elle soit de sûr rapport (on se moque bien des paysans) ou qu'elle flatte la vanité. Mais l'argent cherchant l'argent ne s'investit ni dans les grands travaux d'équipement, ni dans le développement des provinces et des campagnes, ni même dans la grande industrie. L'univers industriel est certes un monde ouvert et dynamique. Mais aussi l'univers industriel est un monde lancé non tant dans la tâche grandiose de l'appropriation et de la domination de la nature que dans l'unique recherche d'un profit qui va ensuite se perdre en plaisirs et consommation. *Et pourtant, le progrès passe par là.* C'est la grande découverte balzacienne. Nucingen est le Napoléon de la finance. C'est-à-dire que, porc ou monstre, Nucingen est celui par qui, malgré tout, naît une France nouvelle. Nucingen est horrible, mais Nucingen est fascinant, et ceux qui alors refusent Nucingen, ne sont que les inutiles et les impuissants du *Cabinet des Antiques.* Tel est bien le nœud de la contradiction : l'argent anime et définit un progrès immoral, boiteux et incomplet, mais aussi l'argent est en train de modeler une France moderne à laquelle on ne saurait opposer qu'une France morte. Le « capitaliste » balzacien, c'est-à-dire, répétons-le, l'homme qui détient de l'argent liquide, chose importante en ces temps où les moyens de paiement sont sans rapport avec le développement économique, le capitaliste balzacien n'est pas un homme qui thésaurise et qui enfouit, mais un homme qui investit : dans la terre d'abord, dans la rente ensuite, dans l'immobilier et dans l'industrie enfin. C'est là le cycle type. Mais il faut dire que le plus souvent le capitaliste ne risque pas réellement : il prête à la petite semaine et à gros intérêt pour financer les folies mondaines (c'est l'usurier parisien, c'est Gobseck et Gigonnet), ou bien il se contente de la rente, qui n'est que l'intérêt des dépenses improductives de l'État et de sa politique étrangère soumise aux intérêts qui le mènent.

Les utopies balzaciennes

Dès lors, le problème est le suivant : Balzac étant pour l'industrialisation et le développement — c'est le droit —, mais l'industrialisation et le développement ne pouvant s'accomplir — c'est le fait — que selon les lois absurdes et malthusiennes du profit, où et comment le roman dira-t-il l'industrie vraie, sinon *ailleurs* que dans le monde des faits, dans un envers et dans une utopie? C'est le sens du *Médecin de Campagne* et du *Curé de Village.* Dans les deux cas, des capitaux qui cherchent d'autres fins que le seul profit sont mis au service de la transformation et de l'humanisation d'une nature hostile et rebelle. On assainit, on irrigue, on met en culture, on industrialise; une cellule humaine gagne son indépendance par rapport à un monde extérieur toujours soumis, lui, à la loi de la jungle; les hommes retrouvent le sens du travail et de l'efficacité dans une entreprise intelligente et bien conduite. La construction de la route et du pont chez Benassis, la construction du barrage du Gabou chez Véronique sont deux exemples de ce qui est possible. Le polytechnicien Gérard trouve enfin à s'employer. Par ailleurs, dans les deux cas, ce sont des victimes de la vie privée, des rescapés de l'enfer des passions qui trouvent sinon leur salut du moins une seconde vie dans cette entreprise.

Ces utopies sont d'une importance capitale : Balzac en effet n'y donne pas de recettes ou de formules; mais il y montre des directions et définit des espaces possibles; il dit quel serait, qualitativement et structurellement, l'ailleurs et l'envers où les choses reprendraient un sens : il n'est de développement possible et vrai que hors de l'univers du profit. Par ailleurs, il n'est pas d'économie sans organisateur et sans organisation. Et c'est ici que ces utopies sont réalistes, et d'abord parce qu'elles viennent directement d'une analyse et d'une vision réaliste de la nouvelle société industrielle. Balzac a toujours pensé et montré que le but de l'action économique et sociale n'était pas de partager ce qui est, mais de produire davantage et mieux dans un système organique et organisé, pensé. Rien de plus éloigné de lui que les théories simplement « partageuses » et il verra bien en 1848 que la République ne vivrait qu'à l'expresse condition de relancer et de gagner la bataille industrielle : langage et idées fort peu quarante-huitards! Mais ce n'est pas tout : Balzac sait aussi et voit bien qu'une industrie efficace a besoin de se concentrer et de s'organiser, aussi bien pour exploiter les découvertes techniques et scientifiques que pour fabriquer et pour distribuer. Or, dans la société libérale, cette concentration et cette organisation se font bien, mais obéissent aux seuls modèles du profit, et c'est le monopole. Balzac, on l'a vu, n'est pas contre le monopole; il voit qu'il est l'une des conditions de l'industrialisation. Seulement dans les faits le monopole, c'est les frères Cointet dépouillant l'artisanal David Séchard et s'emparant de sa découverte. Et il en va de même pour l'argent. Rien n'est plus étranger à Balzac qu'une conception spartiate ou romaine de la cité. Sa démocratie n'est jamais une démocratie frugale selon la tradition idéaliste. Le développement suppose le financement, les crédits. Donc l'homme de finance, donc l'homme du crédit est un grand homme. L'industriel qui végète et en demeure au financement familial est un homme du passé. Seulement, dans la réalité, Birotteau, qui a voulu s'étendre, se fait dévorer par Keller et par Nucingen. D'où le diptyque : *César Birotteau,* roman de l'honnêteté, est accolé et opposé à *la Maison Nucingen,* roman de la piraterie bancaire et boursière. Diptyque moral et moralisant? Non. Car l'homme d'avenir, ce n'est pas Birotteau avec ses vertus familiales, l'aquarelle et le piano de mademoiselle Césarine. L'homme d'avenir, c'est effectivement Nucingen. Déjà par rapport au père Guillaume du « Chat-qui-pelote », Birotteau avait accompli une révolution. Le problème du financement, de l'organisation et de la concentration, sont, dans le monde réel, des problèmes pervertis et déviés. Contre la révolution Nucingen on n'a que l'absurde thésaurisation paysanne et petite-bourgeoisie (« thésauriser est un crime social »), la pratique de l'usure au jour le jour : « Je vois dans l'enfouissement des capitaux du petit bourgeois et du paysan l'ajournement de l'exécution des chemins de fer en France » *(le Curé de Village).*

Et voilà qui, semble-t-il, s'éclaire. Le seul lieu où concentration, organisation et développement ne signifieront pas déracinement, aliénation et écrasement de masses croissantes d'hommes, le seul lieu où progrès ne signifiera pas déshumanisation, c'est cet ailleurs, cet envers du monde libéral que dessinent ou suggèrent les utopies. Mieux même : c'est dans cet envers et cet ailleurs, dans cet univers inversé que saute la contradiction centralisation-développement local, développement collectif-développement individuel. Dans le réel, Balzac semble en apparence tiraillé entre une position jacobine et centralisatrice d'une part, et une condamnation de la centralisation et de l'intervention de l'État d'autre part. Mais c'est que la centralisation de fait est le plus souvent bureaucratique, qu'elle empêche la vie au lieu de l'aider, qu'elle encadre ou encage le sous-développement au lieu d'y remédier. Chez Benassis, chez Véronique, la contradiction saute, et on voit apparaître les linéaments du «gouvernement moderne», dont parlait Balzac en 1832, «une civilisation bien entendue». Ni chez Benassis ni chez Véronique, il n'est question de charité, mais bien d'organisation, de développement et d'intégration. Il n'y a plus de reste, il n'y a plus de déchet, il n'y a plus de gaspillage, parce qu'on est dans une société industrielle libérée de l'argent. Il est d'ailleurs bien significatif que ces deux sociétés modèles réussissent à réintégrer ces trois figures majeures du roman critique et que laissait pour compte la société libérale : le jeune homme, la femme, le héros sauvage. Benassis (jadis jeune homme marqué par sa découverte de Paris et de la société mondaine) et Gérard (le jeune scientifique ardent), Véronique (la femme de province, martyre du mariage, héroïne de la vie privée), la Fosseuse (créature poétique et sensible, Lambert féminin, marquée à jamais semblait-il par sa condition ancillaire et par les mépris sociaux), Butifer et Farrabesche (les réfractaires, les hors-la-loi), en un sens aussi la mémoire et l'amour de l'ouvrier François Tascheron meurtrier par amour, tous ces êtres, en Savoie comme en Limousin, se retrouvent eux-mêmes et retrouvent les autres. L'univers de l'économie rejoint ainsi l'univers de la vie privée, l'industrie la morale et la psychologie. Qui l'eût dit ? Facteur de destruction de tout, l'économie peut être le lieu de la reconstruction de tout : vie publique et vie privée. L'industrie de fait peut redevenir une industrie de droit et coïncider à nouveau avec l'idée que s'en étaient faite les premiers saint-simoniens avant qu'ils ne découvrent au cœur du monde moderne la déchirure du salariat. Justice, production, distribution : il ne s'agit plus, il ne peut plus s'agir de trompe-l'œil ou de mots creux. Quant aux moyens d'y parvenir ? N'en doutons pas, le roman sur ce point est parfaitement clair : la totale mutation que suppose l'utopie et le renversement de la vie privée à la vie publique possible, le passage de l'autre côté des choses, signifient pour une révolution. Laquelle, de quel style, et (ce qui importe) de quel vocabulaire? Balzac s'est bien gardé sur ce point de tout prophétisme roublard ou naïf. Qu'il n'ait jamais dit comment se ferait le passage prouve seulement qu'il se refuse au folklore, aux redites et au jeu des recommencements qui font plaisir aux hommes de culture, de loisir et d'irresponsabilité. Une autre organisation économique et sociale est possible, souhaitable et nécessaire; elle implique la disparition des motivations libérales et des finalités capitalistes; elle restitue les hommes dans l'ensemble du processus de production et d'organisation : chez aucun autre écrivain du XIXe siècle, et surtout pas chez les « démocrates » et chez les « républicains », ne se trouve une aussi forte leçon.

La politique balzacienne

Balzac et la monarchie

Dès 1831 Balzac s'affirme *royaliste* et il ne variera plus :
dans son *Avant-Propos,* il déclare écrire à la lumière de deux
vérités éternelles, la religion et la monarchie. Mais jamais
légitimiste : dès le début il est pour une monarchie-pouvoir,
non pour une monarchie d'un simple droit ou d'un sang
quelconque. Un abîme sur ce point le sépare de Lamartine
et de Vigny, de Chateaubriand déclarant à la duchesse
de Berry : « Madame, votre fils est mon roi ». Jamais
Balzac ne fut — ni ne pouvait être — l'homme d'une
fidélité. Peut-être est-ce là sans doute pourquoi la
droite de fonction et de tradition ne l'accepta jamais.
Les royalistes du duc de Fitz-James éreintèrent son
Médecin de campagne, pourtant rempli de déclarations qui
se voulaient féales : ils y flairaient sans doute trop de Saint-
Simon et trop de philosophie organisatrice. Plus tard, c'est
bien encore le contenu et le signifié de l'œuvre qui toujours
rendit Balzac suspect aux conservateurs, qu'ils le fussent de
tempérament, de sytème ou d'idéologie. Aussi n'est-ce
jamais que de manière fugitive et toujours gênée que du côté
de Paul Bourget ou de Charles Maurras on accepta d'enrôler
Balzac. Jamais *la Comédie humaine,* d'une manière ou d'une
autre, n'a figuré dans les troupes de choc ni même simplement dans les réserves de l'Ordre moral.

La raison en est bien sans doute dans l'impitoyable peinture que Balzac a faite de l'aristocratie et de la monarchie
restaurée. Bien qu'il ait tenté de prêter à Louis XVIII, monarque fusionnaire et réorganisateur, puis à Charles X, monarque
du pouvoir et de l'autorité, de profonds desseins et de vastes
pensées, ses romans font éclater à chaque instant cette prétention. Les lecteurs de *la Quotidienne,* les solliciteurs des
Tuileries, l'absurde esprit de caste, les spéculations sur
l'indemnité, la main basse sur le budget, l'aveuglement partisan, le pouvoir occulte de la Congrégation, le « après moi
le déluge » des grands seigneurs revenus, le refus de
reconnaître l'industrie et les supériorités vraies, les bons

mots ironiques et impuissants de Louis XVIII : autant qui pèse et témoigne contre un régime qui ne fut de véritable renouveau que par la grâce de forces qu'il entendait nier et avec lesquelles il avait bien dû composer. Balzac ne réussit jamais à écrire ce *Prêtre catholique* auquel il songea longtemps; et à la fin de sa vie encore, alors qu'il s'affirme si fort partisan, une ébauche comme *Mademoiselle du Vissard* montre bien quel devait être, quel ne pouvait ne pas être, dans le cadre de la France nouvelle, le destin des révoltes de la Bretagne : dégradation et ralliement. Cette liquidation du passé mythique de l'Ouest en dit long sur ce que percevait Balzac, même au plus fort de ses proclamations, du destin de la monarchie des lys.

Les raisons du monarchisme balzacien sont à la fois claires et complexes. Le monarchisme, ou plus exactement un autoritarisme unitaire et centralisé, est pour Balzac le langage, la distanciation auxquels recourt son refus fondamental de l'anarchie libérale et du pseudo-pouvoir. Dès ses écrits de jeunesse, il manifeste pêle-mêle une grande sympathie pour les Jésuites, le droit d'aînesse, la Convention, Catherine de Médicis, Robespierre, Napoléon et Louis XIV. Il voit dans le protestantisme (qui devient le philosophisme, puis l'esprit de 89, le libéralisme et le parlementarisme bourgeois) un facteur de dissolution du pouvoir et de l'unité sociale; le protestantisme est une philosophie individualiste, « une croyance de coffre-forts » (préface du *Livre Mystique*). Quel que soit l'idéalisme de l'analyse (les idéologies engendrent les situations), il faut retenir cette allergie profonde de Balzac à toute vision analytique et individualiste de l'univers humain. C'est ce qui se trouve derrière son adhésion et sa longue fidélité au saint-simonisme, philosophie de l'intégration scientifique, industrielle et politique, philosophie critique de la société anarchique et concurrentielle libérale. Dans cette option survit et se prolonge le vieil esprit paternel : modernisation, unification, organisation, qui doit seulement changer de style et de langage dans une France révolutionnée dont se manifestent le caractère anarchique des structures, les retards et les sous-développements, les diversités et les disparités. L'esprit de Bernard-François allait dans le sens de l'esprit de la Révolution et de l'Empire avant la grande retombée et avant que n'apparût la France nouvelle telle qu'ils l'avaient modelée et laissée. De même que le libéralisme a cessé d'être la liberté, de même l'administration libérale a cessé d'être l'organisation. D'où la dissonance et la recherche d'un langage et de références que Balzac trouve aussi bien chez Bonald que chez Robespierre ou Saint-Simon, les références à Henri V n'étant que purement occasionnelles et de circonstance. Balzac dira plus tard que la République attendait le grand homme qui viendrait tout organiser, et l'un de ses grands hommes sera Richard-Lenoir *(la Maison Nucingen)* : ce n'est évidemment pas là philosophie de marquise ou de hobereau.

Ceci est de la plus haute importance pour comprendre certaines prises de position provocatrices ou retentissantes ou pour écarter certaines explications folkloriques et sans intérêt. Si Balzac s'est « converti » au royalisme, ce n'est ni pour faire carrière (il aurait mieux valu en ce cas se faire orléaniste et servir le pouvoir), ni par amour pour la duchesse de Castries (qui n'intervient dans sa vie qu'alors que le virage est déjà pris). L'influence de Mme Hanska sera sans doute plus réelle : pour lui plaire, pour se faire épouser, pour se faire admettre par sa famille, pour aussi que ses lettres passent sans risque par le cabinet noir de la censure tsariste, Balzac devait souvent en rajouter et sa pensée devait s'en trouver faussée, forcée, sans doute imprégnée. Mais il faut savoir distinguer les niveaux d'expression et de pensée : même sans Mme Hanska, Balzac aurait été pour un pouvoir fort, unificateur et centralisateur qui à la fois intègre et promeuve les forces de la nation au lieu de les laisser (ou de les faire) jouer les unes contre les autres, et qui aide au développement de tout ce qui vit et aspire au progrès. Il faut bien comprendre que cette vue du pouvoir avait pour lui une valeur et une fonction essentiellement critique.

Le monarchisme de Balzac ne doit pas être jugé en termes de contenu. Il a valeur instrumentale et non pas dogmatique. Comme il fonctionne le plus souvent sous forme de littérature, quelles que soient ses sources, il est essentiellement un langage.

Balzac et la gauche. Balzac et la démocratie

La position de Balzac sur ce point tient encore dans cette proposition : « Les idées républicaines sont la première erreur de la jeunesse qui cherche la liberté », et dans l'histoire de du Bousquier, chef de la gauche en Normandie, ouvreur de routes et créateur de manufactures, par ailleurs fournisseur et industriel sans scrupules, homme d'argent et de corruption, porte-parole et ouvrier non de la liberté mais d'une liberté : celle de la classe bourgeoise *(la Vieille fille)*. Le drapeau tricolore que du Bousquier hisse sur la mairie d'Alençon en Juillet 1830 *aux applaudissements du peuple* n'est certes pas le drapeau pour lequel s'étaient fait tuer les ouvriers et les étudiants parisiens. Toute une idéologie, toute une présentation des choses formellement « républicaine » et « démocratique », se trouve ainsi et de très bonne heure mise en cause.

Balzac décrit d'abord les démocrates et la démocratie en tant que faisant partie du décor et de l'anthropologie française : grognards de la République et de la Charbonnerie, maniaques de Béranger, obsédés du bon mot hostile au pouvoir quel qu'il soit. Mais aussi avec Pillerault *(César Birotteau)*, avec Niseron *(les Paysans)*, avec le vieux Hulot *(la Cousine Bette)* paraît le mythe républicain : honnêteté, courage, idéal patriotique et spartiate. A bien noter : pré-industriel. Les maniaques et les grognards toutefois ne sont guère efficaces, non plus que les vieux fidèles, symboles certes, mais le plus souvent dépassés et floués, et c'est précisément sur l'efficacité républicaine que s'est le plus valablement interrogé Balzac. Or le républicain objectivement efficace et fondateur dans *la Comédie humaine*, c'est Malin de Gondreville, le « roi de l'Aube », profiteur de la Révolution et de l'Empire, fondateur d'une dynastie nouvelle et nouveau franc-tenant d'un territoire qu'il fait gouverner par ses hommes et par ses descendants *(Une ténébreuse affaire, le Député d'Arcis)*. Sociologie de la République : Balzac a fait ici ce que n'ont fait ni Michelet, ni Victor Hugo. La République toutefois n'est-ce que cela ?

Il existe bien, surtout depuis le nouveau départ démocratique et républicain d'après 1830 et dans la grande ébullition pré-quarante-huitarde, une efficacité illusoire : la parole. Avec les deux étonnantes incarnations : Gaudissart, marchand de progrès, de saint-simonisme et d'assurances, ouvreur des routes de Touraines aux idées, mais aussi aux spéculations parisiennes, et Publicola Masson, le doux et redoutable délirant des *Comédiens sans le savoir*. Après la République de l'Histoire, la République du Verbe. Avec bonne humeur — le temps de Homais n'est pas venu — Balzac règle son sort à la phrase.

Mais la République incarne aussi tout un avenir, toute une exigence, toute une possibilité humaine : Godefroid (*l'Envers de l'Histoire contemporaine*), Marcas, Athanase Granson (*la Vieille Fille*). Surtout Michel Chrestien, républicain, fédéraliste, « européen ». Michel Chrestien (*Illusions perdues, les Secrets de la Princesse de Cadignan*) meurt au Cloître Saint-Merri, « tué par la balle de quelque négociant ». Avec le Cénacle dans la rue des Quatre-Vents, Balzac prouve que tout un possible et tout un pensable ne peuvent pas ne pas passer par la vision démocratique du monde. Il faut noter, toutefois, que Michel Chrestien est l'adversaire d'une absurde liberté négatrice et de séparation : avec cette grande figure qui ne fait que passer se confirme le caractère organisateur de la démocratie et de la liberté selon Balzac. Niseron est un pur d'avant l'industrie et le libéralisme, un nostalgique. La pureté républicaine est trop souvent un refus des sociétés modernes. Michel Chrestien, lui n'est plus en deçà, mais au-delà. L'organisation a toujours été pour Balzac le moyen d'intégrer l'industrialisation et de dépasser les formes libérales de la liberté.

Balzac démocrate s'exprime et s'inscrit ainsi entre une analyse et une pulsion : analyse du libéralisme tel qu'il fut, pulsion plébéienne et en un sens libertaire. Il en résulte, avec une impitoyable physiologie de la chose, l'affirmation d'une permanence et d'un idéal. L'analyse du libéralisme passe par la réévaluation des « chassez-croisez » de 1830, par une démystification des entreprises et des générosités libérales (le Champ d'Asile, au Texas, où l'on envoya après une souscription à grand spectacle les rescapés des armées impériales; c'était le fameux soldat-laboureur), du libéralisme sauvage (les rêveries carbonaristes), et aussi par un impitoyable démontage du mécanisme parlementaire. Il faut d'ailleurs bien tenir compte ici de ce que le parlementarisme que critique Balzac est un parlementarisme censitaire, destiné non pas à faire régner *l'égalité* mais *une certaine égalité,* à assurer à la bourgeoisie une part plus importante et légalisée du gâteau social. Corruptions et pressions au moment de l'élection *(les Employés, le Député d'Arcis),* comédie pendant les sessions *(les Comédiens sans le savoir),* vrai pouvoir se situant en dehors du Parlement *(la Maison Nucingen),* impuissance et malthusianisme de « trois cents bourgeois assis sur des banquettes » : à condition de les remettre correctement en place, les démontages conservent aujourd'hui toute leur justesse et toute leur efficacité.

Quant à l'autre mouvement, Balzac a constamment réprimé en lui, semble-t-il, la politisation de ces pulsions plébéïennes dont nous savons qu'elles étaient profondément constitutives de sa personnalité. La raison de cette censure semble simple : dans la mesure où la démocratie spontanée ne pouvait se relier qu'à des pratiques illusoires ou négatives, dans la mesure où ces pulsions et cet idéal ne trouvaient pas dans le monde réel des relais et des justifications objectives, ils devenaient périls, et ceci semble infiniment plus authentique et plus intéressant qu'une simple censure pour faire plaisir à Madame Hanska. Seulement, Balzac n'a pu totalement empêcher la démocratie spontanée qui était en lui de s'exprimer et de s'affirmer, voire de structurer sa vision du monde et sa politique. Au plan de l'œuvre, c'est le Cénacle. Au plan de la politique, ce sont les diverses et successives fidélités, camaraderies, amitiés et rapprochements avec des hommes et des mouvements de gauche. Le Cénacle est la seule formation politique de *la Comédie humaine* qui par-delà l'immédiate expérience conserve un avenir et un rayonnement. Tous les « grands politiques » balzaciens sont des hommes du passé ou d'un passé, alors qu'il est bien évident que Michel Chrestien et ses amis, eux, parlent nettement pour un avenir. Quant aux fidélités de gauche dans la vie, il y eut d'abord les amitiés saint-simoniennes de 1828-1830, les liens très étroits en 1832 avec *la Caricature* de Philippon, puis autour de l'année 1840 un flirt assez poussé avec un groupe fouriériste. Lors des émeutes de mai 1839 et de la condamnation de Barbès, alors que le parti de l'ordre se déchaînait et demandait des têtes, Balzac avait pensé intervenir contre ceux qui mobilisaient Dieu, l'Évangile et l'Église au service de la répression *(Lettres de Jean Faitout);* mais le texte avait été enfoui dans des dossiers et était demeuré inédit. En 1840, dans un article sur *les Réformateurs Modernes* contre l'académicien Raybaud, c'était une vigoureuse prise de position en faveur de Saint-Simon, de Fourier, « qui se sont préoccupés de l'importance du travail [et qui] ont voulu l'organiser », de Pierre Leroux et de Lamennais, alors depuis des années en rupture ouverte avec l'Église. Puis, à l'occasion de la publication du *Curé de Village*, c'est un véritable rapprochement avec les fouriéristes : lettres de militantes, projet de collaboration à la presse du parti, etc. On relève enfin qu'en 1850, lors de la mort de Balzac, *la Démocratie pacifique* saluera Balzac comme un écrivain de progrès, révélera qu'il avait participé à des réunions phalanstériennes et qu'il était d'accord avec les idées du parti. Il ne saurait être question toutefois de vouloir refaire à toute force un Balzac formellement et verbalement de gauche : sa véritable efficacité démocratique et critique est ailleurs. Il suffit de voir et de dire que les choses ne sont pas aussi simples que le prétend l'*Avant-Propos* de *la Comédie humaine.*

Tout est rentré dans l'ordre et le canut dans son taudis.
                    Balzac, *la Maison Nucingen*, 1837.

Nos fausses splendeurs parisiennes ont produit les misères
de la province ou celle des faubourgs. Les victimes sont à
Lyon et s'appellent les canuts. Toute industrie a ses canuts.
                    Balzac, *Ce qui disparaît à Paris*, 1843.

Le jour où deux cent cinquante mille ouvriers qui campent
dans Paris, et qui vont arriver au chiffre de trois cent
mille par le fait de l'entreprise des fortifications, seront sans
ouvrage, vous n'aurez aucune force morale pour repousser
leur agression [...]. Les ouvriers sont l'avant-garde des
barbares.
                    Balzac, *Sur les ouvriers*, 1840.

Le pittoresque des choses naïves et la grandeur princière
s'émiettent sous le même pilon. Enfin, le peuple suit les rois,
et ces deux grandes choses s'en vont bras dessus, bras
dessous, pour laisser la place nette au citoyen, au bourgeois,
au prolétaire, à l'industrie et à ses victimes. Les trois ordres
anciens sont remplacés par ce qu'on appelle aujourd'hui les
classes.
                    Balzac, *l'Hôpital et le peuple*, 1843.

L'émeute des ouvriers n'est pas un fait isolé, c'est une maladie. Si vous avez enlevé cette tache rouge sur le corps politique, sachez-le bien, la maladie subsiste, et il y aura quelque
nouvelle éruption ailleurs, je ne sais où, quand? je ne sais
pas.
                    Balzac, *Sur les ouvriers*, 1840.

[...] une bourgeoisie enivrée de pouvoir et débouchant sur la
scène du monde pour s'y faire peut-être hacher en morceaux
par les barbares qui la talonnent.
                    Balzac, *Autre étude de femme*, 1842.

La haute bourgeoisie offrira plus de têtes à couper que la
noblesse; et si elle a des fusils, elle aura pour adversaire ceux
qui les fabriquent.
                    Balzac, *Ce qui disparaît à Paris*, 1843.

Le dernier regard

Le Balzac exténué des dernières années de la monarchie de Juillet est peut-être dans ses romans le plus puissant et, sinon toujours le plus clairvoyant, du moins le plus clair disant, le plus grand : c'est l'homme qui écrit *les Paysans, le Député d'Arcis, les Petits Bourgeois, les Parents Pauvres.* Ce Balzac-là n'a plus certes la fringance et la boulimie du Balzac 1830. Et que lui est ce monde qui vient? Les nouvelles théories, les nouveaux mots d'ordre, les nouveaux leaders, tout lui est étranger. Où est alors le saint-simonisme? Mais aussi, ce monde qui s'installe, Balzac le connaît, puisqu'il en a conté les origines et puisqu'ainsi il l'a vu deux fois naître, en 1815 et en 1830.

L'aristocratie s'efface définitivement en tant que telle. Elle vend ses voix au pouvoir orléaniste et elle entre, mais par individus interposés, dans le système du gouvernement. Rastignac est ministre, ainsi que Canalis, M. de l'Estorade se rallie. Les Verneuil, les Maufrigneuse, les d'Hérouville entrent dans les commandites. Les Cinq-Cygne, les Cadignan font voter aux ordres du préfet de l'Aube.

Mais les bourgeois, eux, triomphent. Crevel, qui a remplacé Birotteau à l'antique *Reine des Roses,* est maire de son arrondissement, Popinot est ministre et pair de France. Pour ces gens-là l'aventure est jouée. Il ne reste plus qu'à se défendre. Pierre Grassou est décoré : il s'est bien battu contre les émeutiers du Cloître Saint-Merri ou d'ailleurs. Il reste certes des problèmes : à ces bourgeois victorieux manquent toujours le beau, le sens de l'art, la culture. Les Camusot peuvent bien filouter leur malheureux cousin Pons et s'emparer de sa collection : le sens leur en échappe. Vaine victoire de l'argent. Face à ces bourgeois épanouis, le sens esthétique de Pons d'abord et son goût des beaux objets, puis l'amitié des deux « casse-noisettes » témoignent pour autre chose.

En même temps, l'histoire du baron Hulot et de ses tripotages en Algérie par l'intermédiaire du cousin Fischer fait écho aux scandales et aux affaires de corruption qui sapent la monarchie bourgeoise. Birotteau croyait en une morale; Crevel affirme avec cynisme : « Vous vous abusez, cher ange, si vous croyez que c'est le roi Louis-Philippe qui règne, et il ne s'abuse pas là-dessus. Il sait comme nous qu'au-dessus de la Charte, il y a [...] la toute-puissante pièce de cent sous ».

En même temps aussi, la menace ouvrière, jadis lointaine ou isolée (Lyon en 1831, en 1834) monte et se précise. « L'industrie parisienne est allée plus loin dans l'impossible, il y a les ouvriers... Vous ne connaissez pas tous les produits de l'industrie [...] Notre industrie combat contre l'industrie du continent à coup de malheurs, comme sous l'Empire Napoléon combattait l'Europe à coup de régiments. » *(les Comédiens sans le savoir)*. Dans *l'Envers de l'Histoire Contemporaine,* il est fait allusion à l'une de ces grandes fabriques « dont tous les ouvriers sont infectés des doctrines communistes ». Le peuple désormais, nul n'en doute, n'est plus celui de 1830.

Un grand roman le dit, qui domine cette époque : *les Paysans* (1844). Le conflit majeur de jadis entre la bourgeoisie et l'aristocratie s'est déplacé et transformé. Désormais la lutte s'établit entre des masses populaires misérables et tous les propriétaires, quels qu'ils soient. Montcornet, le châtelain des Aigues, est un fils du peuple enrichi par la Révolution et surtout par l'Empire (Napoléon avait autorisé le général à se faire une fortune en Poméranie). Il a épousé une fille de la noblesse. Il représente bien ainsi cette nouvelle classe dominante qui amalgame tous les prestiges et toutes les dominations de fait de la France révolutionnée. Or, contre Montcornet se liguent la bourgeoisie et la petite-bourgeoisie locales, jalouses et visant à quadriller la province, et tout un sous-prolétariat rural, misérable, devinant que « les bourgeois sont pires que les seigneurs ». L'action est supposée se passer sous la Restauration, mais la problématique est bien celle des dernières années de la monarchie de Juillet : « Des sectes se sont émues et crient par toutes leurs plumes : levez-vous travailleurs! comme on a dit au Tiers-État : lève-toi! ». Le Tiers-État et les travailleurs, ce n'est pas, ce n'est plus même chose. *Les Paysans* sont le roman de l'arrivée sur la scène sociale de nouvelles forces. Si Balzac écrit un roman rural et non ouvrier de la révolution qui menace et qui vient, ce n'est pas seulement parce qu'il songe aux périls que court en Europe orientale et en Russie la grande propriété : c'est parce que, malgré la croissance urbaine, le peuple, la masse du peuple en France demeure paysanne et parce qu'avec un sens profond du réel Balzac a choisi de dire l'avenir en train de pousser au niveau de la plus large expérience possible. Mais ce n'est pas tout : cette poussée populaire, en effet, n'est pas porteuse d'avenir. Il s'agit d'une sorte de poussée sauvage, inorganisée, passionnelle, s'expliquant certes par la misère, mais ne conduisant à rien. Le peuple des paysans n'est ni mûr, ni organisé, ni historiquement capable ou appelé. Il est manipulé par les bourgeois, qui l'utilisent contre les Aigues, ces mêmes bourgeois qui lui prêtent à gros intérêts, le forcent à s'endetter pour acheter un lopin de terre qu'il lui faudra parfois lâcher lorsqu'il l'aura amendé. Ce peuple apparaît dès lors emporté par une sorte de mirage ou de folie passionnelle qui le conduit à sa propre destruction, à sa propre aliénation, parallèlement à l'infinie division de la terre et à l'atomisation du pouvoir social, tandis que croît, là-bas, la petite métropole bête. Vieux thème familier à Balzac : mais il est significatif que le mythe de *la Peau de Chagrin* désormais s'exprime directement en terme de rapports sociaux et de luttes de classes. Ces nouveaux paysans de 1844, qui rompent avec les paysans bucoliques encore de George Sand, Michelet ne les a pas aimés, parce qu'il était entendu dans la perspective libérale démocrate que la Révolution avait à jamais libéré les campagnes. Mais ces nouveaux paysans disent bien à la fois la maturation et l'immaturité des luttes présentes et qui viennent. Le père Fourchon, porte-parole éloquent et pittoresque le dit : vieil ivrogne, il est aussi l'interprète d'une relève de l'Histoire. Où sont, en tout ceci, les vieilles certitudes libérales? Paul-Louis Courier, héros des luttes contre Villèle et contre la réaction blanche, avait été tué jadis par ses paysans avec qui il était en conflit pour des affaires de bois mort et de vaine pâture. Balzac n'a certes pas oublié l'anecdote. Il en a fait sortir surtout toute la signification : des hommes de gauche, des hommes de progrès, à prendre les choses sous un certain angle, peuvent se trouver, si l'on change d'angle et de problématique, dans le camp de la réaction, dans le camp attaqué. Tout était certes en filigrane dans les textes de Courier comme dans la politique et dans l'idéologie libérale de 1820, mais il a fallu le coup d'accélérateur et la mise en ordre de 1830 pour que se dessinent avec plus de netteté les nouveaux conflits. D'avance, *les Paysans* réfutent *Jacquou le croquant*, son optimisme démocratique et cette idée qu'avec la victoire de 1830 finit la nuit. Le conflit paysans-propriétaires nobles cesse d'être le conflit numéro un : non par la réaction du peuple, mais par la victoire des bourgeois. C'est ainsi que l'Histoire avance. Mais avancer prend ici un sens bien précis.

Dernière remarque. Dernière vision. Balzac avait véritablement ouvert sa *Comédie* en 1829 avec le personnage et la puissance de Corentin. La police remplaçait l'armée. *La Dernière incarnation de Vautrin,* en 1847, consacre le triomphe de cette police, l'entente, pour sauver (symbole, bien sûr, et pas seulement affabulation ou élément émotif) l'honneur de grandes dames, entre les pouvoirs publics et l'ancien chef du bagne et des bas-fonds. Ce n'est pas tout : la transaction Jacques Collin-Granville se situe à la veille de la révolution de 1830, au moment où se préparent les ordonnances Polignac et le coup d'État. La petite Madame Camusot frétille et intrigue pour bien placer son juge d'instruction de mari dans la course aux places et aux dignités. Ceci déjà signifie : Balzac, qui héroïse et magnifie Charles X et Polignac, n'en montre déjà pas moins comment, dans les profondeurs, on sert l'ordre, et quel ordre. Il y a là un stigmate qui fait que, de toute façon et quoi qu'il fût arrivé, l'entreprise Polignac-Charles X ne pouvait pas avoir ces allures de pure croisade que voulait lui donner le partisan. Mais il y a mieux : c'est pendant quinze années au service de la monarchie bourgeoise, au service de la monarchie bâtarde qui avait chassé la vraie, que Jacques Collin alias Vautrin va accomplir la carrière commencée sous le signe des lys et des « gens du roi ». Sous la valse institutionnelle : argent, ordre public, bourgeoisie et continuité. Corentin succédait à Hulot. Le vieux maréchal meurt à l'écart de cette société que veille et domine désormais le policier. Il est de plus en plus clair que la société a les soldats qu'elle mérite et l'on ne s'étonnera peut-être pas que Balzac n'ait jamais vraiment pu écrire ses

Scènes de la vie militaire. Commencé sur l'élan des armées de la République, le siècle se range désormais solidement sous le signe de la Police de sûreté. Balzac qui a tant fait pour l'analyse des infrastructures du monde moderne achève son tableau par la mise en place, et à sa vraie place, de la plus significative de ses superstructures. Et Vautrin ne connaîtra pas la crise morale de Javert : il prendra tout bourgeoisement sa retraite.

Au Père-Lachaise, le discours de Victor-Hugo

Tous ses livres ne forment qu'un livre, livre vivant, lumineux, profond, où l'on voit aller et venir et marcher et se mouvoir, avec je ne sais quoi d'effaré et de terrible mêlé au réel, toute notre civilisation contemporaine; livre merveilleux que le poète a intitulé comédie et qu'il aurait pu intituler histoire, qui prend toutes les formes et tous les styles, qui dépasse Tacite et qui va jusqu'à Suétone, qui traverse Beaumarchais et qui va jusqu'à Rabelais; livre qui est l'observation et qui est l'imagination; qui prodigue le vrai, l'intime, le bourgeois, le trivial, le matériel, et qui par moments, à travers toutes les réalités brusquement et largement déchirées, laisse tout à coup entrevoir le plus sombre et le plus tragique idéal.

A son insu, qu'il le veuille ou non, qu'il y consente ou non, l'auteur de cette œuvre immense et étrange est de la forte race des écrivains révolutionnaires. Balzac va droit au but. Il saisit corps à corps la société moderne. Il arrache à tous quelque chose, aux uns l'illusion, aux autres l'espérance, à ceux-ci un cri, à ceux-là un masque. Il fouille le vice, il dissèque la passion. Il creuse et sonde l'homme, l'âme, le cœur, les entrailles, le cerveau, l'abîme que chacun a en soi. Et, par un don de sa libre et vigoureuse nature, par un privilège des intelligences de notre temps qui, ayant vu de près les révolutions, aperçoivent mieux la fin de l'humanité et comprennent mieux la providence, Balzac se dégage souriant et serein de ces redoutables études qui produisaient la mélancolie chez Molière et la misanthropie chez Rousseau.

Réalisme?

Le réalisme et le moi

Si l'on entend par réalisme la peinture des maisons et les comptes de cuisinière, toute une partie de Balzac échappe au réalisme, et l'on sait qu'il a failli commencer par *Sténie*, roman werthérien. Tout un courant va de ce premier essai lyrique aux diverses confessions de la *Comédie*, à la première comme à la troisième personne. Mais il faut noter qu'entre le cycle del Ryès-Tullius-Landon et le cycle Raphaël-Lambert-Benassis-Vandenesse s'insèrent les *Scènes de la vie privée*, nouvelles de l'objectif, et que Balzac, au passage, avait censuré la confession de Victor Morillon, comme d'ailleurs il avait censuré *Sténie*, pour ne donner que la description de la Bretagne en 1799. Il y a donc chez lui comme une prise d'assurance du côté du réalisme avant que se rouvrent les portes du roman lyrique. Génial et voyant, ayant à dire, Victor Morillon savait aussi voir et dire le réel, et le rêve chez lui était évidemment tourné vers les « enseignements pénétrants », non vers quelque abîme. Il en ira de même de Lambert évoquant la bataille d'Austerlitz. On remarquera également que le lyrisme et la confession, chez Balzac, loin de se moduler selon un *je* ou selon un *moi* unique, deviennent vite lyrisme ou confession à plusieurs voix et comme lus ou entendus plutôt qu'exclusivement, et sans relais objectif, dits et chantés. Multiples et diversifiés, les personnages balzaciens qui se disent et se confessent sont autant des personnages vrais et rencontrés que des porte-parole simplement répétés. Sur ce point disparaît une contradiction entre deux manières de lire l'expérience et la réalité du monde. Il est d'ailleurs pour Balzac un moyen simple et efficace de mettre son moi en situation, d'en faire à la fois le justifiant et le justifié d'un processus d''évocation de ce qui est : il consiste à mettre son héros — qui est Balzac — dans une situation que Balzac lui-même n'a jamais réellement connue, mais qui signifie pour le siècle et pour son expérience. Ainsi, le jeune provincial ou le jeune noble se trouvent chargés de dire l'expérience d'étrangeté au monde. Benassis débarquant à Paris, Félix de Vandenesse courant les halliers sont rôles vrais du siècle et, s'ils parlent pour Balzac, parlent aussi pour quelque chose qui n'est pas vraiment Balzac, mais qui tend à la même signification et donne à une expérience intime la justification d'une commune épreuve. Le moi passe au personnage et le personnage sert à dire le moi. C'est sans doute la base de tout réalisme.

Réalisme, modernité, détail

Balzac a dit souvent que les mœurs modernes manquaient de piquant et d'intérêt, que tout s'était aplati. Il a dit aussi que le monde d'aujourd'hui était fertile en personnages et en problèmes. Il n'y a pas là insoluble contradiction : le moderne est plat dans la mesure où, réel bourgeois, il se prend au sérieux; mais le moderne est dramatique dans la mesure où, réel critique, il dit des forces qui tendent à briser le cercle du conformisme et de l'intégration. Ainsi, les mœurs de la Presse, « horriblement comiques », sont-elles « les seules originales de notre siècle » (préface d'*Illusions perdues*). Il ne s'agit pas de satire, mais d'expression. Toute situation moderne (un mariage à faire par exemple, comme dans *le Cousin Pons,* ou dans la famille Surville au moment où l'on comptait beaucoup sur une spéculation en cours, le fameux Capestang) peut devenir romanesque. Vulgarité? Brutalité? Zulma Carraud, idéaliste de gauche, n'aimait pas la dureté de certaines peintures. Balzac, en traitant des sujets modernes, met à mort cette prétention fondamentalement bourgeoise d'être parvenu à la justice, à la sagesse, à la raison. En ce sens, son modernisme a une valeur et une portée fondamentalement *politiques.* Le modernisme de Balzac dit la renaissance de la tragédie dans un monde encore naguère promis à tout par les Lumières.

Mais il n'est de moderne en littérature qui ne court-circuite les élaborations et transmutations de jadis et ne revienne au détail. « Vos habits mesquins, vos révolutions manquées, vos bourgeois discoureurs, votre religion morte [...] sont-ils donc si poétiques qu'il faille vous les transfigurer? » (préface de *la Peau de Chagrin*). D'où le Palais-Royal, le croupier, la baraque aux noyés. « Notre civilisation est immense de détails » (préface d'*Une Fille d'Eve*), ce qui renvoie à l'éclatement et aux diverses stratifications et diversifications d'une société-carrefour ou de transition. Toute saisie, toute expression de l'ensemble passe par la recension et la promotion du détail, mais toujours significatif et animé. Balzac sait que ce qui compte et ce qui fait aller n'est pas encore littéraire : *l'initiation du lecteur,* comme il y a l'initiation de Rastignac ou de Derville, passe par la révélation du détail. Derrière le détail il y a toujours l'idée de son importance, et le réalisme est une sorte de pédagogie. C'est pourquoi Balzac, qui se refuse à transfigurer — c'est-à-dire à admettre comme héroïque — le personnel et l'histoire officiels, passant du côté de la chambre de Derville, de la maison Grandet ou de la Conciergerie, va forger un nouvel héroïque dans lequel on mettra bien du temps à se reconnaître. La mission de l'artiste, écrivait-il en 1830, est de *« saisir les rapports les plus éloignés, de produire des effets prodigieux par le rapprochement de deux choses vulgaires » (Des artistes).* C'est une nouvelle théorie de l'invention. Le détail qui devrait briser relance, et ce sont les synthèses et images reçues qui piétinent et demeurent à ras de terre.

Réalisme épique

Réalisme ne signifie jamais en effet que *contre* idéalisme ou irréalisme, c'est-à-dire trahison, déguisement ou refus du réel. Mais de quel réel? Littérature réaliste, à certains moments de l'Histoire, signifie littérature qui force à admettre non tant certaines réalités documentaires que certains problèmes et certaines tensions. Il est toujours, à des moments charnières, des retards de la littérature communément pratiquée sur l'évolution vécue du réel, non tant en son matériel et en ses composantes inorganisées qu'en sa texture. Dès lors, il y a réalisme au niveau du roman balzacien dans la mesure où il fait brèche dans un idéalisme littéraire ignorant des réalités vécues par les lecteurs du XIXe siècle : problème de la jeunesse instruite et pauvre, problème de la femme, de la famille et du mariage, problème du franc-tireur et du hors-la-loi, problème de l'argent qui se concentre, problème du déracinement, problème de l'érosion des valeurs ou certitudes et de la non-élaboration de valeurs ou certitudes nouvelles, problème de la constitution de nouvelles lignes de force, le réalisme balzacien se définit, comme tout réalisme, non pas au niveau du matériau brut, mais des contradictions. Le détail et sa littérature servent à décaper, à faire sauter les vernis obsolètes et à retrouver à ras d'expérience un mouvement d'abord sauvage, mais profondément vrai et qui se sent obscurément appelé et promis à quelque chose. Pour ce qui est du vocabulaire et de la manière de parler des choses, on a parfois du mal aujourd'hui à mesurer tout ce qu'il y eut de neuf à évoquer, de plein droit et en pleine lumière, les problèmes et les choses de l'argent, du sexe, du mariage, des bas-fonds, tout simplement des rapports humains tels qu'ils sont dans le contexte social, économique et politique moderne. La littérature d'aujourd'hui, au prix d'un peu d'avant-gardisme verbal ou technique, a quelque peu occulté le pouvoir de rupture et de choc du langage balzacien. Elle a surtout masqué la dimension que prennent vite l'inventaire et la révélation : dimension philosophique, dimension épique, imposant une vision du monde et une explication. Une nouvelle lecture du réel.

Les ruses de la critique et toutes les tentatives pour affadir Balzac depuis la découverte naturaliste prouvent bien que quelque chose demeure de difficilement supportable dans une œuvre qui appelle les choses par leur nom, et d'abord, ce qui est beaucoup plus que du détail, restructure un univers, dessine comme un immense et nouveau paysage sous le ciel vide et nomme de nouveaux dieux, de *la Peau de Chagrin* à *la Cousine Bette* : la toute-puissance de l'argent et des pulsions fondamentales. Balzac est le premier à avoir dit clairement et directement, avant aussi toute théorisation, que tout dans la vie et dans ses manifestations les plus éclatantes comme les plus secrètes, dépendait des problèmes de budget et des problèmes sexuels. La double censure qui s'exerce dans l'Occident chrétien et bourgeois contre ces deux déterminations est ici affrontée ou tournée, la grandeur du conflit dite. L'homme ne vit plus selon une fatalité jalouse, avec pour destinée sagesse ou folie, astuce ou démesure, et, pour provoquer l'intérêt d'autrui, l'émotion, la pitié, en quoi on communie et se retrouve; il vit selon ces forces qui sont de l'homme, mais qui lui sont devenues étrangères, hostiles, et dans lequelles pourtant il continue de se chercher et de se reconnaître. Déterminations économiques et sociales, déterminations psycho-physiologiques : Balzac liquide ainsi la vision classique d'une humanité « libre », c'est-à-dire à la fois selon la tradition dualiste et spiritualiste et selon la « liberté » bourgeoise, récemment redéfinie contre un matérialisme dont elle avait désormais tout à craindre. Et ceci, Balzac le fait d'une manière à la fois systématique et ouverte, non inutilement polémique et crispée, ce qui le distingue des réalistes et des naturalistes qui suivront. Les secrets du lit de Mme de Mortsauf, les premiers désirs de Félix de Vandenesse, la pièce de cent sous de Raphaël et l'or d'Eugénie, le « mécanisme des passions publiques » et la « statistique conjugale » de la *Physiologie du mariage*, les phénomènes sauvages (excitants, déshumanisants tout à la fois et quand même prometteurs, sur quoi un jour on pourrait s'appuyer et à partir de quoi on pourrait à nouveau, peut-être, tout reprendre) de l'accumulation primitive et de la recherche d'investissements nouveaux, le problème de l'organisation du crédit et du sens à donner aux entreprises — à l'esprit d'entreprise — : Balzac a vite choqué, parce qu'il mettait sur la place publique des secrets connus de tous et parce qu'il leur faisait transgresser la simple anecdote. Tout un macrocosme se recomposait, un continent émergeait. On a accusé Balzac de sordide matérialisme et on l'a traité de cochon; on a dit qu'il se ruait — lui et d'autres, mais surtout lui — vers le bas, alors qu'il faisait de partout resaillir un univers rendu artificiellement harmonieux et plat. Dans la France révolutionnée, l'homme libre et devenu conscient de sa liberté est à nouveau dans les fers. Michelet n'a pas pardonné aux *Paysans* d'avoir mis à mal certaines constructions sur le patriotisme qu'il y aurait eu à acheter des biens nationaux et sur la libération des campagnes et de Jacques Bonhomme par la Révolution. Il y a certes dans *les Paysans* une volonté de noircissement, mais l'essentiel est dans ce coup de lumière, dans l'expression des rapports sociaux (néo-féodaux bourgeois — classes moyennes des villes — prolétariat rural) qui constitue, contrairement au ton apparent du roman, comme une sorte de montée. Et c'est bien là ce qui compte, comme dans *le Dernier Chouan*, déjà, où la Bretagne n'était pas celle des paysages et des costumes, mais celle des problèmes et des grandes situations fondamentales *nouvelles* : sous-développement, puissance de la bourgeoisie urbaine, de la police et de l'armée, contrebande nécessaire et tragique de la vie privée. Bel exemple de ce qui sépare un pseudo-réalisme d'un vrai : Balzac n'est jamais un régionaliste, mais un écrivain des contradictions et des tensions qui, en surface comme en profondeur, définissent une France qui cesse d'être une zone de simples retombées classiques pour devenir l'espace où se joue désormais, sans références ni justifications littéraires, l'aventure de l'homme moderne. Son réalisme en conséquence n'est pas, n'est jamais seulement descriptif, mais scientifique, et par là même épique, dans la mesure où la science n'est pas seulement chose froide mais connaissance, mise en poème. Une lecture superficielle peut ne voir à Balzac que culte du détail. Une lecture approfondie y trouve le réel en son mouvement, avec des hommes soumis, mais profondément *capables*. Le cadre et le lieu sont inventés, les héros sont trouvés, en leur nature moderne, d'une épopée vraie, à partir d'une vision totalement neuve. Ce n'est pas là réalisme de rappel à l'ordre, mais bien de vigueur, de promesse et d'affirmation. Seulement, à la différence de l'épopée classique — depuis la révolution on ne peut plus vraiment être classique — l'épopée moderne n'aura jamais de dernier chant et jamais Ulysse ne reviendra vivre entre ses parents le reste de son âge. Les retours de héros, dans l'épopée moderne, du Lucien de Balzac rentrant à Angoulême au grand Meaulnes revenant pour reprendre sa fille, en passant par tous les héros de « sérials », ne préfigurent toujours que des redéparts, jamais une installation et un repos que les épopées classiques d'ailleurs n'éprouvaient pas même le besoin (ni la possibilité) de décrire et de conter. L'épopée moderne sera toute de gestes tendus vers autre chose à partir d'une Histoire et de lieux qui tous impliquent un ailleurs et des lendemains. L'épopée réaliste culmine en une interrogation et dans une question toujours aujourd'hui posée. Il n'est pas d'épopée sans mythes, et il n'est pas de mythes qui ne soient essais de résolution par l'écriture ou par la fiction de contradictions vécues.

Réalisme mythologique

Balzac a longuement expliqué qu'il ne suffisait pas de peindre César Birotteau, mais qu'il fallait le transfigurer. La précision est capitale. Il ne s'agit pas en effet d'un froid procédé littéraire, applicable ou non par quiconque, en tous temps et lieux, selon qu'on entend maintenir ou qu'on entend dépasser un réalisme et un matérialisme vulgaires, selon qu'on tient à la prééminence de l'art ou qu'on accepte ou veuille qu'il se traîne au niveau de quelque Zola : telles étaient les louches pensées qui longtemps ont fait citer avec complaisance les analyses de la *Lettre à Hippolyte Castille* (1846). Dans ce texte, en fait, Balzac ne proclame nullement le pouvoir ou la légitimité de quelque magie dont il serait loisible ou non d'user. Car on ne transfigure que le transfigurable, et l'on ne transfigure que dans une époque apte à la transfiguration, apte aux mythes et encore productrice et porteuse de mythes. Balzac avait connu et pratiqué les textes pseudo-réalistes qui, dans la mouvance du journalisme et de la littérature populaire ou industrielle, s'étaient multipliés depuis l'Empire : les *Hermites,* Henri Monnier (*Mœurs administratives,* 1828; *Scènes populaires,* 1830), les innombrables *Codes* et *Physiologies,* ces dernières illustrées notamment par Deveria et par Gavarni, avaient multiplié croquis et choses vues, rédigés en un style simple, parfois familier ou insolemment et parodiquement « scientifique », qui rompait avec l'abstraction et la solennité du style académique. Les sujets étaient pris à la vie quotidienne, à Paris, au monde moderne. Mais, passant au romanesque, ce style était évidemment guetté par la vulgarité, la platitude et la non-signification. L'infra-réalisme des *Hermites* et de Monnier pouvait fournir en croquis et pochades un public aimant à être rassuré, mais ne pouvait guère déboucher dans un réel nouveau roman. A l'inverse, le frénétique, le néo-dramatique ou l'onirique (les contes de Nodier comme *Smarra, l'Ane mort et la femme guillotinée, la Confession* de Janin, *le Dernier jour d'un condamné* de Hugo), tout ce qui relevait de la perception et de l'expression d'un nouvel absurde et de nouvelles barrières, en même temps que de la perception et de l'expression de forces persistantes et même relancées vers de nouvelles exigences, manquait parfois d'enquête et d'enracinement, de justifications statistiques et d'intérêt pour le banal. Le réalisme moderne et signifiant serait nécessairement dans un dépassement des platitudes flâneuses et des intensités que guettait le simplement littéraire, ou le simplement fébrile. Le réalisme balzacien s'est constitué, a fonctionné et fonctionne encore selon cette direction : réalisme des inventaires et des budgets, mais aussi réalisme d'une immense ardeur. Réalisme mythologique, le réalisme balzacien s'inscrit de Raphaël de Valentin à Vautrin en passant par Louis Lambert : non pas personnages falots, mais personnages de surhumaines et inhabituelles dimensions. Baudelaire dira que chez Balzac même les concierges ont du génie, et il est vrai que Pons, avec son spencer et ses manies, finit par se transformer en statue du commandeur. Il n'est pas de ganache chez Balzac qui à un moment ne s'illumine, et Chabert avec son mystère et sa folie est bien aux avant-postes de toute une littérature qui, dans le décor moderne et quotidien, est une littérature de l'absolu et jette les bases d'une nouvelle philosophie pratique. La leçon est claire : chez Balzac, l'absolu n'est pas menacé par le réalisme et le réalisme implique l'absolu. Si, comme l'affirme l'*Avant-propos, la Comédie humaine* est écrite à la lumière de deux vérités éternelles, on peut trouver à la phrase fameuse un autre intérêt qu'en sa propre réfutation par l'écriture romanesque : monarchie, c'est État et volonté générale d'organisation, et religion, c'est un sens à tout, c'est tout ayant un sens, c'est tout relié à tout et produisant son propre sur-tout, qu'éventuellement, comme La Bruyère, on appelle Dieu, projection dans un avenir et dans une sur-existence de ses exigences et de ses virtualités. L'idéologie balzacienne (centralisation, pouvoir unitaire et fort, développement de la vie par l'organisation et la réintégration de toutes les forces anarchiques ou centrifuges qui usent la matière humaine et sociale) est étroitement liée au réalisme créateur et expressif du roman balzacien. Au centre se trouve la figure et l'image du père, à être ou à trouver. La mère est le plus souvent image de fuite ou de révolte, liée d'une manière ou d'une autre à l'expérience de la solitude et de la souffrance. Or, un univers centré sur la figure du père est un univers à la fois du positif, du démiurgique et de l'ardent. Que cette paternité, que cette créativité rencontrent le malheur et l'échec, qu'il soit difficile sinon impossible d'être père à son tour, que l'on ne puisse, en conséquence, chercher sa réalisation et son affirmation qu'au travers de mythes et de figures mythiques, que l'on propose à la postérité non des recettes mais des figures et des images, explique que l'on fournisse à une pédagogie possible non des leçons d'absurde et de renoncement, mais de sens et d'exigence. Réalisme n'est pas ainsi, tout le confirme, entreprise d'abaissement, mais bien de vouloir et d'élan. Balzac disait qu'à Faust il préférait Prométhée et, de fait, on l'a vu, après Lambert, passer à Benassis, qui s'est gardé près de lui toutefois cette faustienne Fosseuse qui continue à s'interroger sur le sens du monde. C'est qu'entreprise et création sont pour lui dans la ligne normale de la quête et surtout du développement de l'absolu. Mais un absolu qui ne soit pas uniquement à trouver, Graal, antipodes ou Toison d'Or, mais à faire, un absolu moderne. Balzac n'était pas assez irréaliste pour le montrer ou simplement le faire entrevoir, république universelle, grand soir ou Marseillaise de la paix. Ce qu'il pouvait faire et ce qu'il a fait, c'était de dire par quelles épreuves (mais non seulement initiatiques, et pouvant conduire à de définitives victoires ou certitudes : structurelles, toujours tissées à la vie à vivre) et tentatives se faisaient la quête et l'effort. Ainsi du grand mythe des deux femmes, de celui de *la Peau de Chagrin*, qui en est comme la théorisation suprême. Ainsi du mythe second de l'initiateur.

L'homme aux deux femmes

Le héros entre l'ange et la sirène, entre l'ordre calme, l'affection, la douceur et la beauté, le luxe, la jouissance : du *Centenaire* au *Lys* en passant par *Wann-Chlore*, avec des éclats et des images partielles ou des retombées dans *la Duchesse de Langeais* (la vraie « femme sans cœur »), dans *le Cabinet des antiques* et *les Secrets de la princesse de Cadignan* (l'inaccessible — ? — qui toujours se reprend, Diane de Maufrigneuse), le héros balzacien cherche à vivre et tente de vivre entre deux tentations, celle de l'intense et de l'absolu et celle de la durée. Or, le mythe de l'homme aux deux femmes, dont on trouvera peut-être quelque jour l'explication biographique, est pour l'essentiel le mythe de l'amour et de l'énergie dans un monde qui a perdu son unité. C'est le mythe de la peau de chagrin, au niveau de la première expérience qui, au sortir de la factice mais quand même réelle unité familiale, fasse sortir de soi : celle du désir pour une autre que la mère. Il n'y a plus de femme à la fois ange et sirène, parce qu'au cœur du monde se trouve cette faille qui sépare impitoyablement la vie piégée par les prestiges et la vie qui, à se passer des prestiges, risque de cesser d'être la vie. Balzac a peu à peu chargé, poussé au noir le personnage de la femme sans cœur, d'abord charmeuse puis destructrice, intériorisant en elle les conséquences de ce qu'elle fait éprouver, de ce qu'elle inflige et de ce à quoi follement elle engage. Il a ainsi peu à peu constitué tout au long de sa vie le personnage de l'omniprésente Foedora, dont le Furne corrigé précise *in extremis* : « c'est, si vous voulez la société », parce qu'il a mesuré de mieux en mieux quels périls guettent la soif de totalité dans un univers nécessairement aliénant et mutilant. On ne se sauve pas seul à partir d'un désir, d'un amour ou d'une ambition, et pourtant on ne peut pas, un moment (que ce soit celui d'une vie, que ce soit celui d'une Histoire), ne pas vouloir se sauver, se faire, à partir d'un désir, d'un amour, ou d'une ambition. Vouloir, aimer, désirer, ne sont plus péchés comme jadis, mais pièges, ce qui est bien différent. Et ce qui est un progrès. Vouloir, aimer, désirer, sont dans la ligne d'un humanisme vrai, mais se trouvent aussi condamnés, dans le cadre de l'exercice actuel de cet humanisme, dans le cadre d'une fatalité qui est la société libérale, — illusion, mystification. Jamais, avant Balzac, un mythe d'une telle importance et d'une telle signification n'avait été dit dans les littératures immédiatement modernes. Seuls les mythes d'Hamlet, de don Quichotte et de Faust, mythes de la conscience, portent aussi loin, mais il leur manque la vêture et le langage du feuilleton, la proximité par les personnages et par le décor. Quant

225

au mythe de la peau de chagrin, quant au dilemme de l'antiquaire, il leur manque, il est vrai, à eux, les parures de la légende et de la distanciation historique. Mais aujourd'hui relus, ils vont loin et font à leur tour, comme on disait au grand siècle, rêver. Dans les légendes traditionnelles, il y avait toujours, finalement, la bonne fée, la reine ou l'hermite qui arrangeaient tout, et il ressort assez clairement des analyses de Propp que le conte populaire est à la fois un genre de mise en cause et de contestation *et* un genre de réassurance et de réintégration par-delà l'ordre un moment troublé à la suite d'une imprudence ou d'une transgression. Les mythes modernes sont des mythes de la découverte du monde et de l'interrogation sur le monde. A-t-on assez remarqué que chez Balzac il n'y a que bien rarement un mariage final et que même c'est au mariage que commencent les romans? Qu'il n'y a jamais de bénédiction? *Les Trois mousquetaires* et *les Misérables,* avant Colette et Sacha Guitry, rassemblent et réconcilient dans la France bourgeoise la France de toujours avec les France d'un moment, les moi d'un moment avec le grand moi de toujours et des éternelles idées. Balzac serait-il le point d'aboutissement ou l'un des points d'aboutissement de ce thème de l'errance qui depuis toujours travaille les mythes visant à la sécurisation? Il ne faut pas s'y tromper : les mythes classiques sont des mythes de la clôture, non des mythes tragiques. Les mythes cycliques caractérisaient les civilisations purement agraires, soumises aux saisons, aux retours, aux résurrections. Les sociétés qui ont entrepris la transformation industrielle du monde ne vivent, ne voient ni ne disent plus les choses ainsi. Le limon, les marées, le soleil et les saisons ne rythment plus l'univers et la vie de la même manière et ne produisent plus les mêmes héros. C'est pourquoi rien ne vient jamais ni ne viendra résoudre le dilemme de la peau de chagrin. Ce qui n'empêche aussi que la question posée ne se heurte plus exactement aux mêmes aveugles murailles que celle d'Hamlet. Être ou ne pas être; Pauline ou Foedora. C'est la distance qui sépare les interrogations métaphysiques dans une société immobile depuis toujours et les interrogations morales et politiques dans une société à la fois désancrée et libérée, ayant une origine historique. Deux vagues d'inquiétude peuvent un moment se recouvrir, se prêter appui et signification. Mais d'une question on passe à l'autre, car toujours l'humanité hérite de l'humanité, mais aussi l'humanité relance toujours l'effort humain. Les deux femmes de Balzac ne sont ni recette de morale ni mise en clair de quelque calcul mondain du genre : laquelle vaut mieux? Balzac aimait l'histoire d'Hercule devant choisir à un carrefour. Hercule devait choisir, parce qu'il pouvait choisir. Pour le héros balzacien les choses sont à jamais complexes, parce qu'elles sont devenues purement humaines et ne sauraient plus être renvoyées à quelque transcendance, à quelque sagesse capitalisée. Le mythe balzacien est tragique, parce que tout y est de l'homme. Avant lui, la réintégration s'imposait comme conséquence et langage de la stabilité du monde. Après lui, la réintégration s'imposera comme mesure prophylactique contre une interrogation tragique susceptible de devenir politique. C'est seulement depuis Balzac qu'on a vu les ingénues libertines se réchauffer avec leur mari au bout de deux cents pages et les France de toujours constater au bout d'un bloc-notes, et quoi qu'en ait dit *Thérèse Desqueyroux*, qu'elles étaient faites de toute éternité pour s'entendre et pour se rassembler. C'est seulement depuis Balzac que les soldats des diverses guerres d'Espagne se sont vu expliquer qu'ils avaient tous au fond défendu la même chose. Le mythe tragique balzacien est le grand diviseur, le grand écarteleur. On s'est appliqué depuis à recoudre et à suturer. Mais que les récupérateurs et les arrangeurs ne s'y trompent pas : le dilemme de l'antiquaire et le mythe de l'homme aux deux femmes ne laissent pas pour jamais l'homme impuissant et divisé. Ils le laissent — plutôt ils le rendent, et la lecture, les lecteurs aidant — plus conscient. L'homme balzacien est beaucoup plus que le seul animal qui sait qu'il doit mourir; l'homme balzacien est un homme qui prend conscience de ses contradictions, qui ne naît pas d'une Nature, mais d'une Histoire. On pouvait rendre compte de ces contradictions d'une manière non tragique tant qu'elles renvoyaient aux diverses forces jouant à l'intérieur d'un univers qui régulièrement mourait et se renouvelait. A partir du moment où elles peuvent renvoyer, dans le mouvement d'un univers orienté, à cette contradiction fondamentale pour laquelle il n'existe ni solution morale, ni explication cosmique, mais seulement expression romanesque,

expansion, mais inflation	ou déflation, mais sous-développement,
libération des forces productives, mais mise en cause du système et risque de socialisation	ou freinage et malthusianisme, mais encore sous - développement, mécontentement, chômage, etc.,
plein régime, mais surchauffe	ou ralenti, mais risque de se faire dépasser,

à partir de ce moment, l'interrogation ne peut plus que jouer vers l'avant et conduire à la mise en cause de l'Histoire et de l'historique. La profonde division qui est en l'homme, l'impossibilité pour lui d'élaborer désormais l'une de ces sagesses de jadis (il n'y a pas plus de *conclusion* au roman des deux jeunes mariées qu'il n'y en avait à *la Dernière Fée*) viennent de cette division du pouvoir social qui est la caractéristique même du capitalisme et des révolutions qu'à la fois il lance, entrave et rend inévitables. Les passions balzaciennes[8] comme les mythes balzaciens sont des passions et des mythes de l'Histoire ayant remplacé le ciel, l'eau ou les Dieux. L'épique implique les mythes, le réalisme moderne étant l'épopée tragique, le nouveau tragique épique étant le réalisme et ce tragique étant non d'une humanité à jamais condamnée à ses propres limites et à ses propres démons, mais d'une humanité promise aussi à la transformation, au progrès, au plus faire et au plus être. Que transformation, progrès, plus faire et plus être fassent problème et déchirent : voilà ce que dit le mythe. Comment, dans cette perspective, y aurait-il clôture, et comment les utopies même seraient-elles plus qu'indications et suggestions de dépassements possibles ?

L'initiateur

Il en va exactement de même du mythe connexe de l'initiateur : un tel mythe n'existe vraiment ni dans les littératures classiques ni dans les littératures de type réaliste ou natura-

8. Voir p. 128 et suivantes.

liste post-romantique. Dans les premières, il n'est pas de réel secret du monde et de son fonctionnement. Dans les secondes, il n'est plus de pouvoir ni de vouloir-vivre qui justifie ou appelle une révélation. Dans les premières, le secret à découvrir ne peut être que de nature trans ou supra-humaine. Dans les secondes, on est à ras de tout, collé aux choses, devenu comme chose soi-même. Un initiateur classique ne peut guère être qu'un donneur de petites recettes, un transmetteur d'expérience; il ne peut à nouveau faire trembler le monde et les choses sur quelque nouvelle terrasse danoise, et il est vite repris par l'ensemble non réellement problématique qui le comprend. L'initiateur classique est toujours un peu picaresque. Quant à un initiateur naturaliste, il ne pourrait guère être que cynique et sceptique, bricoleur simplement, sans joie désormais et sans force, en aucun cas ouvreur de perspectives. Mais que l'on songe à Vautrin : cynique il l'est dans la mesure où il déclasse les soi-disant morales du monde; mais il est, par-delà ses propres paroles, une extraordinaire puissance que rien n'enferme. La preuve : Rastignac réussira sans lui; Rastignac n'aura pas besoin de lui. C'est que le véritable initiateur, plus qu'un personnage et plus qu'un rôle de la *Comédie,* il est en nous, il est la conscience qui naît et s'apparaît à soi-même, mobilisatrice et vertigineuse. Dans un premier temps, tout tremble, mais vite on sent derrière le tremblement tout ce qui s'assure et s'élance. Rastignac dit non à Vautrin, mais il écrit à ses sœurs pour leur demander de l'argent et il va dîner chez Mme de Nucingen. L'initiation balzacienne ne paralyse pas. Elle n'aligne pas non plus et ne fait pas ressembler. Les temps d'Hamlet se serraient et tout se brouillait au monde, parce qu'en avant il n'y avait rien. Chez Balzac, il y a tout un possible, et pas seulement, dans l'immédiat, le possible bourgeois, mais ce pourquoi il figure et signifie : l'avenir historique et humain de l'homme. L'initiateur balzacien ne désenchante pas plus le monde que le mythe de la peau de chagrin ne le coupe définitivement en deux. Le monde reste beau. Le monde reste à vivre. Aussi Rastignac a-t-il plus de poésie que Bel Ami. Aussi le mythe de la peau de chagrin n'est-il pas un mythe de la prostration, mais de la lucidité. Et voilà bien le romantisme de Balzac :

surgi de l'impitoyable critique interne d'une unité factice, il voit et fait voir au-delà non quelque république universelle, nécessairement elle aussi factice, mais un mouvement nécessaire vers autre chose. Le pseudo-pouvoir est en fait division, mais la seule unité est celle du vouloir et de la conscience. On aurait bien voulu mettre à plat Vautrin, en faire un banal professeur d'arrivisme, ou ne voir dans le mythe de la peau de chagrin qu'un jeu intellectuel et littéraire. Mais tous les deux *portent,* comme portera le mythe de Lorenzaccio, en ce sens qu'il renverra à tout autre chose qu'aux problèmes de l'action chez les intellectuels. Toutes les réductions impliquent et supposent une transcendance morale, donc des institutions non mises en cause, quelque chose qui échappe au mythe ou au personnage et à partir de quoi on les juge. Mais le mythe et le personnage, précisément, chez Balzac, ont pour fonction, malgré ses prétentions, de ramener la transcendance à une idéologie et donc de la faire apparaître comme un simple pion sur l'échiquier socio-historique. Chose admirable toutefois, et ici se montre la puissance de la littérature : cette réduction ne joue que contre ce qui devait être réduit, jamais contre l'homme qui était, sans le savoir, réduit. Cette réduction est ouverture et liberté, libération. Libération du faire, libération de la conscience, relance et raison. Mais relance et raison tragiques : on n'est libéré que pour retomber, pour être pris à nouveau, pour être forcé de s'interroger encore, comme Rastignac devenu ministre et jouant la comédie. Non clôture, ouverture, oui, mais non vers des certitudes. Vers une pratique sinon éclairée du moins toujours éclairante. Comme toujours, ce sont les lecteurs qui peuvent gagner quelque chose aux mythes.

L'ouverture balzacienne

Du jeune plumitif ardent, besogneux et inconnu des années vingt au « grand esprit que perd l'Europe » et au mari de Mme Hanska que voit Victor Hugo sur son lit de mort, même du Balzac de trente-quatre ans, conteur fantastique parisien et tout juste auteur de quelques *Scènes de la vie privée*, au Balzac des *Parents Pauvres* en passant par celui du cycle Vautrin : la courbe est impressionnante, immense, sans doute unique en France. Pendant cette trentaine d'années sont conçues et produites certaines des œuvres majeures de notre xixe siècle et de la littérature universelle. Forgeron, visionnaire, journaliste, homme de lettres, caricaturé aux côtés de Dumas, courant après le genre Eugène Sue, attendu par le génie critique de Baudelaire, promis aux sculptures de Rodin, Balzac, à s'en tenir aux apparences et aux schémas, se meut de l'univers de Dante à celui du boulevard et de Sacha Guitry. Ses revenus, ses tirages, ses amours, ses folles dépenses, ses voyages, son audace, sa vanité, ses collections, son gros ventre, ses coups de pioche dans le décor du siècle, ses efforts pour se faire admettre à droite, ses fidélités continues à gauche, son refus du style bucolique, messianique, romantique ou social, tout fait de lui un personnage difficile à classer, absolument incapable en tout cas de prendre place dans le cheminement littéraire, idéaliste et lumineux que le xixe siècle romantique, sans que surtout il y ait une *nouvelle* révolution, voulut être le sien, vers un « Plein Ciel » enfin et démocratiquement assuré à tous. Balzac, ni dans sa vie ni dans son œuvre, n'a jamais rien eu d'exemplaire ou encore moins de *classique* (voyez Balzac dans les manuels de papa). Il y a, dans toute l'entreprise balzacienne, quelque chose d'épais, quelque chose qui n'est pas noble, quelque chose qui n'est pas « moral », quelque chose qu'il est impossible de mobiliser ou de récupérer pour un finalisme ou pour une leçon quelconque. On chercherait en vain dans l'histoire de Balzac l'équivalent du drapeau tricolore de 1830 ou de 1848, du rocher de Jersey, de « la Maison du Berger » ou d'une expulsion du Collège de France.

C'est que, si la vie et si la fin de Balzac sont une chose grande et triste, il s'agit, avec toutes les conséquences, d'une histoire privée, qu'il a fallu tout de suite voir, comme Hugo, ou qu'il a fallu comprendre et aller chercher. Balzac n'a pas fini dans la gloire ou dans les honneurs, dans le spectacle, dans la célébrité, ni même dans la condition d'auteur heureusement et professionnellement maudit. Pour lui, point de gloire assurée, point de titres, point de nobles attitudes, point d'obsèques nationales, point même d'élection à l'Académie. Après les journées de Juin, il avait été candidat au fauteuil de Chateaubriand, mais nous ne lirons jamais le discours qu'il eût fait sur René et sur la jeunesse du siècle, avec pour toile de fond le premier acte grave de l'affrontement entre la bourgeoisie et le prolétariat. Balzac n'a pas fini et n'est pas mort idole d'un peuple ou d'un régime, non plus que de quelque ardente et silencieuse minorité préparant dans le secret des collèges et des chapelles les revanches et les réhabilitations. Il est mort dans une sorte de nuit solitaire, ayant écrit pour un public étrange et non classé, ayant cessé de publier et n'ayant que bien mal réalisé son rêve : s'installer dans sa fabuleuse maison avec l'Étrangère, après avoir publié ses *Œuvres complètes* et fait sa fortune. Pour sa carrière (politique ou journalistique), il semble bien que, le cœur et le cerveau malades, usé, il y ait renoncé, ne songeant plus qu'à un certain repos. Par-delà ces singularités biographiques, il y a dans cette fin d'aventure comme l'image du fourvoiement fatal et nécessaire de l'artiste et de l'homme d'intelligence à mesure que s'assurent le siècle et le monde moderne. Par-dessus le triomphalisme hugolien, Balzac tend la main vers Baudelaire, Flaubert, Verlaine, vers les grands solitaires et vers les maudits. Balzac meurt en pleine illusion, propriétaire d'une maison, de collections, de tableaux, mais couvert de dettes, que sa veuve mettra des années à payer, quitte, en femme du système et dûment conseillée, à exploiter à fond et sans vergogne la mine qui lui était laissée. Propriétaire, Balzac ne possédait rien finalement de vrai que cet extraordinaire et invisible musée que les corbeaux ne pourront lui prendre. L'histoire de Pons est ici, rappelons-le, transparente et significative : les Camusot-Popinot n'ont bien que l'apparence des chers objets, le simulacre; la beauté, l'esprit leur en échapperont toujours. Le monde vrai de Balzac n'est pas celui où il a cherché à faire figure et dans lequel il s'est assez vainement agité. La scission s'opère désormais, radicale et assumée, entre le monde des carrières et des inscriptions temporelles et celui des significations supérieures. Il ne reste de Balzac que *la Comédie humaine*, alors qu'on discute encore de l'importance de l'œuvre dans la carrière de Jean Racine. Balzac, plus sans nul doute qu'aucun des autres grands écrivains romantiques, a imposé cette image d'une littérature désormais pleinement chargée de mission. On n'était pas parti de là, en 1821, du temps où l'on rêvait de se faire épouser par des anglaises. Mais parce que justement on était passé à autre chose, il s'était passé quelque chose : la littérature était devenue majeure et ne signifiait et ne jouait plus que par des moyens spécifiquement littéraires. D'où, longtemps et encore aujourd'hui chez les hommes du nouveau temporel, un phénomène de rejet à l'encontre de Balzac.

Car une chose est sûre, en effet, et qui vérifie le caractère scandaleux de Balzac : la tradition et la pratique républicaine de la fin du siècle ne sauront où classer cet homme pour qui le conflit majeur avait cessé d'être celui opposant l'Ancien Régime au monde moderne pour devenir celui qui affrontait l'argent à la vie, au besoin de vivre. La IIIe République n'a pas plus aimé Balzac qu'elle n'a aimé Stendhal. Pour ses rues, ses places, ses fastes, pour ses distributions de prix et pour ses départs à la guerre, elle leur a préféré à tous deux Hugo, Michelet, Gambetta, voire Thiers ou Chateaubriand, hommes d'une certaine idée de la France. Que faire de Balzac dans la perspective de la ligne bleue des Vosges et de l'honnête gestion? Ainsi se pose le problème de la signification et de l'efficacité réelles de l'œuvre balzacienne. Toute cette production, de 1820 à 1850, à la fois épousait la courbe du siècle et la dépassait; elle en contestait la messianique valeur d'ascension, son postulat central de l'existence de cette république vraie, sans rupture réelle et dans la ligne du libéralisme, du socialisme « français » des fils des révolutions bourgeoises de 1789 et de 1830. Monstre sacré de la vie parisienne et moderne, mais ne faisant pas le détour par la « culture », impossible à intégrer, irrécupérable, Balzac devait se trouver anesthésié, neutralisé, comme mis par la critique officielle sur orbite et à respectueuse distance de planète. Ce n'est pas pour rien sans doute que l'idéologie progressiste lui a préféré Hugo sur son rocher. Aujourd'hui, toutefois, le messianisme bourgeois laïc et républicain a perdu nombre de ses rayons. Balzac en a gagné de nouveaux. Il n'est pas sans intérêt de noter que le bénéficiaire n'est nullement de la race des écrivains angéliques, mais de la race des écrivains producteurs et prolétaires. D'autres, autant que par leur œuvre, se sont imposés par leur vie (exemplaire) ou par leurs aventures. Il n'a jamais été possible de réduire ou simplement de ramener Balzac à ce genre de sous-épopée. Comment dès lors s'étonner que Balzac et l'œuvre balzacienne n'aient été vraiment reconnus et mis à leur juste place, en tant que faits de civilisation, que par ceux qui devaient un jour traduire en un autre langage ce qu'il n'avait encore pu dire que par ses histoires et par ses héros? Son œuvre prime, dont longtemps on n'a trop su que faire, contenu qui contestait formes et pratiques enseignées : admirable témoignage sur la force invincible et spécifique de la littérature, alors que nécessairement balbutient encore l'analyse et les idéologies.

6

Critiques et critique

Qui a vu clair?

Les premières réactions à Balzac furent, bien évidemment, des réactions à des textes qui n'étaient pas encore balzaciens, isolés, impossibles à relier à un ensemble romanesque, à des intentions, à des effets significatifs. Le pas à pas de la lecture est ici à la fois nécessaire et difficile. Nous avons du mal à lire ces articles de 1825 à 1835 ou 1840 comme ils ont été écrits, c'est-à-dire en l'absence radicale de perspectives qui nous sont devenues familières.

Les premiers romans pseudonymes ne donnèrent lieu qu'à des articles de circonstance ou de complaisance : inspirés, voire rédigés par Balzac lui-même. La première œuvre qui donna lieu à une analyse un peu sérieuse fut *Wann-Chlore,* en 1825, dans *le Frondeur Impartial :*

> Cet ouvrage appartient à l'école qui semble avoir pris Walter Scott pour modèle. Une infinité de détails qui visent à l'originalité, des phrases à prétention, une teinte mystérieuse, des sentiments disséqués, pour me servir d'une expression romantique, voilà ce qui le distingue. Il était impossible que le prodigieux succès de Walter Scott n'inspirât pas de violentes tentations à nos jeunes écrivains; mais en voulant imiter les romanciers anglais ou germains, ils n'en prendront guère que les défauts; ils n'auront point cette originalité, cette mélancolie vague, ces images énergiques qui appartiennent à

> d'autres mœurs, à un autre climat, et qui fait pardonner tant d'écarts aux muses étrangères [...]
>
> Quant au héros, Horace Landon, il se présente sur la scène comme il convient, la chevelure en désordre et l'air égaré. La lune, comme on le pense bien, joue un rôle dans ce roman...

On se moque des expressions typiquement « romantiques »; on suggère que Saint-Aubin n'est qu'un pâle sectateur du vicomte d'Arlincourt. Mais on ne dit rien de l'ébauche de tragédie domestique. On n'a pas vu le thème de la vie privée. Sans doute parce qu'on est en pleine bataille naissante contre les « nouveautés ». On n'a vu en *Wann-Chlore* que du mauvais romanesque habillé d'un style ridicule.

En 1829, c'est le retour à la littérature. *Le Dernier Chouan* ne passa pas inaperçu. A ras de la petite histoire immédiate, on signala une source : *les Espagnols au Danemark* de Mérimée, mais, sensible à l'effort de reconstitution et à la philosophie du livre, on n'hésita pas parfois à mettre le roman de M. de Balzac sur le même plan que le *Cinq Mars* de M. le comte Alfred de Vigny. On commit toutefois un contresens significatif : on reprocha à Balzac de n'avoir pas écrit un *premier* Chouan, un roman du début et du fort de la chouannerie, et l'on ne comprit rien au thème structurel du pourrissement de l'histoire. Bien entendu, on ne dit rien de d'Orgemont. Nul ne vit, non plus, la relation roman historique-scène de la vie privée. La *Physiologie du mariage,* par contre, fut unanimement saluée comme un événement, il est vrai quelque peu parisien et scandaleux. Janin parla de « livre infernal » et le mot fit le tour de Paris. On ne vit guère toutefois, on ne voulut voir dans le livre qu'une série de paradoxes. Seul Balzac devait lui-même, en mettant sa *Physiologie* dans l'école du désenchantement, lui assigner sa véritable place. Les *Scènes de la vie privée* qui suivirent passèrent pratiquement inaperçues et furent incomprises. Pour la première fois, un grand journal, *le Globe* (alors encore aux mains des libéraux doctrinaires), consacra un article à Balzac, mais seulement pour relever des fautes de style et pour dire que les *Scènes* pouvaient à la rigueur aider à passer une soirée pluvieuse à la campagne, tout comme, ce qui n'était pas si mal, les romans de Mme Cottin ou de Mme de Genlis. Du petit intimisme.

Quelques mois plus tard en revanche, *la Peau de Chagrin* fit un bruit considérable. Ce « livre au fer chaud », comme on l'a dit et répété, exprimait le siècle. Philarète Chasles, dans un important article du *Messager des Chambres,* lança une expression destinée à faire fortune et qui devait être reprise quelques mois plus tard dans la préface aux *Romans et contes philosophiques* : « Il y a dans l'ouvrage de M. de Balzac le cri de désespoir d'une société expirante ». Les saint-simoniens du nouveau *Globe* virent bien que le livre disait le drame de l'impuissance d'une « société sans croyances », qu'il était « une expression fidèle de notre société ». La Presse conservatrice, par contre, qu'elle fût légitimiste ou bourgeoise libérale, bouda. On parla de « littérature émeutière »; on regretta le sage (?) conte philosophique à la Voltaire. *L'Avenir* de Montalembert et Lamennais, lui, regretta l'aspect trop exclusivement négatif et critique du livre : livre de crise, mais aussi, disait-on — et ceci devait être souvent répété en 1832 —, livre de complaisance à la crise. Dans *la Revue des deux Mondes,* Emile Deschamps écrivit un remarquable article qui insistait sur la modernité de Balzac :

> Ce sont de petits drames vifs, coupés, rapides, spirituels, réjouissants; des lambeaux, souvent, mais des lambeaux de soie et d'or. C'est la littérature d'un siècle où l'on multiplie les sensations, où l'on en crée de nouvelles, où tout est accéléré, la vie et les rouages, d'un siècle qui a vu naître les bateaux à vapeur, la lithographie, la musique de Rossini, l'éclairage au gaz.

En province, un autre important article de Charles de Bernard, à Besançon, dit combien Balzac avait su parler aux jeunes gens isolés et dire leur drame.

Ainsi, en 1831-1832, Balzac est considéré comme un auteur flamboyant, comme un conteur fantastique et philosophique, champion d'un nouveau romantisme, insurrectionnel et « galvanique ». Mais personne n'a vu, et pour cause, dans *la Peau de Chagrin,* les souvenirs de Vendôme, de la rue Lesdiguières, le roman de Pauline : le Balzac de la vie privée est encore inconnu, incompris. Il n'existe pas.

Une célébrité encombrante

La brillante percée de 1830 fait de Balzac une figure en vue. Il est, comme on le répète, « l'homme du moment ». Ce sont d'abord les confrères qui ne lui pardonnent pas. Les petits journaux *(le Corsaire, le Figaro)* multiplient contre lui les articles venimeux. « Le sire Balzac » est un spéculateur, un voleur d'idées, un corsaire de la revue et de la librairie, un personnage vaniteux et ridicule, etc. En 1836 on trouve encore de cette prose dans le *Charivari.* Il ne s'agit pas là de critique littéraire, mais de guerre au couteau contre un homme qui n'est pas du système. Peu importe ce qu'il écrit : ce qu'on veut, c'est la peau de l'individu Balzac. *Un grand homme de province* tentera de solder ce compte avec une certaine critique de grand chemin.

En 1832-1833 cependant, la publication de nouvelles *Scènes de la vie privée,* du *Médecin de campagne,* de *Louis Lambert,* d'*Eugénie Grandet,* forcent une critique plus relevée à s'occuper de Balzac et à s'interroger sur cette nouvelle sorte de littérature. Une évolution marquée se produit : on commence à voir que le Balzac qui compte est le romancier de la femme et des drames secrets du monde moderne. En 1834, un article capital de Sainte-Beuve fait le point et commence à mettre en place certains éléments d'une nouvelle lecture :

> M. de Balzac a un sentiment de la vie privée très profond, très fin, et qui va souvent jusqu'à la minutie du détail et à la superstition; il sait vous émouvoir et vous faire palpiter dès l'abord, rien qu'à vous décrire une allée, une salle-à-manger, un ameublement. Il devine les mystères de la vie de province, il les invente parfois; il méconnaît le plus souvent et viole ce que ce genre de vie, avec la poésie qu'elle recèle, a de discret avant tout, de pudique et de voilé. Les parties les moins délicates au moral lui reviennent mieux. Il a une multitude de remarques rapides sur les vieilles filles, les vieilles femmes, les filles

disgraciées et contrefaites, les jeunes femmes étiolées et malades, les amantes sacrifiées et dévouées, les célibataires, les avares : on se demande où il a pu, avec son train d'imagination pétulante, discerner, amasser tout cela [...]

Sainte-Beuve a été frappé par la richesse et la profusion de l'œuvre. Mais on notera qu'il n'accorde aucune attention aux ambitions unificatrices, pourtant annoncées dans les diverses préfaces.

L'offensive contre Balzac

Jalousies, reconnaissance du bout des lèvres : mais voici pire et qui témoigne sur le fond. Très vite Balzac coalisa contre lui tous les conservateurs, tous les défenseurs de l'ordre moral. Il avait dit les jeunes gens, les femmes, les hors-la-loi; il avait dit le drame et la révolte. On ne lui pardonnera ni ses formulations claires ni ce qui sourdait de son univers romanesque.

Cette union sacrée face aux forces étrangères, hostiles, que l'on sentait se lever, on la voit s'esquisser dès la fin de la Restauration. Mais au lendemain de Juillet, l'alliance se resserre : face à l'émeute qui gronde dans la rue comme en littérature, tous les conservatismes se retrouvent, et *la Quotidienne* parle de *la Peau de Chagrin* dans les mêmes termes que *le Constitutionnel* et *les Débats.* Il est clair désormais que le jeune homme, la femme et le criminel n'ont pas plus leur place dans la vision du monde que dans la pratique, qui sont désormais aussi bien celle du conservatisme portant enseigne que celle du progressisme bourgeois éclairé. La solidarité fondamentale des voltairiens, des libéraux rendus prudents et des hommes de tous les anciens régimes prépare de fait la grande alliance de 1848, lorsque le légitimiste Vigny dira qu'il faut soutenir le gouvernement de Philippe contre les barbares. Car c'est bien sous la monarchie de Juillet que le romantisme explicite vraiment tout son contenu. Michelet dit qu'« on se rua vers le bas », et le royaliste Thureau-Dangin, faisant un premier bilan du siècle, devait vite signaler Balzac comme figurant au premier rang de la conspiration :

Balzac a beau affecter des opinions royalistes, absolu-
tistes surtout, regretter publiquement que Charles X n'ait
pas réussi dans son coup d'État, il a beau se poser en catholique et en théocrate, il a beau dire dans la préface de
la Comédie Humaine qu'il écrit à la lueur de ces deux
vérités éternelles la religion et la monarchie, il n'en est
pas moins, par son talent comme par ses idées, un révolutionnaire [...]

Pour avoir imaginé et peint tous ces personnages sans
haine systématique et peut-être même sans se douter à
quel point ils étaient odieux, Balzac n'en est pas moins,
inconsciemment, l'un des plus grands diffamateurs des
classes dirigeantes. Cette société, Balzac n'annonce pas
solennellement, comme tant d'autres le dessein de la
détruire, mais il la dépeint si laide qu'il donne raison à ses
plus mortels ennemis. A le croire, pas d'autre loi que
l'égoïsme, d'autre morale que le succès, d'autre autorité
que la force, d'autre but que la satisfaction des appétits
et surtout la possession de cet argent. On cherche vainement quelle imprécation ouvertement et dogmati-
quement socialiste eût été plus irritante et plus dan-
gereuse.

Thureau-Dangin a certes relu Balzac à travers la grande peur
de la Commune. Mais que dire de ce texte de Chaudes-
Aigues qui est de 1841 :

Une des prétentions de M. de Balzac pour laquelle nous
serons impitoyables, c'est celle que révèle hautement le
titre général de ses œuvres, de connaître à fond les
mœurs du siècle et de les peindre avec une rigoureuse
vérité. Quelles sont donc les mœurs que peint M. de
Balzac? Des mœurs ignobles et dégoûtantes, ayant pour
seul mobile un intérêt sordide et crapuleux. S'il faut en
croire le prétendu historien philosophe, l'argent et le
vice sont le moyen et le but unique pour tous les
hommes d'aujourd'hui; les passions perverses, les goûts
dépravés, les penchants infâmes animent exclusivement
la France du dix-neuvième siècle, cette fille de Jean-
Jacques et de Napoléon! Nul sentiment honorable, nulle
idée honnête, de quelque côté que se tourne le regard.
La France — car c'est le portrait de la France que l'auteur

se propose — est peuplée de goujats galonnés, de bandits plus ou moins déguisés par un masque, de femmes arrivées aux dernières limites de la corruption ou en train de se corrompre : nouvelle Sodome dont les iniquités appellent le feu du ciel. C'est-à-dire que les cachots, les lupanars et les bagnes seraient des asiles de vertu, de probité, d'innocence, comparés aux cités civilisées de M. de Balzac [...]

Eh! oui, sans doute, il y a dans la société contemporaine des infamies et des hontes, des fortunes dont la source est inavouable, des positions usurpées, des métiers exercés bassement, des industries déshonorantes, des égoïsmes poussés jusqu'à la lâcheté et à la scélératesse, des turpitudes sans nom. Mais dire qu'il n'y a que cela, voilà l'impardonnable mensonge! Mais se plaire dans la mise en œuvre de pareils éléments, les grandir, les poétiser, les caresser, en composer un éternel spectacle pour la foule, en vouloir faire des sujets d'admiration et d'enthousiasme, voilà le tort criminel.

Zola répondra. Mais Sainte-Beuve, homme d'ordre et de goût, aurait pu, comme Thureau-Dangin, parler de « la main salement, brutalement curieuse du romancier » qui a fait « brusquement entrer dans le roman *toutes les réalités hideuses et basses* ». Dans ses carnets, pour lui, il note :

Il a fallu au plus fécond de nos romanciers, à Balzac, un fumier plus haut que cette maison pour qu'il y poussât quelques fleurs maladives et rares.

Et maintenant qu'il n'y a plus de fleurs et qu'il n'en poussera plus, le fumier monte, monte toujours.

Sainte-Beuve fort heureusement ne s'en tenait pas là et parfois devançait les temps, comme dans son grand article de 1850 :

Il a pour le moins autant imaginé qu'observé [...] M. de Balzac avait la prétention de la science, mais ce qu'il avait surtout en effet c'était une sorte *d'intuition* philosophique. M. Chasles l'a très bien dit : on a répété à outrance que M. de Balzac était un observateur, un analyste; c'était mieux ou pis, c'était un voyant.

Il est vrai qu'il ajoutait, feutré, témoignant que les réticences persistaient mais que l'on commençait à se faire à tout :

> Remettons-nous un peu. En admirant le parti qu'ont su tirer souvent d'eux-mêmes des hommes dont le talent a manqué des conditions nécessaires à un développement meilleur, souhaitons à l'avenir de notre société des tableaux non moins vastes, mais plus apaisés, plus consolants, et à ceux qui les dépeindront une vie plus calmante et des inspirations non pas plus fines mais plus adoucies, plus sainement naturelles et plus sereines.

N'était-ce pas dire qu'on n'y pouvait rien, mais que ce n'était pas de gaîté de cœur? Sainte-Beuve aurait bien voulu enfermer Balzac dans le demi-siècle : « vieux et belles de l'Empire », « duchesses et vicomtesses de la fin de la Restauration, femmes de trente ans », « genre bourgeois et triomphant sous la monarchie de Juillet, le genre désormais immortel et déjà éclipsé, hélas! des Birotteau d'alors et des Crevel ». C'était là dire le Balzac vrai. Mais l'idée de voyance lui faisait dire déjà plus qu'il n'était nécessaire.

Découverte de Balzac

La découverte de Balzac par la génération post-romantique, qui le lit non pas au fil des feuilletons et des éditions séparées, mais dans son ensemble, se fait selon deux directions. Baudelaire signale que Balzac est par-delà le documentalisme et le mécanisme, puis tout ce qui tient au réalisme et au naturalisme insiste sur la modernité et sur le caractère scientifique de *la Comédie humaine.*

Baudelaire

> Quand le roman de mœurs n'est pas relevé par le haut goût naturel de l'auteur, il risque fort d'être plat, et même, comme en matière d'art l'utilité peut se mesurer au degré de noblesse, tout à fait inutile. Si Balzac a fait de ce genre roturier une chose admirable, toujours curieuse et souvent sublime, c'est parce qu'il y a jeté tout son être. J'ai maintes fois été étonné que la grande gloire de Balzac fût de passer pour un observa-

teur; il m'avait toujours semblé que son principal mérite était d'être visionnaire et visionnaire passionné. Tous ses personnages sont doués de l'ardeur vitale dont il était animé lui-même. Toutes ses fictions sont aussi profondément colorées que les rêves. Depuis le sommet de l'aristocratie jusqu'aux bas-fonds de la plèbe, tous les acteurs de *la Comédie* sont plus âpres à la vie, plus actifs et rusés dans la lutte, plus patients dans le malheur, plus goulus dans la jouissance, plus angéliques dans le dévouement, que la comédie du vrai monde ne nous les montre. Bref, chacun, chez Balzac, même les portières, a du génie. Toutes les âmes sont des armes chargées de volonté jusqu'à la gueule. C'est bien Balzac lui-même. Et comme tous les êtres du monde extérieur s'offraient à l'œil de son esprit avec un relief puissant et une grimace saisissante, il a fait se convulser ses figures; il a noirci leurs ombres et illuminé leurs lumières.

Ce texte, paru dans *L'Artiste* en 1850 a été redécouvert au xxᵉ siècle et on a voulu souvent y trouver des armes contre un Balzac vrai, pour une *Comédie humaine* dont le vrai sujet serait l'âme, le destin, le projet balzacien lui-même, indépendamment d'une Histoire-apparence. En fait, si Baudelaire déclassait d'avance tout le positivisme qui allait suivre, contrairement à ce qu'on aurait bien voulu il ne l'annulait pas. Baudelaire insistait sur l'idée d'une passion, et d'une passion positive, d'une passion moderne, au cœur d'un univers moderne qui cessait d'être plat. Baudelaire disait que Balzac n'était pas Henri Monnier, ce qui n'était pas nier l'observateur, mais signaler qu'il était d'une dimension nouvelle.

C'est à la fin du siècle que se constitue et se met en place une image de Balzac qui va s'imposer pendant des décennies et qui, si elle a à partir d'un certain moment bloqué la lecture, l'a d'abord fait considérablement progresser et l'a même tout simplement rendue possible. Balzac écrit peut-être mal, mais Balzac a peint la société : c'est le thème pendant un demi-siècle.

Brunetière

Dans son *Honoré de Balzac,* Brunetière signale l'importance de la révolution provinciale opérée par Balzac dans le roman et reprocha à certains de n'avoir pas aimé *Une Ténébreuse Affaire* parce que c'était « un roman policier ». Balzac a aussi bien peint l'Empire, pour le moins, que les spécialistes dans ce roman qui « passe en intérêt comme en importance historique des romans beaucoup plus distingués peut-être tels *Adolphe* et *Oberman* » Quant à *la Rabouilleuse,* c'est « le plus naturaliste des romans de Balzac ». Pour ce qui est de cette grande suite : *les Chouans, Une Ténébreuse Affaire, César Birotteau, la Rabouilleuse, la Cousine Bette,* c'est tout le XIXe siècle qu'elle évoque, de l'esprit de la Révolution jusqu'au triomphe de la bourgeoisie. Brunetière insiste ici sur l'aspect documentaire du roman balzacien en même temps que sur sa spécificité :

> Est-ce donc qu'en affectant les allures de l'indépendance d'esprit, nous serions toujours esclaves des catégories de l'ancienne rhétorique ? Croirions-nous encore avec elle que le roman est un « genre inférieur » ? Et même quand il s'agit du roman de Balzac, nous imaginerions-nous que nous en relevons en quelque sorte le mérite en le rapprochant tantôt du drame, ou tantôt de « l'histoire », tandis qu'au contraire son originalité véritable [...] est d'avoir égalé ou rempli sa propre définition. Les romans de Balzac ne sont pas de l'histoire, ni surtout des « romans historiques », mais ils ont une valeur, une signification historiques, et cette valeur est ce qu'elle doit être pour qu'en restant historique, et de cette manière, ces romans soient pourtant des romans.

C'était là un triomphe assuré, avec des vues pour longtemps. Mais l'analyse la plus systématique et, au grand sens du mot, la plus intéressée, était venue du maître du nouveau roman d'alors.

Zola

Pour Zola, Balzac est l'un des précurseurs et déjà l'un des maîtres du « roman expérimental » :

> Le romancier est fait d'un observateur et d'un expérimentateur. L'observateur chez lui donne les faits tels qu'il les a observés, pose le point de départ, établit le

terrain solide sur lequel vont marcher les personnages et se développer les phénomènes. Puis l'expérimentateur paraît et institue l'expérience, je veux dire fait mouvoir les personnages dans une histoire particulière, pour y montrer que la succession des faits y sera telle que l'exige le déterminisme des phénomènes mis à l'étude. C'est presque toujours ici une expérience « pour voir », comme l'appelle Claude Bernard. Le romancier part à la recherche d'une vérité.

Vient l'exemple de *la Cousine Bette* :

Le fait général observé par Balzac est le ravage que le tempérament amoureux d'un homme amène chez lui, dans sa famille et dans sa société. Dès qu'il a eu choisi son sujet, il est parti des faits observés, puis il a institué son expérience en soumettant Hulot à une série d'épreuves, en le faisant passer par certains milieux pour montrer le fonctionnement du mécanisme de sa passion. Il est donc évident qu'il n'y a pas seulement là observation, mais qu'il y a aussi expérimentation, puisque Balzac ne s'en tient pas strictement, en photographe, aux faits recueillis par lui, puisqu'il intervient d'une façon directe pour placer son personnage dans des conditions dont il reste le maître.

Nul mécanisme, comme on voit, mais bien l'affirmation d'un rôle spécifique de l'écrivain :

Le problème est de savoir ce que telle passion, agissant dans un tel milieu et dans telles circonstances, produira au point de vue de l'individu et de la société; et un roman expérimental, *la Cousine Bette*, par exemple, est simplement le procès-verbal de l'expérience que le romancier répète sous les yeux du public. En somme, toute l'opération consiste à prendre les faits dans la nature, puis à étudier le mécanisme des faits, en agissant sur eux par les modifications des circonstances et des milieux, sans jamais s'écarter des lois de la nature. Au bout, il y a la connaissance de l'homme, la connaissance scientifique, dans son action individuelle et sociale.

La vraie révolution du roman s'est faite le jour où l'on a rompu avec un certain romanesque de pure imagination pour passer à un romanesque d'élaboration. On peut noter seulement que, s'il insiste sur le couple observation-expérimentation, Zola ne dit rien du mouvement et de la passion globale de l'univers balzacien. Son observation a quelque chose de clinique, et lui-même parle de roman-procès-verbal. C'est là certes la limite de la lecture de Zola. Il ne faut pas oublier contre quoi elle fonctionnait.

Dans le grand article paru en 1881 dans *les Romanciers naturalistes,* Zola interroge l'œuvre. Il retrouve le problème posé par Hugo (Balzac écrivain révolutionnaire, qu'il l'ait voulu ou non) et il tranche dans le même sens, en insistant :

> Rien de plus étrange que ce soutien au pouvoir absolu chez cet écrivain dont le talent est essentiellement démocratique et qui a écrit l'œuvre la plus révolutionnaire qu'on puisse lire. Il faut l'étudier à ce point de vue pour remarquer quels coups formidables il a porté à notre société en croyant peut-être la consolider.

Puis Zola défend Balzac contre l'accusation de mauvais goût et de vulgarité et il le situe dans l'ensemble de la littérature moderne :

> Seul un tel homme pouvait écrire l'épopée moderne. Il fallait qu'il eût passé par la faillite pour composer son admirable César Birotteau, qui est aussi grand dans sa boutique de parfumeur que les héros d'Homère devant Troie. Il fallait qu'il eût marché sur le pavé de Paris avec des souliers éculés pour connaître les dessous de la vie et mettre debout les types éternels des Goriot, des Philippe Bridau, des Marneffe, des baron Hulot, des Rastignac. Un homme heureux, digérant à l'aise, coulant ses journées sans secousses, n'aurait jamais descendu dans cette fièvre de l'existence actuelle. Balzac, acteur du drame de l'argent, a dégagé de l'argent tout le pathétique terrible qu'il contient à notre époque; et il a analysé de même les passions qui font mouvoir les personnages de la comédie contemporaine, il a peint admirablement son temps.

Balzac est bien l'homme du dix-neuvième siècle :

Il est venu à son heure, voilà encore une des raisons de son génie. On ne se l'imagine pas naissant au XVIIe siècle, dans lequel il aurait fait un auteur tragique bien médiocre. Il devait se produire juste au moment où la littérature classique se mourait d'anémie, où la forme du roman allait s'élargir et englober tous les genres de l'ancienne rhétorique, pour servir d'instrument à l'enquête universelle que l'esprit moderne ouvrait sur les choses et sur les êtres. Les méthodes scientifiques s'imposaient, les héros pâlis s'effaçaient devant les créations réelles, l'analyse remplaçait partout l'imagination. Dès lors, le premier, il était appelé à employer puissamment ces outils nouveaux. Il créa le roman naturaliste, l'étude exacte de la société, et du coup, par une audace du génie, il osa faire vivre dans sa vaste fresque toute une société copiée sur celle qui posait devant lui.

Baudelaire l'avait déjà dit, mais pas avec les mêmes raisons :

Il tuait les mensonges des anciens genres, il commençait l'avenir. Ce qu'il y a de plus étonnant, dans son cas, c'est qu'il ait accompli cette révolution en plein mouvement romantique. Toute l'attention se portait alors sur le groupe flamboyant à la tête duquel trônait Victor Hugo. Les œuvres de Balzac n'avaient qu'un très petit succès. Personne ne semblait soupçonner que le véritable novateur était ce romancier qui jetait encore si peu d'éclat et dont les œuvres paraissaient si confuses et si ennuyeuses. Certes, Victor Hugo reste un homme de génie, le premier poète lyrique du monde. Mais l'école de Victor Hugo agonise, le poète n'a plus qu'une influence de rhétoricien sur les jeunes écrivains, tandis que Balzac grandit tous les jours et détermine à cette heure un mouvement littéraire qui sera sûrement celui du vingtième siècle. On avance dans la voie qu'il a tracée, chaque nouveau venu poussera l'analyse plus loin et élargira la méthode. Il est à la tête de la France littéraire de demain.

247

Et voici la consécration :

> Il a fondé notre roman actuel [...] Nous ne devons lui
> demander ni sens critique, ni vues générales com-
> plètes et précises. Il a flotté à tous les extrêmes, de la
> foi à la science, du romantisme au naturalisme. Peut-
> être, s'il pouvait nous lire, nous renierait-il, nous ses
> enfants; car on trouverait dans ses œuvres des armes
> pour nous combattre, au milieu du tohu-bohu incroyable
> de ses opinions. Mais il suffit qu'il soit notre véritable
> père, qu'il ait le premier affirmé l'action décisive du mi-
> lieu sur le personnage, qu'il ait porté dans le roman les
> méthodes d'observation et d'expérimentation. C'est là
> ce qui fait de lui le génie du siècle. S'il n'a pas été,
> comme il le dit, « dans le secret du monument », il n'en
> reste pas moins l'ouvrier prodigieux qui a jeté les bases
> de ce monument des lettres modernes.

La reconnaissance est pleine, entière, intelligente. Le Balzac
romantique souffre un peu sans doute. Il faudra le redécou-
vrir lorsque romantisme, fantastique, symbolique auront
cessé d'être compromettants. Ce sera l'affaire de lectures
plus « dramatiques », et l'on entre ici dans l'aventure de
Balzac aujourd'hui.

Lectures du vingtième siècle

La vitalité actuelle de la lecture et des études balzaciennes
commence et passe par la formation d'une véritable disci-
pline scientifique. Mais aussi par toute une réflexion de nature explicative et théorique. Sur les marges de la recherche
opèrent et fonctionnent divers interprètes, éclaireurs, francs-
tireurs qui, à divers titres, ont contribué à faire avancer les
choses.

Proust

Proust était un fanatique de Balzac, et Mémé, c'est bien
connu, le savait par cœur. Etre treize comme dans le roman
de Balzac ou quatre comme dans les Trois Mousquetaires,
fait partie des bonnes astuces de salon et montre qu'on a une
culture vivante. Monsieur de Charlus lit Balzac en chemin de

248

fer, Bergotte prête un volume au narrateur, le goût, le choix de Swann pesant sur tout ceci et l'éclairant. Les Cambremer, par ailleurs, sont bien évidemment échappés des *Scènes de la vie de province*, et M*me* de Cambremer est M*me* de Mortsauf, non M*me* de Bargeton ou la muse du département. Arrière-plans, matériel de plus de consistance que le « Regard de Rastignac dans la *Comédie humaine* » de *l'Éducation sentimentale*. Balzac s'est imposé. Mais surtout, Proust, dans son grand ensemble romanesque, par l'intermédiaire de personnages ou directement, a proposé une lecture qui marque une rupture franche avec celle du temps de Zola. Brichot trouve, bien entendu, que Balzac écrit mal et que par ses feuilletons il le fait songer à *Rocambole*. Mais Charlus apprécie que Balzac ait parlé de « ces passions que le monde ignore, ou n'étudie que pour les flétrir ». *Illusions perdues*, *la Fille aux yeux d'or*, *Sarrazine* (avec un Z), l'énigmatique *Fausse maîtresse* lui paraissent autant de chefs-d'œuvre et de révélations. Réaction encore d'un personnage de roman, qui par ailleurs s'identifie à la princesse de Cadignan. Lecture aussi qui, pour être nouvelle et renouvelante, n'en est pas moins partielle. On connaît le célèbre passage où Charlus explique au narrateur après lui avoir parlé de son admiration pour la beauté de Morel :

> C'est si beau, le moment où Carlos Herrera demande le nom du château devant lequel passe sa calèche : c'est Rastignac, la demeure du jeune homme qu'il a aimé autrefois. Et l'abbé alors de tomber dans une rêverie que Swann appelait, ce qui était bien spirituel, la *Tristesse d'Olympio* de la pédérastie.

Mais voici Proust lui-même comparant dans *la Prisonnière* l'ivresse de Wagner « s'apercevant tout à coup qu'il venait de faire une Tétralogie » à celle de Balzac qui « jetant sur ses ouvrages le regard à la fois d'un étranger et d'un père, trouvant à celui-ci la pureté d'un Raphaël, à cet autre la simplicité de l'Évangile, s'avisa brusquement, en projetant sur eux une illumination rétrospective, qu'ils seraient plus beaux réunis en un cycle où les mêmes personnages reviendraient, et ajouta à son œuvre, en ce raccord, un coup de pinceau, le dernier et le plus sublime ». Balzac découvre ainsi, après coup, dans ses romans une *Comédie humaine* :

> Unité ultérieure et non factice, sinon elle fût tombée en poussière comme tant de systématisations d'écrivains médiocres qui, à grand renfort de titres et de sous-titres, se donnent l'apparence d'avoir poursuivi un seul et transcendant dessein. Non factice, peut-être même plus réelle d'être ultérieure, d'être née d'un moment d'enthousiasme où elle est découverte entre des morceaux qui n'ont plus qu'à se rejoindre; unité qui s'ignorait, donc vitale et non logique, qui n'a pas proscrit la variété, refroidi l'exécution. Elle est (mais s'appliquant cette fois à l'ensemble) comme tel morceau composé à part, né d'une inspiration, non exigé par le développement artificiel d'une thèse, et qui vient s'intégrer au reste.

Ce texte capital doit être rapproché d'un autre, restitué par Pierre Clarac à partir du manuscrit, dans lequel Proust souligne que Swann, « si fin, si purgé de tout ridicule haïssable, eût été incapable d'écrire *la Cousine Bette* et *le Curé de Tours.* » Double procès, évidemment : celui des écrivains intelligents et planificateurs, celui des écrivains distingués. Jules Romains réussira dans ses *Hommes de bonne volonté* l'un de ses quelques portraits, celui du chroniqueur mondain et bien élevé, précisément à la ... Guermantes, qui ne dit jamais rien, ne fait jamais rien voir et dilue tout dans son style de bonne compagnie. Proust qui connaissait bien le goût et le style *Figaro*, n'a pas ici raté son Swann, en même temps qu'il répondait à tous les Brichot et à leurs trissotineries. Lui le sensible et le délicat, lui qui devait si bien déshabiller Balzac en un pastiche fameux et souligner tout ce qu'il y avait en lui de paysan parvenu, mais lui aussi qui avait si bien démasqué les artifices de style et d'expression d'un M. de Norpois, a tranché d'un coup en faveur de Balzac contre les distingués. En même temps, dans un remarquable coup de lumière, et qui n'est pas réactionnaire (que l'on songe à l'époque où Proust écrivait!), c'est Zola et l'illusion classificatrice, l'illusion pseudo-documentaire et organisatrice à froid, qui se trouvent récusés ou remis à leur place. *Les Rougon-Macquart,* qui ne sont pas ici nommés, et auxquels on pourrait joindre plus tard le grand roman cyclique de Jules Romains, partent d'une *idée* et relèvent de cette esthétique scientiste qui au temps de Proust commence à vieillir et que l'on remplace comme on peut par une esthétique du génie. D'où cet hymne à Balzac, hymne idéalisant certes, et l'on peut bien discuter de la perfection et de la totale pertinence de cette intégration totale de Balzac à Balzac, l'ensemble étant bien loin d'être harmonieux et complet. Mais précisément, et c'est là que Proust touche juste, bien qu'il ne dispose pas encore des outils idéologiques et d'analyse adéquats : la véritable efficacité de Balzac n'est pas tant dans la mise en place et dans la définition d'un ensemble romanesque parfait, complet, fonctionnel, que dans la suggestion et déjà dans le tracé d'un nouvel espace romanesque et d'un nouvel espace du réel dit. Zola avait bien montré que la cathédrale était imparfaite. Mais il pensait sans doute qu'on pouvait, qu'on pourrait arriver à la cathédrale complète et vraie comme un chapitre d'Auguste Comte, le romantisme étant l'imparfait de la chose et comme le premier cri d'une vérité. Proust, lui, dépasse les prétentions exhaustives et normatives pour s'attacher au significatif, au plein. Le vrai, le fort, en s'accumulant, *en travaillant,* finissent toujours par *produire* plus que les matériaux et les intentions. On verra le cheminement de cette idée chez Macherey, chez Butor. Il n'est pas question chez Proust de « génie » qui serve à nier le réel ou l'Histoire, mais d'une force et d'un travail qui soient eux-mêmes effets du réel et effet de réel. Balzac n'a jamais bouché des cases. Il est toujours parti d'un sujet de drame ou d'un problème à traiter. Il n'est pas tout à fait exact que le divers n'ait eu qu'à se rejoindre, si du moins on entend par là se rejoindre pour faire harmonie et perfection. Mais il est vrai qu'il y a eu constitution de sens en avançant. Avec Proust, Balzac auteur de la *Comédie humaine* gagne son autonomie par rapport aux explications naturalistes. Il la gagne aussi sur cet autre point : les êtres, leur jeu propre, leur mystère personnel et leur singularité passaient avant leur étroite signification typique. Proust, on l'a vu, a plus retenu d'*Illusions perdues* le roman de Lucien que le roman de Paris et de la commercialisation de la littérature. Mais il ne faut pas le taxer d'aveuglement. Sensible au roman des passions interdites, Proust, par-delà l'épaisseur du social et du sociologique, trouve les personnages et tout un courant, tout un chant secret de l'œuvre qu'on avait mal vu. On devait abusivement exploiter cette veine et s'en servir pour déshistoriser Balzac. Proust, lui, lit Balzac comme du romanesque ayant pouvoir transhistorique. Il y a là une fluidité, un charme dans la lecture qui constitue bien une conquête : Balzac n'est plus là pour sa valeur exemplaire ou illustrative. Comme par ailleurs Balzac, avec Wagner, avec bien sûr Bergotte, avec Elstir, était donné comme l'un de ceux qui avaient vaincu la mort et la nuit par les moyens de l'art et du dire, il y avait bien là une révolution dans la lecture de Balzac, une sorte de découverte proprement littéraire, en un sens symboliste, après la découverte réaliste. Proust a vraiment achevé de mettre Balzac parmi les artistes en même temps qu'il lançait la lecture et la réflexion sur des pistes nouvelles.

Thibaudet

Le chapitre *Balzac* dans l'*Histoire de la littérature française de 1789 à nos jours* opère une jonction entre les lectures positivistes ou symbolistes et les lectures plus complètes rendues possibles par le développement des sciences humaines. Thibaudet insiste sur la mystique de la paternité, sur la spécialité (« le don de voir à travers les choses, les espèces, les idées qui sont à leur principe, soit, depuis Platon, le don du philosophe »), la volonté, non tant morale et moraliste qu'énergétique, volonté non pas freineuse mais créatrice, et qui rompt avec toute une tradition de la lutte contre soi et de la méfiance envers le monde et ce qu'on est. Il définit le roman balzacien comme un « roman positif », « dans un sens encore plus fort et encore plus plein que le plus fort et le plus plein qui ait été attaché au mot, celui d'Auguste Comte. Par là Balzac s'opposerait presque à tous les autres romanciers français du XIXe siècle, aux réalistes et aux naturalistes d'après 1850 chez qui le roman est la phosphorescence d'une décomposition, la conscience de ce qui se défait ». Ce faire et ce défaire, Thibaudet ne leur assigne pas comme origine et explication objective, il est vrai, ce qui se fait dans la première moitié du siècle et ce qui se défait après 1848. Mais enfin il a lu l'œuvre et, de l'intérieur, il y a trouvé cette signification fondamentale qui déclasse aussi bien la lecture infra-réaliste que la lecture érudite myope. Si *Madame Bovary* est « un roman de la dégradation de l'énergie », le roman balzacien est un roman de l'énergie constructrice. Énergie constructrice, d'ailleurs, et ceci encore est capital, de nature dramatique et solitaire. Le pourquoi manque encore, et Thibaudet n'est guère historien ou sociologue, mais on sort du psychologisme. « Balzac, pas plus que Saint-Martin, ne ressent le catholicisme à l'état d'ombre, de dilution, de parfum d'un vase vide. Il est ici à l'opposé d'un Chateaubriand et d'un Renan. Sa direction est au contraire celle d'un hyper-catholicisme ». On comprend bien qu'il s'agit d'autre chose que d'un dogme : d'une vision du monde, globalisante et totalisatrice, organisatrice, en aucune façon libérale et atomisante. Thibaudet n'emploie jamais le terme de vision du monde, encore moins s'interroge-t-il sérieusement sur les racines d'un tel acte littéraire. Mais encore note-t-il fort bien que « la parabole qui valut à Saint-Simon un an de prison au moment où Balzac écrivait ses premiers livres annule l'ordre de cour dans lequel vivait son ancien cousin pour lui substituer un ordre représentatif de la nation en travail. Les mille réformateurs de Saint-Simon, qui sont des chefs, mènent aux mille de Balzac, qui sont des types ». On s'éloigne ici de souvenirs d'un siècle pour passer à la figuration d'un siècle : personnels, forces réelles, mouvements signifiants. C'est chez Thibaudet que pour la première fois se mettent en place, dans l'univers romanesque de Balzac, des structures, des nœuds de force, des orientations et des tensions. La lecture d'ensemble est vraiment commencée, la lecture du sens. Il est capital de constater que cette lecture n'est pas séparable d'une prise de conscience extra-littéraire de ce que fut le XIXe siècle et par conséquent le système libéral capitaliste, révolutionnant le vieux monde, libérant les énergies, les condamnant à de douloureux parcours, demeurant malgré tout signe des possibilités d'un plus humain. C'est la logique de Balzac qui apparaît, en même temps que celle d'une phase décisive de l'Histoire. La lecture de Thibaudet ouvre vraiment la lecture moderne. Celle-ci devait, toutefois, d'abord s'assurer de ses armes.

La lecture érudite et exacte

A partir de Marcel Bouteron, archiviste de métier, la lecture de Balzac se veut non plus seulement impressionniste, mais informée et scientifique. On prend l'habitude d'aller à Chantilly, où la collection léguée à l'Institut de France par le vicomte Charles Spoelberch de Lovenjoul à la fin du siècle dernier renferme d'extraordinaires richesses. On étudie les manuscrits, on scrute la correspondance, on propose des éditions aussi correctes que possible des textes déjà publiés et des inédits. En ce qui concerne ces derniers, sur un espace de trente ans, et pour se limiter à l'essentiel, au Balzac traditionnel viennent s'ajouter *Sténie* (éditée par Albert Prioult), le *Catéchisme social* (édité par Bernard Guyon), une première *Physiologie du mariage,* dite pré-originale (éditée par Maurice Bardèche), le *Traité de la prière* (édité par Philippe Bertault), *Falthurne* (édité par P.-G. Castex), *la Torpille* (éditée par Jean Pommier), la *Correspondance* et *les Lettres à Madame Hanska* (éditées par Roger Pierrot), qui remplacent les fameuses *Lettres à l'Étrangère* incomplètes et pleines d'inexactitudes, parues à la fin du xixe siècle; plus tous les romans qui paraissent en édition critique ou semi-critique, ou qui font l'objet d'études monographiques, avec utilisation systématique du manuscrit (lorsqu'il existe) et des éditions successives, le plus ancien exemple étant constitué par l'étude de Bernard Guyon sur *le Médecin de campagne* et le plus récent l'exploitation par l'auteur de ces lignes du manuscrit autographe complet de *Wann-Chlore;* plus les œuvres ébauchées (d'abord publiées par Maurice Bardèche, puis par Roger Pierrot). Tout cet immense matériel commence aujourd'hui à être recensé et connu. Il reste sans doute à publier en première urgence les dossiers de correspondance de la famille Balzac (père, mère, sœurs) utilisés par les uns et par les autres, mais qui ne sont connus du public que par fragments. Le *Courrier balzacien,* les *Etudes balzaciennes l'Année balzacienne,* ont patiemment et minutieusement continué, à partir d'inédits de plus ou moins grande importance, de mettre au point l'image de Balzac. Les manques sont importants, des manuscrits étant sans doute — sauf chance inespérée — perdus à jamais. P. G. Castex a pu travailler sur celui d'*Eugénie Grandet,* qui se trouve aux États-Unis, mais qui dira par exemple où se trouve le manuscrit certainement capital de *la Peau de Chagrin ?* Est-il sûr que la fameuse *Bataille* se limite aux quelques mots du fragment Lov. A. 138 ? Lorsqu'on pense toutefois que les stendhaliens ne disposent ni du manuscrit d'*Armance,* ni de celui du *Rouge,* ni de celui de *la Chartreuse,* les balzaciens ne doivent pas s'estimer malheureux. Grâce à l'extraordinaire patience et à la passion de celui qu'entre soi on appelle le vicomte, il a été possible de dire enfin des choses sérieuses. Au fonds de Chantilly sont venus s'ajouter divers documents figurant aux Archives Nationales (déclarations d'imprimeur), à la Bibliothèque Nationale (quelques lettres et manuscrits), ainsi que dans diverses archives et bibliothèques de province. A partir de tous ces documents s'est constituée une école balzacienne française (à laquelle bien entendu se rattachent les travaux de Scott Hastings, Henry Evans, Anthony Pugh, L.F. Hoffmann, de Cesare, récemment Hiroji Nagasaki, etc.) dont la première vague fut constituée, dans l'immédiate avant-guerre et après la Libération, et sous la direction de Marcel Bouteron et de Jean Pommier, par les travaux de Maurice Bardèche, Philippe Bertault, Bernard Guyon. Puis vinrent, après une dizaine d'années d'assimilation de cet acquis et de réflexion à son sujet, comme en une seconde vague, et P.-G. Castex assurant la relève de l'animation et de l'organisation du travail, les grandes initiatives de Roger Pierrot et de Jean-A. Ducourneau, les travaux de Jean-Hervé Donnard (qui le premier s'attacha à la lecture systématique de la Presse et de l'environnement), de Suzanne-Jean Bérard, de Pierre Citron, de Moïse le Yaouanc, de Madeleine Fargeaud, d'Anne-Marie Meininger, de Pierre Laubriet, de Roland Chollet, de René Guise, etc. On peut dire qu'en vingt-cinq ans, c'est à un véritable ratissage que se sont livrés les balzaciens. Quel est aujourd'hui le bilan ?

Il est certain que la publication d'innombrables documents et textes exactement établis et correctement datés a d'abord permis d'en finir avec des légendes et des approximations qui étaient la rançon de l'ignorance ou d'une information fautive. Les livres de Laure Surville, les témoignages de Champfleury, de Gozlan, de tant d'autres, ont été relus dans une lumière nouvelle. Ont été radicalement déclassés des travaux d'amateurs ou de vulgarisateurs qui, quelle qu'ait été leur bonne volonté, avaient contribué à égarer ou à fourvoyer d'innombrables lecteurs.

Mais une autre conséquence de cet immense travail a été de rendre possible une nouvelle lecture du texte balzacien. Lecture mythologique (images obsédantes ou récurrentes, complexes de forces, structures reparaissantes), lecture idéologique, lecture de l'écriture ne sont en effet devenues possibles que le jour où l'on a pu commencer à recomposer la vie secrète et totale de l'individu vivant et écrivant, le jour où l'on a pu faire un texte continu et imbriqué avec l'œuvre officielle, la correspondance, les manuscrits abandonnés ou censurés, les divers projets et les notes, les ébauches et les repentirs, les premiers jets et les ratures, l'œuvre oubliée, corrigée, reprise, resituée, soit par Balzac lui-même, soit par la critique. Il serait aujourd'hui possible d'éditer un Balzac absolument surprenant, de la première lettre écrite de Vendôme aux derniers brouillons de 1850, et là se trouverait enfin la continuité la moins illusoire et l'ensemble le plus véritablement *écrit*. Il n'est certes pas d'accumulation critique qui ne corresponde à une idéologie; mais il n'est pas non plus d'accumulation qui ne finisse par avoir des conséquences idéologiques. Ce qui est sorti de Lovenjoul, et ce qui en sortira, n'avait certes pas été toujours prévu par Lovenjoul lui-même, ni par les lovenjouliens.

Mais si se trouve ainsi cernée, au moins approchée, une autonomie vraie, une spécificité du texte continu, et que cessent de morceler les chefs-d'œuvre, une autre conquête de cette lecture d'investigation est que Balzac, en ce qui concerne les faits et les personnages, s'il a imaginé et surdimensionné, s'il a fait *signifier,* n'a rien réellement inventé, et donc que son réalisme a d'abord valeur de document. Anne-Marie Meininger montre tout ce que les romans de la vie privée devaient à la longue, multiple et rebondissante saga de la famille Balzac-Surville. Jean-Hervé Donnard a montré que d'innombrables événements de *la Comédie humaine* venaient tout droit d'une actualité qu'il nous faut relire. L'enquête n'est pas finie. Elle continue et continuera. Dans cette perspective, les lectures mêmes de Balzac et les utilisations qu'il en a faites doivent être appréciées; les livres ne sortant pas des livres, mais de la vie vécue d'une manière particulière, les textes jouant entre eux d'une manière non pas linéaire et mécanique, mais dialectiquement signifiante. On savait que, pour l'essentiel, pour les grandes masses et les grands mouvements, Balzac avait dit son siècle. Mais on ne savait pas assez que tel événement précis (le scandale des prévarications Fisher-Hulot en Algérie, par exemple) avait son exact répondant dans la réalité. Dès lors tombent certaines accusations d'immoralité et de noircissement, et le sens peu à peu apparaît, se renforce, les arguments et les preuves rejoignant le mouvement du texte.

Une preuve en tout cas est aujourd'hui administrée, et de la plus magistrale manière : tout travail sérieux sur une œuvre en vient toujours à alimenter, sinon formellement à rejoindre, non pas la critique impressionniste, sceptique, discoureuse, mais bien la critique scientifique, et ceci avec toutes les conséquences. Lorsque Bernard Guyon étudie en 1970 *l'Illustre Gaudissart* et *la Muse du département*, lorsqu'il parle de bourgeois conquérants et de mise en place du capitalisme, il n'a nullement le sentiment de parler de sous-réalités, de céder à quelque mode ni de prendre Balzac à quelque humble, factice ou secondaire niveau. De même lorsque P. G. Castex étudie *Eugénie Grandet* et détruit l'image d'un Grandet qui serait un nouvel Harpagon mis à jour par un néo-classicisme dix-neuvième siècle, lorsqu'il montre, même sans toujours utiliser le langage adéquat, en l'homme de Saumur (ou plutôt, et c'est là un coup sérieux porté au réalisme de syndicat d'initiative, en l'homme de Vouvray) un homme non de cassette mais d'investissement, et pour qui les régimes successifs ne sont que transparence, il a, et à juste titre, le sentiment de faire avancer de manière décisive la lecture d'un ouvrage de bonne heure enfermé dans des explications anesthésiantes. Il est certain que l'exégèse scientifique interne comme externe, en allant au document, s'est peu à peu pénétrée de la vraie problématique moderne en même temps qu'elle la justifiait, la renforçait et l'alimen-

257

tait. Dans la mesure où elle a réellement accepté d'être scientifique, la critique documentaire et exégétique n'a jamais mis en péril la critique matérialiste, mais bien au contraire lui a rallié au canon un nombre non négligeable de significatifs bataillons. Les postfaces écrites par Bernard Guyon à sa thèse sur *la Pensée politique et sociale de Balzac* et à son étude sur *le Médecin de campagne* ne portent certes pas aux regrets ceux qui, dès longtemps, avait choisi de lire selon des critères qui il y a trente ans n'étaient pas les siens.

De même que l'industrie moderne n'a pas attendu, pour entreprendre et spéculer, de pouvoir disposer de tous les moyens techniques et financiers souhaitables, de même la critique interprétative n'a pas toujours attendu, pour se lancer, d'avoir tous les moyens de le faire. C'est là, il faut le souligner, chose absolument normale. C'est que tout auteur important fait problème et qu'il invite à réagir à la lecture que lui-même a donnée du réel. Les phases d'accumulation primitive sont loin d'être finies que commencent les premiers essais sauvages. On ne pouvait pas, alors que tant de ce qui compte y est mis en question, ne pas réagir à Balzac et au rôle qu'il joue dans notre culture. C'est le sens d'entreprises ou d'aventures qui, à divers niveaux et selon diverses préoccupations, sont des moments de la critique moderne. Cela aussi fait partie de l'histoire de Balzac.

Gaëtan Picon

La lecture de Gaëtan Picon *(Balzac par lui-même)* met l'accent sur l'importance de l'imagination dans la création balzacienne, sur le dialogue avec le silence, avec la nuit, sur l'infinie puissance de l'homme Balzac et sur son extraordinaire « disponibilité créatrice ». Picon a certes raison d'insister sur le poème intérieur et secret de l'aventure et de la création :

> dans la nuit de la création balzacienne resplendissent des constellations jamais vues, des feux jamais éprouvés, une expérience incommensurable à ce qui fut la vie réelle si hâtive, dévorée par l'œuvre.

Il donne aussi toute son importance au drame du côté de la mère, aux élégies et aux souvenirs qui reparaissent dans les romans. Mais lorsqu'il parle des « forces compensatrices » (l'ambition, le vouloir-être) il ne voit là qu'une disposition psychologique; il ne voit derrière nul élan, nulle poussée contradictoire de nature historique et sociale. Cette dimension manque absolument au Balzac de Picon, hors du XIXᵉ siècle et du temps, homme d'un drame éternel et d'un éternel dialogue, l'histoire se trouvant renvoyée à quelque statut secondaire et non mentionné. « Les vaincus sont plus nombreux que les vainqueurs, le tragique est plus profond que le bonheur » : si nul dans *la Comédie humaine* ne réussit innocemment, ceci tient-il à une impuissance fondamentale et constitutive de la « nature » humaine, à quelque refus métaphysique de l'inscription historique, ou au fait qu'il n'est de réussite, dans l'univers libéral bourgeois, que pourrissante et corruptrice? Jamais Picon n'aborde ces problèmes : la puissance de l'argent, les structures sociales d'un capitalisme naissant et conquérant à la fois. Misère et rédemption, fatalité et salut, la « solution » au problème de l'échec et de la solitude étant la seule création littéraire : Picon situe Balzac dans l'univers éternel et abstrait d'une sorte de destin. A l'occasion, et pour donner aux textes une allure insolite, pour leur faire signifier comme un univers magique et abstrait, Picon sollicite et même arrange : « Je fais partie de l'opposition qui s'appelle la vie » (à Laure, avril 1849). Isolée, cette phrase vous prend de petites allures à la Rimbaud ou à la Lautréamont. En fait, il faut relire :

> Je reste ici maintenant cloué par la maladie. Hélas! j'ai payé tribut à 1848, comme tous ceux qui sont morts ou qui en mourront; seulement mon tempérament de taureau donne du fil à retordre à la souveraine de l'humanité. *Je fais partie de l'opposition qui s'appelle la Vie.* Les chagrins de février qui a sappé [*sic*] fortune et littérature ont fait déclarer, à Saché, une hypertrophie du cœur (tiens cela secret pour ma mère). Je ne pouvais pas marcher vite, ni gravir la moindre éminence. Enfin ici je suis arrivé à ce point que je ne pouvais pas me peigner sans des étouffements et des palpitations, et il y a eu deux fois des attaques de strangulation complète, par

> impossibilité d'aspirer et d'expirer l'air. Il m'est impossible de monter un escalier, il faut les plus grandes précautions.

On devine l'intention : la véritable opposition n'est pas de nature politique, mais vitale et transhistorique. De même les barrages et l'eau dans *le Curé de Village* sont renvoyés à quelque imagerie uniquement symbolique : il n'y a là nul polytechnicien, nulle mise en cause des impuissances du libéralisme, nulle ébauche d'un programme de transformation révolutionnaire du monde par une technique qui ne serait plus au service de l'argent. Quant au dilemme vouloir-pouvoir il n'est jamais renvoyé pour élucidation au moins partielle à un dilemme concret vécu. Et Grandet n'est qu'un avare de passion, ayant « la passion de sa passion ». Révolution française, achat des biens nationaux par les usuriers : silence. « L'objet, c'est la part des circonstances. La passion seule est la part du destin ». Il y a dans tout le livre une leçon profondément méditée de pessimisme : « Tout est donné, tenté dès le départ — et l'échec lui-même ». L'action, le travail ne sont que divertissement. La vérité est ailleurs que dans l'Histoire, une Histoire dont Picon ne parle jamais.

Le Balzac de Picon n'est pas un Balzac par lui-même au sens étroitement autobiographique et auto-analytique du terme. C'est un Balzac aventure et écriture de soi, et c'est pourquoi il convient d'être juste : ce petit livre a eu le mérite, face aux lectures appauvrissantes du positivisme platement documentaire, d'intérioriser Balzac et de donner toute son importance au problème et au poème balzaciens. Il reste à le compléter du côté de ce qu'ignore et veut ignorer son auteur : la relance du destin et de la fatalité par le devenir et par le blocage de la société capitaliste.

Maurice Bardèche

La lecture de Maurice Bardèche fut d'abord une lecture de type « universitaire » et de « spécialiste », une lecture érudite et génétique qui, à partir de la lecture de l'infra-littérature et de celle des manuscrits, démontait et racontait un apprentissage : comment, à partir des modèles du roman existant et fonctionnant en 1820, Balzac en était venu à pouvoir faire *le Père Goriot*. Dès cette époque toutefois, on est frappé par une démarche idéologique : les livres engendrent les livres et les circonstances historiques n'ont qu'une importance bien secondaire dans l'explication d'une production littéraire. André Wurmser commentera : «*Le Diable au corps* et *la Princesse de Clèves* ont le plaisir de vous faire part de la naissance de leur fils *le Bal du Comte d'Orgel*.» Le mouvement historico-social de 1830-1831 n'était que bien rapidement et bien superficiellement évoqué, le Balzac de *la Peau de Chagrin* par exemple étant présenté comme un simple hurluberlu qui tente d'attirer l'attention sur soi. Mais c'est dans *Une lecture de Balzac,* parue en 1964, que Bardèche devait expliciter ses hantises et sa problématique.

Bardèche insiste dès le départ sur la nécessité de lire non *des romans* de Balzac, mais un ensemble romanesque fortement et volontairement structuré, innervé de plus par un système philosophique cohérent. A sa manière, cette lecture réagit donc, elle aussi, contre les lectures de type positiviste ou de plate consommation. Toute une vision du monde sous-tend *la Comédie humaine,* tantôt manifeste, tantôt implicite, et, bien entendu à lire et à expliciter par la critique. Balzac n'est pas simplement le « peintre » et l'appareil enregistreur qu'on a souvent voulu voir en lui; «il a vu avec lucidité le mal dont souffrait le monde moderne» et les romans «réalistes» ou «descriptifs» ne sauraient se comprendre si l'on ne tient compte de l'espèce d'énorme manifeste philosophique et théorique qu'il faut d'abord lire.

Le monde moderne est malade de trop penser. La pensée tue. Le roman balzacien est un roman clinique. D'où les deux faces du mythe : le héros dévoré par la pensée, le héros pensant, voulant et agissant. Certains héros concentrent l'énergie, d'autres la dissipent. Aucun renvoi à l'histoire pour une tentative d'explication de cette proposition. La leçon, selon Bardèche, est profondément pessimiste. Mais il est vrai de dire qu'«il n'y a pas deux Balzac, un Balzac observateur et un Balzac dramaturge». C'est toujours le procès du positivisme. *La Comédie humaine,* « c'est *les Contemplations* mises en prose ». Soit. Voici toutefois qui oblige et qui force à prendre position.

Birotteau était d'abord une *Étude philosophique*. Mais *Birotteau* devenant une étude socio-économique, comment se dérober? César est une image terrienne de la richesse, une image terrienne de la vie. Quant à ce qui se dresse contre Birotteau c'est...? Le capitalisme? C'est... « l'étranger », ce sont les « forces nouvelles du siècle, la fortune vagabonde, la spéculation, la banque ». Qui, bien sûr, ne souscrirait? « Cette vue d'historien », chez Balzac, anticipe sur l'évolution du réel et la vérifie. On ne peut mieux. Mais attention au mot banque. Car si Birotteau, homme d'une France boutiquière et petite-bourgeoise a péri victime du capitalisme, c'est la faute à qui et à quoi? Tout simplement « à l'abandon d'une sagesse »! La spéculation est une erreur, une faute; « c'est la nation imaginant ». Non pas, bien sûr, la logique même du capitalisme en son développement. La France, les individus se sont fourvoyés. Le capitalisme aurait pu ne pas avoir lieu. Il aurait suffi de ne pas imaginer, de ne pas céder aux démons, que certaines forces n'aient pas joué. Le reste suit : Bardèche regrette une France terrienne, individualiste, tête de pioche et camelot du roi, et ses héros sont non pas ceux de la lutte pour un modernisme enfin humain, mais les francs-tireurs, les combattants isolés d'un passé, en fait héroïque et absurde, tous ceux qui disent non au monde moderne, en termes non pas humanistes et révolutionnaires, mais réactionnaires et passéistes. L'héroïne type, c'est dans *Une Ténébreuse Affaire,* Mademoiselle de Simeuse, « résistante » (mais contre quoi exactement? Bardèche dit-il que ce soit contre le pouvoir de l'argent et des nouveaux féodaux comme Malin de Gondreville), « au créneau », mais guettant seulement et prête à mourir contre des forces sociales et politiques qui ne sont jamais, et pour cause, réellement nommées. Moyennant quoi, la petite Simeuse réussit à être mobilisée uniquement contre les révolutions, mais demeure en réserve et condamnée au silence pour la lutte contre ce qui compte. Ceci dit, et comme Bardèche a le sens des choses, il ne saurait se laisser happer par un nihilisme contraire d'ailleurs à sa propre nature et à sa propre expérience : lutter jusqu'au bout et contre tous et contre tout au nom d'une idée, fût-elle fausse, témoigne que l'on croit dans les efforts des hommes. Aussi est-il significatif que Bardèche écrive que chez Balzac il n'y a jamais de roman réellement « noir », que « toujours quelque chose nous rappelle [...] que la vie peut échapper à ses fatalités ». Ce qui n'est pas si mal et doit être signalé. « Les plus beaux romans de Balzac sont ceux où un sentiment vrai et juste est ainsi broyé par le mouvement imprescriptible des choses ». Mais *quel* mouvement imprescriptible, bien sûr, et de *quelles* choses? Celles de l'Histoire, celles de l'homme éternel? Bardèche, *in fine,* reprend la formule fameuse sur l'homme qui pense animal dépravé. Seuls les vices individuels et les erreurs expliquent la levée, en force mais non pas en masse, des monstres.

Balzac visionnaire

Le vulgarisateur de cette expression, avec arguments à l'appui, est Albert Béguin, qui se félicitait de ce que son Balzac lu selon un ordre nouveau s'ouvrît sur *Louis Lambert.* Ceci pour des raisons non tant chronologiques et documentaires (la fin de l'Empire, 1811) que symboliques :

> Aucun roman ne saurait mieux que celui-là servir de porche à l'édifice ou d'ouverture à la symphonie [...]. Balzac non seulement s'y peint sous les traits d'un jeune philosophe et indique ainsi que sa réaction romanesque obéit aux exigences d'une pensée cohérente. Il montre encore dans les dons de voyance attribués à Lambert, puis dans la démence qui l'enveloppe de nuit, que son immense entreprise n'alla jamais sans une secrète anxiété. Le voyant, l'homme de pensée, dont l'esprit s'exerce à une connaissance supérieure, est toujours menacé de perdre pied, de franchir le seuil de la folie [....] et c'est l'aveu de la peur dont Balzac ne parvint pas à se libérer : peur que sa puissance, sa fécondité d'imagination ne tombassent sous les malédictions qui condamnent les activités téméraires de l'esprit humain et leur réserve la sanction des ténèbres intellectuelles.

C'est que

> le roman du XIXe siècle est d'essence tragique : tragique de la pensée en même temps que des destinées, légende

de la puissance humaine frappée d'impuissance et toujours renaissante. C'est Prométhée et le Phénix à la fois. Mais, selon un rythme presque régulier, on voit reparaître de place en place l'étrange lueur angélique qui à certaines heures illumine l'épaisseur du monde balzacien : images de blancheur, fines mains de jeunes femmes tirant l'aiguille, naissance d'un ange au ciel quand s'unissent sur terre les corps des amants, tout prépare ce mythe d'innocence qui éclatera dans l'androgyne de *Séraphîta*. Si les histoires très humaines que raconte Balzac se jouent dans la nuit de la chair et sous la pesanteur de l'éternelle déperdition, il y a quelque part, toujours, cette autre histoire qu'il sait, à laquelle il persiste à croire, qui est l'histoire du paradis non pas retrouvé mais reconquis.

Chacun, certes, appréciera. Essayons quand même de retenir ce qui peut compter, c'est-à-dire faire brèche. Paradis non pas retrouvé, mais reconquis : hérésie ou invention? Figure ou révolution? Béguin ne peut pas ne pas savoir, et il le dit, que Balzac et sa lecture inversent les perspectives traditionnelles. Essence tragique, soit, mais renvoyant à quelle tragédie? Albert Béguin a remarqué que dans la chronologie définie par *la Comédie humaine* « les dates charnières, celles que tout écolier moyen se doit de retenir, ne bénéficient pas d'une attention particulière. Ni 1815, ni 1830, ni 1834 n'ont sollicité plus vivement le romancier ». Le critique allait-il sinon conclure, du moins se demander : les coupures et la périodisation de l'histoire officielle, celles qu'on apprend et impose aux écoliers précisément, sont-elles les bonnes? Non pas :

> Il faut bien en conclure que la chronologie objective se double ici d'une chronologie subjective, commandée d'une part par le destin personnel des héros balzaciens, et d'autre part obéissant à l'intérêt qu'un peintre des mœurs dédie aux périodes étales plutôt qu'aux faits décisifs.

Ceci dit, et malgré la tentative ultime de rattraper les choses (les mœurs, ce n'est pas les crises; les crises, ce sont les batailles), il est vrai que, dans cet univers décentré par rapports aux classifications reçues, on [...] sent plus concrètement monter la fortune de la bourgeoisie, dépérir la vitalité de la noblesse, la province s'enfoncer dans la stagnation tandis que Paris s'agite et s'enfle dangereusement. Derrière l'homme d'affaires et l'homme de loi, on voit surgir le margoulin et les hors-la-loi. Entre une police qui forge ses structures modernes et les maffias plus ou moins secrètes qui la combattent, se noue peu à peu la sourde guerre qui donnera naissance au roman policier. Les courtisanes de 1835 ne sont plus celles du Directoire, pas encore celles du Second Empire. L'artisanat est menacé, non vaincu.

Jours nouveaux? En un sens :

Le prolétariat, à peu près banni de l'univers balzacien, attend aux portes de la société bourgeoise. Balzac a ignoré la naissance de la conscience de classe, mais, au moins par le peu qu'il en avoue, il a pressenti la menace que le monde ouvrier allait faire peser sur les castes dirigeantes de la monarchie de Juillet. Tous ces traits, épars dans son œuvre complète, et en particulier ceux qui situent, à chaque période, le pouvoir de l'argent, deviennent plus nets quand on suit le développement dans le temps. Il faut observer, d'ailleurs, que certains éléments de ce diagnostic social n'ont été rassemblés par Balzac qu'à la fin de sa période créatrice, alors que l'approche de quarante-huit, les mettait en lumière.

Voilà certes un visionnaire qui, comme le disait Claude Roy, avait commencé par bien voir. Ce n'est pas là de la part de Béguin simple habileté ou fausse fenêtre. L'idée est que l'Histoire existe, qu'elle est importante, qu'elle est le lieu de l'aventure humaine. Mais aussi l'Histoire n'est vraie que de manière seconde. Avant que ne commence l'Histoire, il y a *Louis Lambert.* Ainsi

avant de pénétrer dans la durée balzacienne, le lecteur est [...] averti de ce qui va être l'objet de cette longue quête du Graal : une interrogation complexe sur l'usure de l'énergie vitale, la lutte entre la pensée et la nature, les possibilités d'incarner l'une et de spiritualiser l'autre.

Le réalisme est ainsi *corrigé.* L'Histoire figure pour quelque chose de plus vrai qu'elle : Dieu, l'âme, l'esprit, la création littéraire.

Hugo von Hofmannsthal, dans son étude sur *l'Univers de la Comédie humaine,* est net : « Cet apparent matérialiste est un visionnaire passionné, un extatique [...] Tous ces personnages si concrets ne sont pourtant que les incarnations éphémères d'une force indéfinissable. Un absolu transparaît à travers ces innombrables figures relatives ». Le réel n'est pas le point de départ. Il est l'occasion. On ne chicanera pas Hofmannsthal lorsqu'il écrit :

> le vernis de cette « véracité » que nous saisissons encore et qui nous touche, l'auréole d'« actualité » qui environne cette œuvre sont destinés à disparaître, tandis que la vérité interne d'un univers jailli de l'imagination de son créateur [...] est aujourd'hui plus forte et plus vivante que jamais,

si l'on entend par là que le mouvement dans lequel sont dits les documents compte plus que ces documents mêmes. Mais si Hofmannsthal et Béguin ont eu raison d'insister sur cette idée du mouvement et de l'invention, ils n'ont pas vu que ce mouvement et cette invention n'étaient extérieurs ni à l'homme Balzac ni au siècle, mais qu'ils en étaient précisément l'expression.

Matérialisme historique

La lecture marxiste de Balzac a commencé de bonne heure : par la lecture de Marx lui-même et d'Engels. Dans *le Capital,* Gobseck est repéré comme représentant le délire thésauriseur, qui est le contraire même de la capitalisation, et Merhing disait que Marx avait l'intention de consacrer une étude à *la Comédie humaine.* Plus tard, Engels, dans une lettre devenue fameuse adressée à Miss Harkness, déclarera qu'il a plus appris dans Balzac sur la politique et sur l'économie bourgeoise qu'en lisant les économistes et les historiens de profession. C'était là sans doute donner un contenu nouveau à la remarque de Hugo sur Balzac écrivain révolutionnaire, qu'il l'ait voulu ou non.

Depuis, la critique d'inspiration marxiste non seulement n'a jamais boudé Balzac, mais a toujours vu dans son œuvre l'une des plus importantes vérifications des thèses fondamentales du marxisme, aussi bien matérialisme historique

(Balzac a dit que la machine à vapeur avait fait une révolution plus importante et plus profonde que les Trois Glorieuses chères à la tradition démocratique bourgeoise, parce qu'elle avait changé « les combinaisons anciennes »; il a dit aussi que nul souverain ne pouvait atteindre l'argent et que ce n'était pas le roi Philippe qui régnait sur la France mais bien la pièce de cent sous) que matérialisme dialectique (Balzac dit que la société ainsi dépeinte devait porter avec elle la raison de son mouvement, et il a théorisé sur la loi des contraires et sur le sens toujours nécessairement double des choses). Description du réel dans sa vérité avec déclassement des superstructures et des idéologies par rapport aux forces profondes qui sont économiques; mouvement inséparable de la logique et de l'unité d'un processus à un moment de l'Histoire : nul, au siècle romantique, n'a vraiment dit cela. Le risque était toutefois de ne lire *la Comédie humaine* que comme un document, direct ou indirect. Les corrections nécessaires (lire *la Comédie* comme du roman) sont venues de Georges Lukács et, en milieu soviétique, de V. Grib, qui dénonça vigoureusement, en 1937, les lectures naïvement et schématiquement « sociologistes » de Balzac :

L'application à la littérature de la théorie léniniste de la réaction exige que nous cherchions les origines de l'œuvre d'un écrivain d'abord dans les caractères objectifs du conditionnement historique de son époque; en d'autres termes, que nous étudiions les œuvres d'un écrivain d'un point de vue qui explique l'influence de son époque sur la naissance et sur le développement de son talent et jusqu'à quel point elle a pu se trouver exprimée dans ses écrits. Nos « sociologistes » perdent de vue ce point et partent de l'autre bout. Pour eux, l'analyse de classe d'une œuvre d'art en vient à dépendre automatiquement de la position immédiate de l'artiste dans les rapports de classe. Ils évitent complètement l'analyse concrète des méthodes de l'artiste, sa manière de réagir au réel. Ils n'accordent aucune attention au fait qu'une étude profonde et une description réaliste du réel prête nécessairement à son œuvre une terrible signification sociale. Nos « sociologistes » passent ainsi à côté du contenu objectif et de la signification historique de la création artistique.

Ne pas partir, donc, d'une manière schématique, de l'appartenance de l'écrivain à tel milieu, mais de son expérience du réel, de l'œuvre élaborée, *écrite,* à partir de cette réaction, et mesurer la novation par rapport aux appartenances formelles et voyantes. Balzac, malgré ses origines, n'est pas un libéral, en ce sens qu'il ne croit pas à la totale innocence et à la totale efficience du progrès bourgeois; mais il n'est pas non plus un romantique, dans la mesure où sa critique et son analyse de la déshumanisation ne le conduisent pas à des positions esthétisantes ou passéistes. Rompant avec les démocrates et romantiques libéraux, Balzac a vu tout ce qu'avait de négatif le monde né du capitalisme. Mais aussi il a montré l'inévitable décadence de l'ordre patriarcal sous les coups de l'industrie née de l'accumulation. La preuve et la clé ne se trouvent pas à l'extérieur de l'œuvre, mais dans l'œuvre, réalité non pas claire mais contradictoire et tentant par ses moyens propres de sortir de la contradiction et de fournir une image rendue plus claire du réel. C'était jeter les principes d'une étude matérialiste de l'œuvre et rompre avec un marxisme de type positiviste et naïvement pédagogique.

Georges Lukács, dont les balzaciens français n'ont guère usé (J.-H. Donnard, éditant *les Paysans,* ne cite même pas le grand article consacré par le philosophe hongrois à ce roman, pas plus qu'A. Adam éditant *Illusions perdues*) devait, lui aussi, mais de manière plus systématique et plus ambitieuse pour ce qui est de la théorie, proposer une lecture par laquelle il n'est plus possible de ne pas passer :

> Les grands réalistes donnent toujours tort à leurs préjugés et laissent parler, font parler leur vision du monde, alors que les petits écrivains réussissent toujours à mettre leur conception du monde en accord avec la réalité [...]. Les personnages des grands réalistes mènent une vie indépendante de leur créateur dès qu'ils ont germé dans l'imagination de l'auteur; ils se développent dans une direction, subissent un sort qui leur est prescrit par la dialectique interne de leur existence sociale et psychologique.

Il est des moments où l'on ne pourrait formuler une théorie cohérente et vraie du monde et des rapports sociaux. La création littéraire fait alors, peut faire, ce que ne peut l'idéo-

logie. A partir de là : personnage typique et personnage significatif, romantisme révolutionnaire et réalisme critique,
expression par les contradictions dramatiques de contradictions réelles que nous pouvons aujourd'hui lire, c'est
comme toute une vulgate de la lecture marxiste des œuvres
qui se constitue. Il faut bien insister sur le fait que ces
études, qui datent de 1934-1935 prenaient fermement position contre « le physiologisme grossier des naturalistes » et
contre « les représentations sans finesse des écrivains à
thèse [qui] font violence à la véritable peinture de l'individua-
lité de l'homme total ». C'est également Lukács qui a fait
remarquer que le pacte et le talisman dans *la Peau de Chagrin* n'étaient pas concession littéraire ou vain ornement,
mais bien élément central de la peinture du réel. C'est lui
enfin qui a lancé l'idée d'un grand classicisme moderne dont
les représentants seraient Stendhal et Balzac : ces deux
romanciers ont créé des types de portée et de signification
universelle, comme Shakespeare, comme Cervantès, comme
Goethe, parce qu'au lieu de faire des personnages moyens,
ils ont fait des personnages qui sont le lieu des contradictions d'une époque. « La tension de l'ancienne fable,
l'action conjuguée ou antagoniste d'hommes qui sont en
même temps des individus et des représentants d'importantes tendances de classes », une « méthode scientifique »
qui ne débouche pas « sur ce qui est moyen, gris, statisti-
quement au milieu », mais sur ce qui est dramatique et
épique : ces définitions nouvelles consacrent la sortie de
Balzac du ghetto positiviste.

Livre polémique et vengeur, livre de militant, *la Comédie
inhumaine* (1964) d'André Wurmser est sans doute d'un
bout à l'autre, en ce qu'il a de meilleur, une critique de la
critique. Il relève tous les procédés par lesquels la lecture
traditionnelle et faussement « neutre » s'est appliquée à ne
pas voir ou à dissimuler en Balzac le peintre et le dénoncia-
teur de l'argent : non plus l'argent « caractériel » et clé de
caractères, mais bien l'argent structurel et fonctionnel,
moteur de toute une société.

La Comédie inhumaine ne pratique certes que la critique

du contenu, et son auteur ne s'intéresse guère au langage, à l'efficacité proprement littéraire, et quant à la lecture et à la connaissance de Balzac, elles sont parfois rapides. Mais l'amour de l'œuvre est là, avec ses raisons et qui sont dites : Balzac apporte des arguments à une analyse et à un combat.

Le point de vue marxiste sur Balzac peut assez bien se résumer dans cette formule d'André Wurmser lors du colloque de la Mutualité en 1964 : « Balzac n'a pas eu une vision bourgeoise du monde réel, mais une vision réelle du monde bourgeois ». On a essayé de montrer plus haut qu'une telle vision impliquait non seulement le matériel directement historique et social, mais aussi tout ce qui est croyances et idéologies. La critique marxiste est sans cesse guettée par un néo-positivisme larvé. Elle tendrait à oublier que le réel est multiple et vivant. Et à fonctionner un peu trop à coup de concepts. La faiblesse de Lukács a été souvent d'avoir parlé de Balzac en philosophe et en homme d'immense culture, plus qu'en historien de la littérature et en connaisseur informé du siècle. Les raccourcis, les grands coups de sonde sont indispensables, et il arrive, ici comme ailleurs, que des études précises vérifient des intuitions géniales. Mais enfin, on ne triche pas avec le réel, et l'un des mérites de la recherche est de mettre en garde contre le discours sur le discours.

Balzac et la « nouvelle » critique

Bien des choses se cherchent. Mais des problèmes vrais se posent, et de chères tentations reparaissent ici, avec de nouvelles armes.

Georges Poulet, dans *Etudes sur le temps humain* (1952), tente de donner une lecture thématique de Balzac. Il envisage dans une perspective abstraite et métaphysique la hantise balzacienne du temps qui se dérobe, qui se dévore et que l'on dévore pour vivre. « Exister c'est désirer et désirer, c'est se livrer au temps et à la mort. » Pourquoi ce dilemme, cette situation ? La question n'est jamais posée. L'homme éternel est de retour. Poulet constate l'existence d'une galaxie et l'analyse. Balzac s'est situé, paraît-il, dans « le royaume céleste des causes ». Que Gobseck et ses amis soient « les rois silencieux et inconnus, les arbitres [des] destinées », ceci n'a rien à voir avec le capitalisme. Le *cogito* balzacien, contrairement au cartésien, est aussitôt orienté vers ce qu'il n'est pas, vers ce qu'il désire être. D'où vient ce nouveau cogito? Pourquoi l'être balzacien se découvre-t-il d'abord « comme une sorte de creux vivant, d'appel à la vie »? Pourquoi est-il « un besoin d'exister plutôt qu'il n'est une existence »? D'où vient le désir dans le monde moderne, et les héros de Balzac désirent-ils de la même manière que les héros de Racine? Silence. Jamais l'Histoire n'est interrogée, ni la relance des sentiments qu'elle explique. Balzac, de plus, est lu d'un bout à l'autre, d'une lecture non différenciée, où tout est mis au même niveau, à plat, sans tenir compte de la chronologie, des différences de registres, comme si Balzac avait écrit un immense chant continu dont l'édition Conard, jamais mise en cause ni interrogée en tant qu'édition, fournirait les normes et les limites. Il est pour les forces humaines un « avenir » et un « espace libre ». Lesquels, et comment définis? Par quoi et par qui ouverts et par qui et par quoi limités? Balzac peut-il sortir rajeuni de telles lectures, qui ne valent, à la limite, que contre un mécanisme et contre un schématisme sociologique contre lequel il existe quand même d'autres armes? Il reste à faire cet important travail : intégrer la lecture thématique de Poulet à la lecture historique et scientifique de Balzac.

Michel Butor, dans « Balzac et la réalité » (*Répertoire*, 1960), indique que les vrais successeurs de Balzac aujourd'hui ne sont pas les auteurs de romans « balzaciens », mais Proust et Faulkner. Balzac, lu en entier, ne saurait être allégué contre les tentatives de renouvellement du roman contemporain. Il faut renoncer d'autre part à cette idée d'un Balzac génial mais « inégal », retombée de la fameuse idéologie du chef-d'œuvre et des morceaux choisis. Balzac a voulu écrire un ensemble, saisi dans son actuelle horizontalité. Dans chaque roman affleurent, simplement paraissent ou jouent un rôle capital, quelques-uns des « trois ou quatre mille personnages » de *la Comédie*. L'espace et le temps romanesques vrais se construisent *entre* eux. Maurice Bardèche avait déjà fait cette remarque : le vrai roman balzacien, plus que celui qui est écrit et donné à lire, est celui que le lecteur écrit ou rêve comme de lui-même entre les personnages et les événements. Mais Butor va plus loin. Aucun roman balzacien vraiment ne commence ni ne finit comme les romans classiques : absolument. Il y a toujours un roman avant. Il y a toujours un roman après, et ceci non selon une pratique purement narrative de la « suite », mais selon une vision du monde et une idée des rapports du roman avec le monde. « Mobile romanesque », *la Comédie humaine* peut être ainsi abordée dans l'ordre que nous désirons. « La succession chronologique des aventures des unités romanesques, n'est pour Balzac qu'un cas particulier de leurs combinaisons possibles », cas particulier remarquablement illustré par la séquence *Illusions perdues, Splendeurs et misères des courtisanes :* « ... Mais on sait que pour vraiment goûter *Splendeurs et Misères,* il est nécessaire de bénéficier de l'éclairage oblique donné par *le Père Goriot,* latéral donné par *la Maison Nucingen.* Par ailleurs, grâce au système du retour, les personnages fictifs peuvent progressivement prendre la place des personnages réels, éliminés, souvent, on le sait, de réédition en réédition. Il n'est plus besoin de Lamartine, lorsque Canalis s'est vraiment mis à exister. » Remarquable vérification de l'idée de travail du texte qu'avancera Macherey : c'est l'accumulation des romans qui permet d'avoir un univers de plus en plus purement romanesque. A partir d'un certain moment, Balzac dispose, quelque part, en un lieu vrai, de Bianchon, de Camille Maupin, de Canalis : à quoi bon le docteur Prosper Ménière, George Sand ou Lamartine? Du clin d'œil au lecteur de l'actualité (comme dans l'édition originale de *la Peau de Chagrin,* où ce ne sont que figures directement reconnaissables et personnes réelles vraiment nommées) on passe à l'appel au lecteur de *la Comédie humaine.* Cette modification, par laquelle le roman cesse de viser à la reproduction de la réalité pour, dans sa propre pratique, constituer une réalité parallèle et homologue, est un peu celle qui fonde le roman moderne et lui donne sa propre théorie. L'ellipse est ainsi la règle balzacienne : à l'intérieur de l'univers fictif, dans l'évocation du réel, dans les rapports fiction-réel. Chez Butor, le mouvement et le travail de sa propre réflexion, de sa propre critique, mettent à jour le mécanisme, le travail qui s'est opéré chez Balzac : du « reflet du réel » au « réel du reflet » (A. Badiou), du réel idéologiquement fini au réel dit comme non fini et récusant l'idéologie. « Son énorme *travail* romanesque a eu pour résultat de mettre de plus en plus profondément en question [des] principes auxquels il se déclarait attaché [...]. L'immense mouvement de l'œuvre provoque *une sorte de labourage, de révolution de l'image du réel.* » Il y a donc un réel. Il y a donc une littérature qui en donne la représentation, mais par un processus autonome et producteur, non mécaniste et pédagogique. Il n'y a jamais de parthénogenèse en art. Mais il y a toujours, à partir des relations d'un homme, de son groupe, de sa culture, etc., et du réel, mise au jour d'une sur-image qui, renvoyant à son propre processus de production comme aux premières images simplement narratives ou journalistiques du réel, permettent de les mieux lire. La grande force de la lecture de Butor est de ramener la lecture de Balzac à une lecture réaliste. Seulement, depuis Zola, réel, réalisme, ont complètement changé de signification.

Pierre Macherey, dans un chapitre de son livre *Pour une théorie de la production littéraire* (1966), a consacré un passage aux *Paysans : « Les Paysans* de Balzac : un texte disparate ». Ce chapitre ne se comprend qu'illustrant l'une des propositions centrales de Macherey : *création* relève d'une idéologie humaniste qui fait de l'homme un démiurge indépendant et tout-puissant, ouvrier de soi-même dans l'éternel; création, c'est théologie; l'art, éthique de l'avenir, comme l'a imprudemment proclamé Gorki, n'est qu'une religion appauvrie. Or, « l'art est une œuvre non de l'homme, mais de ce qui la produit, et ce producteur n'est pas un sujet centré sur sa création : il est lui-même l'élément d'une situation ou d'un système [...]. Si l'homme crée l'homme, l'artiste produit des œuvres, dans des conditions déterminées : ouvrier non de lui-même, mais de cette chose qui lui échappe diversement et ne lui appartient jamais qu'après coup. » La création-mystère adorable et la création-épiphanie sont ici correctement réfutées. Il se passe dans l'écriture quelque chose dont il faut rendre compte, alors que, pour la critique idéaliste, ou bien

273

un donné de toute éternité a simplement été libéré, ou bien il y a eu apparition; « dans un cas il ne s'est rien passé, dans l'autre il s'est passé quelque chose d'inexplicable ». On retiendra que l'importance accordée aux conditions déterminées de la production détruit par avance la prétention barthienne de n'en pas tenir compte et de n'envisager qu'une sorte de travail d'auto-production ou d'auto-fonctionnement textuel. Macherey entend que l'on tienne compte d'une complexe dialectique qui unit ou compromet un auteur, un moment, des rapports sociaux, une expérience particulière, des moyens d'expressions, un public, etc. Dans cette perspective — accord sur ce point avec Barthes — il n'y a pas d'explication; il peut y avoir interprétation, choix d'un point de vue, ce qui est déjà une forte réfutation des prétentions de la critique idéaliste : révéler, faire apparaître le sens, qui existe quelque part. L'idée n'est pas neuve. Balzac écrivait lui-même dans *la Muse du département,* reprenant les vieilles attaques des saint-simoniens contre les prétentions éclectiques :

> L'Écrivain n'existe que par des parti-pris [...].
> L'autre Critique est toute une science, elle exige une compréhension complète des œuvres, une vue lucide sur les tendances d'une époque, l'adoption d'un système, une foi dans certains principes; c'est-à-dire une jurisprudence, un rapport, un arrêt.

De même Baudelaire, dans « A quoi bon la Critique? » *(Salon de 1846) :*

> pour être juste, c'est-à-dire avoir sa raison d'être, la critique doit être partiale, passionnée, politique, c'est-à-dire faite à un point de vue exclusif, mais au point de vue qui ouvre le plus d'horizons.

Macherey ne suit qu'à moitié, refusant que l'œuvre soit refermée sur un sens qu'elle « dissimule en lui donnant une forme accomplie »; il dénonce, quitte à caricaturer l'adversaire pour pouvoir le combattre, le « cercle des illusions critiques », et sans bien comprendre que le point de vue défini par Baudelaire ne prétend pas épuiser le sens mais dégager celui qui, *hic et nunc,* est le plus pertinent. Il vise, lui, à savoir comment s'opère la mise en place d'un nouveau signifiant. Pour ce faire, il faut renoncer à toute visée critique artificiellement unificatrice. Hors de toute « valeur », il faut savoir comment « ça » travaille.

Qu'à partir de ces saines analyses on se soit complu en milieu « intellectuel » à se dire non plus écrivain ou critique, mais producteur de textes, ce n'est pas la faute de Macherey. On peut très bien entendre création dans le sens très matérialiste d'activité de *faire* et n'être en aucune manière contaminé par des présupposés idéalistes. Il semble cependant que « production littéraire » ait aujourd'hui surtout valeur polémique, valeur de lutte contre une idéologie et contre une pédagogie du mystère. Aussi, à condition de ne pas employer l'expression d'une manière miraculeuse et mécaniste, le concept peut fonctionner et constituer une novation méthodologique importante. On se demandera simplement ce qui s'est passé depuis le temps où Balzac écrivait à propos de Lousteau sombrant dans la paresse : « Les hommes d'élite maintiennent leur cerveau *dans les conditions de la production,* comme jadis un preux avait ses armes toujours en état ».

Donc, il faut voir l'œuvre dans son décentrement, dans sa pluralité de sens; expliquer l'œuvre c'est reconnaître et distinguer le principe de sa diversité; ce n'est pas chercher à tout prix une unité, un centre, intentionnels ou de fait. Appliquée aux *Paysans,* cette méthode parfaitement fondée donne des résultats insuffisants, aussi bien parce qu'elle ne cherche pas l'appui en profondeur de l'Histoire — celle du siècle comme celle des textes — que parce que, se méfiant sans doute du psychologisme, elle méconnaît la dimension mythologique et personnelle du texte, tout ce que Balzac, dans le travail même du récit, y dit de lui. Mais sur un point, intelligemment choisi, elle fait fortement avancer les choses.

Balzac avait à l'esprit trois modèles : l'histoire naturelle, la littérature politique, la littérature morale et moralisante, édifiante, dans laquelle l'idéologie (ici Bonald) réalise une fonction littéraire. Il y a donc nécessairement double lecture. « En même temps que l'on parle *contre* le peuple, pour en *bien* parler, il faut parler *de lui :* il faut le montrer, le constituer, donc *lui donner la parole.* » Aussi Balzac est-il plus près de Marx que de Hugo, puisqu'il dit, « même si c'est en sens contraire et avec des moyens différents, *la même chose* ». Le moyen, c'est le roman lieu de rencontres, que ce soit de thèmes, de personnages, d'intérêts, d'intrigues, le roman-carrefour, l'unité venant non pas du réel évoqué ou transcrit, mais de l'ensemble romanesque auquel appartient le livre particulier. Il y a « incohérence concertée du récit », refus de la construction harmonieuse, à la limite disparition du héros classique, disparition aussi de la « description », qui a ici pour fonction de produire une différence [9], non simplement et platement de faire voir du concret. Il y a dissonance Blondet-monde des Aigues, comme il y a dissonance père Fourchon-monde paysan, ce qui permet à Blondet de dire les Aigues, bien que bourgeois, et à Fourchon de dire les paysans bien que paysan. Par là Balzac est loin d'être un réaliste au sens vulgaire. Ce qu'il montre en termes romanesques n'a pas été observé, mais est « le produit du travail de l'écrivain »; « la réalité n'est *initiale* qu'en ce sens qu'il faut s'en *éloigner* et lui substituer autre chose qui, une fois donné le projet de conformité, reste *à faire* ». Il y avait un double projet idéologique : faire voir, faire juger. La réalité et l'idée, jouant ensemble au niveau d'individus, engendrent le roman de la réussite ou de la dépravation. « L'analyse des mœurs prend forme romanesque. » Le roman est le résultat du travail interne à l'œuvre du montré et du jugé. Par le roman, il y a vraiment faire voir et il y a vraiment jugement, mais il y a plus que l'un et l'autre. Il y a novation, qui est personnage ou situation. Ni personnage ni situation ne sont à l'origine; ils apparaissent en cours de processus. Deux formes de généralisation conduisent à une manière nouvelle de dire un écart, en un sens de le découvrir. L'écart n'était ni dans le montré, ni dans le jugé, qui se voulaient non équivoques : il apparaît dans les personnages et dans les situations. Écrivant pour montrer et pour démontrer, montrant et démontrant en écrivant, Balzac a produit un romanesque nouveau.

Macherey n'aurait rien perdu à étayer sa démonstration d'une étude historique du texte et de l'histoire de sa

---

9. Exemple non allégué par Macherey, mais particulièrement pertinent dans *la Maison du Chat-qui-pelote* : la maison Guillaume est le lieu où vit celle qui n'est absolument pas faite (par le romancier!) pour y vivre.

production au sens traditionnel; il aurait pu dire et pourquoi et comment *quels* romans ont été successivement *les Paysans,* comment le sens s'était cherché. Mais Macherey partage sans doute sur ce point les préventions de Barthes contre l'enquête et la connaissance documentaire. L'original toutefois est bien dans cette idée d'une résultante littéraire d'une tension idéologique, résultante littéraire elle-même à son tour porteuse d'idéologie à lire. *Les Paysans* ne sont pas un roman rural dans lequel on a mis des idées. *Les Paysans* sont un livre d'idées sur le monde rural qui est devenu roman, lequel à son tour engendre d'autres idées, sans rapport nécessaire avec les premières. *C'est bien là qu'il s'est passé quelque chose et qu'il y a eu littérature.* L'ensemble demeure très abstrait, Macherey refusant d'être balzacien et prenant Balzac comme occasion, comme exemple.

Il n'en demeure pas moins que les balzaciens de droit commun ou coutumier se voient ici indiquer une manière assez neuve de travailler. La lecture marxiste du contenu se voit reprise et prolongée dans le sens d'une lecture textuelle, d'une analyse du fonctionnement du texte. On ne peut plus prétendre désormais que les « tartines » balzaciennes soient étrangères aux romans balzaciens, qu'on pourrait les supprimer ou, pire, imaginer un Balzac « classique » qui aurait écrit plus sobrement en s'en tenant au pur récit. Il y a une idéologie du pur récit comme il y a une pratique littéraire du roman à dissertation. Gérard Genette a noté, lui aussi, dans *Figures II* (1969), que chez Balzac le narratif pur, le raconté simple, tend à perdre de son intérêt, à s'effacer, au profit d'un discours extra-romanesque qui constitue un nouveau roman. Macherey dit comment et pourquoi, en même temps qu'il répond à la grande sommation de Lucien Goldmann : ne jamais découper un texte, mais le prendre, quoi qu'il en coûte et quoi qu'il arrive, en son entier. C'est le seul moyen de ne pas juger une œuvre au nom de critères qui lui soient étrangers.

Roland Barthes, dans *S/Z* (1970), a tenté d'appliquer à *Sarrasine* une méthode structurelle d'analyse des récits. Il se place résolument à l'extérieur de toute information relative au

texte (entours textuels et événementiels, place dans l'histoire
de la production du texte balzacien, sources biographiques,
remaniements, etc.) et suggère une lecture à partir des seuls
codes dévoilés par le texte même. Diverses « valeurs » du
texte sont ainsi efficacement révélées : l'énigme et son
dévoilement, la portée du pacte narrateur-marquise et son
rôle dans le récit, tout ce qui tient à la castration et à ses
diverses expressions (références picturales, relations inter-
personnages, caractérisations, etc.). Barthes cherche ce qui
nous parle dans le texte, ce qui est, comme il le dit, *scripti-
ble*, par opposition à ce qui est lisible, c'est-à-dire *à lire*,
figé dans un sens par une idéologie. Il montre aussi comment
joue le texte de manière multiple, étoilée, indépendamment
de toute prétention à en déceler un sens final. Nul doute que
l'entreprise ne pose des problèmes théoriques de première
importance. Elle ne perdrait rien toutefois à admettre
l'existence d'autres codes que ceux purement intra-textuels,
des codes non tant combinatoires que permettant, précisément, de lire et de décoder un texte déroutant. Mais le
parti-pris est net : on envisage le texte en soi, on refuse
l'apport toujours perfectible de l'Histoire, de l'histoire des
textes, de la biographie. La part d'impressionnisme est
grande dans une étude qui cherche l'insolite au moins autant
que le scientifique et vise plus à faire éclater les méthodes
reçues de lecture qu'à en proposer une qui fasse avancer les
choses. Balzac n'est ici que prétexte, et il est bien entendu
que *Sarrasine*, comme tout texte, n'a pas d'auteur, celui-ci
n'étant qu'un montage positiviste. Le texte recommence
à chaque lecteur, et il est bien entendu aussi qu'il est
des textes qui ne se prêtent jamais à ce recommencement,
alors que d'autres, pour d'obscures raisons, y sont particulièrement aptes. Il est à craindre que ne reparaisse ici,
sous une forme et avec des justifications théoriques inattendues, le fameux « sentiment personnel » qui, en bon
lansonisme, devait toujours compléter — ou désamorcer — une lecture historique sérieuse, l'homme, éternelle
présence et constante richesse, équilibrant et faisant oublier
les fiches. Ici, les fiches disparaissent, au prix de contre-
sens flagrants et de non-élucidations plus flagrantes
encore. Si bien qu'il est douteux que le texte sorte mieux

compris de l'aventure. Mais Barthes suggère sans doute que comprendre un texte, fût-ce de manière nécessairement toujours partielle et toujours à reprendre, toujours, et logiquement, choisie, fait partie d'un système répressif. Nul doute que les analyses barthiennes puissent s'intégrer à des analyses de type socio-critique qui tiennent compte de tout, et en particulier de ce fait que le texte n'est guère qu'une barre fragile entre le non-texte (tout ce qui n'a pas été dit) et le surtexte (tout ce qui est ajouté par les lectures et les cultures). A s'en tenir à l'entre-deux, on peut se faire plaisir et régler des comptes, mais on retrouve et l'on réhabilite de manière bien curieuse la critique mondaine.

On est bien convaincu, après avoir lu *Corps et décors balzaciens,* dans *Études sur le romantisme* (1971) de **Jean-Pierre Richard,** des limites de la critique thématique lorsqu'elle n'accroche pas les thèmes littéraires à des éléments profondément situés, ancrés dans une pratique et dans une Histoire. Les thèmes historiques — plutôt les nœuds de contradictions — n'existent vraiment, en un sens, que lorsqu'ils sont littéraires; et, même sans littérature, sinon les thèmes du moins les nœuds de contradiction existent dans le réel. Sur cette *relation,* Jean-Pierre Richard ne s'interroge jamais. A l'origine de Balzac et du héros balzacien, par exemple, il y a le feu, ce qui brûle, et surtout se brûle. D'où vient ce feu? Et pourquoi, surtout, si la vie est brûlure, est-elle essentiellement auto-brûlure? Voilà bien des clés illusoires. Un peu des effets et des mots. Car, si contact, appel ou agression du monde obligent le héros à mobiliser brutalement son énergie, de *quel* monde s'agit-il? Et de quelle énergie? d'où venue? et avec quelles justifications? S'agit-il d'une énergie purement énergétique, psychologique, morale? Le monde est-il là, le même depuis toujours (et pour toujours), et l'énergie de même? Que voilà donc un univers abstrait, non responsable! Un univers jamais réellement nommé. Balzac avait pourtant pensé et nommé, mais ici, semble-t-il, on dé-pense et l'on dé-nomme. Pourquoi le vouloir-vivre est-il auto-destructif? Pourquoi l'homme peut-il être, et est-il, son propre tonneau des Danaïdes? Voici revenir les images et, parce que ce ne sont que des

images, la métaphysique, une vision du monde, une idéologie, l'homme éternel, le destin, l'en-soi littéraire, seul lien
de thème à thème, causalité sans causes. Une phénomé-
nologie du feu chez Balzac est certes indispensable, ou
bien celle du thème électrique et galvanique. Mais tel
critique de 1831 n'avait-il pas dit que l'électrique et le
galvanique chez l'auteur de *la Peau de Chagrin* s'expliquaient
par la société, par son rythme absurde et fou? Un univers
sans origine : tel apparaît bien ici l'univers balzacien. Jean-
Pierre Richard renoue avec la tradition toujours vivace d'une
lecture horizontale, sans autre profondeur de champ que
textuelle et abstraitement notionnelle. Il détecte, certes,
sous l'histoire, un discours à lire et à interpréter, sous le texte
narratif et directement descriptif, un texte de motifs : il serait
impensable que la critique balzacienne demain ne s'occupe
pas de ces réseaux de contrebande au niveau de l'écriture.
Mais il faudra qu'elle le fasse avec des armes sérieuses. Pour
le moment, Jean-Pierre Richard, cédant aux sirènes de
l'essayisme, nous fait parcourir, très vite, un paysage purement moral dans lequel avarice et clôture, pléthore et
malaise du trop, corps maléfique et corps heureux, toujours
sans qu'on sache d'où ils viennent, s'équilibrent et, tant bien
que mal, se font l'un l'autre signifier. Une nouvelle transcendance est née, qui aurait honte de s'appeler divine,
mais qui s'appelle textuelle. Les éléments ont leur revanche
sur l'Histoire. Que l'on se concentre ou que l'on s'éparpille,
que l'on force ou que l'on se perde, comment ces nobles
opérations auraient-elles quoi que ce soit à voir avec ce qui
s'est passé, avec ce qui se passe, dans la société des
hommes? Tension et mort, détente et non-vie, quel rapport
avec le libéralisme, la concentration, le vouloir et le pouvoir
être? « Architecture actantielle » : l'expression manquait à
Picon, à Béguin, mais l'expression seulement. Sur le fond, la
« nouvelle » critique reprend assez bien la tradition impressionniste et spiritualiste.

7

Balzac aujourd'hui

On sent bien, dans tout ceci, ce qui cherche et ce qui se cherche. Si rudimentaires, si naïves parfois soient-elles, ces tentatives disent une critique à faire. Le spécifique et le
continu du texte, les clés de lui-même qu'à la fois il élabore et
dévoile, les implications théoriques et tout l'impensé de la
critique traditionnelle, les diverses et multiples interférences
entre univers culturel, univers psycho-affectif, possibilités et
novations de la pratique textuelle et de l'écriture : on comprend qu'il n'est de chronologie valable qui ne serve à la
définition d'une course et d'un processus, qu'il n'est d'établissement de variantes et d'étude de genèse ayant un sens
qui ne concoure non seulement à la lecture de l'état final que
nous lisons, mais encore et surtout à la lecture de ce qui s'est
passé. Un texte ne finit jamais, dit Roland Barthes, mais
Claude Duchet insiste : un texte ne commence jamais; il a
toujours commencé avant. C'en est fini des petits objets
reliés bien sagement rangés dans les bibliothèques. Même
les libres-services n'y changent rien. Tout vient de loin. Tout
va toujours quelque part, et devient. Notre vingtième siècle,
c'est d'abord cela : on ne découpe ni le réel ni l'Histoire en
tranches rassurantes, et le complexe et le continu qui ont été
découverts, on ne les fera plus rentrer dans les petites cases
de l'enseignement ou de la consommation. La « culture » a
éclaté, non pour quelque fête sans lendemain, mais pour de
nouvelles maîtrises. Le programme, s'il y avait à en tracer
un, irait à une restructuration. Laquelle?

Il s'en faut que tout ait toujours été positif et surtout mobilisateur dans la critique savante. On peut, on doit lui reprocher de manquer souvent de souffle et d'idées, de se laisser prendre au mirage de la monographie et au divertissement d'une érudition sans réelles conséquences, faible en sa problématique, sérieuse mais un peu pour rien, disant beaucoup de secondaire, taisant beaucoup d'essentiel. Que ce soit sur le fonctionnement du texte, ou sur les implications socio-historiques et sur tout ce qui touche aux luttes de classes et à la lutte idéologique, la critique savante donne souvent l'impression de vouloir établir comme une sorte de science « neutre », alors qu'il n'est, là comme ailleurs, que rapports de forces, coups portés ou reçus. C'est là un problème qui dépasse largement les études balzaciennes et qui concerne toute une pratique « universitaire » de la critique et de la recherche. Mais si un très grave péril se trouve du côté d'une science raccourcie qui refuse de proposer une réflexion d'ensemble, un autre péril de type pseudo-moderniste serait de rejeter d'un coup tout ce qui est enquête sérieuse et patiente sous prétexte de textologie, de textolâtrie ou de critique « révolutionniste ». Une méthodologie sans contenu, ou ne jouant que sur un contenu repris sans questions des mains de l'érudition établie, n'est que mystification. Les marxistes doivent comprendre que c'est dans l'établissement des textes et documents que s'instaure une première lecture critique et une première définition de l'objet. Les textologues doivent admettre que tout texte, s'il a une logique et une efficacité propres, a aussi une histoire, laquelle aide à rendre compte de l'une et de l'autre. En fait, plus que de s'user en vaines querelles, il convient de regarder vers l'avant.

Il semblerait que, le corpus documentaire disponible se raréfiant ou s'épuisant et, sauf découvertes extraordinaires, les éléments d'une réflexion ayant quelque chance d'être stabilisés pendant quelque temps, on puisse envisager des études de type structural, thématique, résolument interprétatif. C'est en ce sens, par exemple, que s'orientent les efforts de François Paqueteau (*Idéologies et formes dans le Médecin de campagne*, dans l'*Année balzacienne 1970*, et ses travaux sur *la Peau de Chagrin* dans le cadre de l'École pratique des hautes études). Parallèlement, on continuera d'interroger les rapports entre l'œuvre et la biographie, entre l'œuvre et le siècle, en abordant, si possible, et courageusement, tous les problèmes théoriques que ne peuvent pas ne pas poser ces rapports : le vouloir dire et le dit, l'articulation réel-idéologie-écriture, le reflet et la spécificité. Doublement armée du côté des connaissances et du côté des méthodes, la critique balzacienne à venir devrait pouvoir aller assez loin et dépasser définitivement aussi bien le schématisme des lectures idéalistes et positivistes que l'aventurisme, parfois, de l'essayisme et de la seule « intelligence ». Peut-être, compte tenu de tout ceci, la première urgence et la première possibilité seraient-elles du côté d'une étude socio-critique du texte, non en sa profondeur, mais comme le dit très bien Claude Duchet [10], en son épaisseur, en ses lectures aussi et en tout ce qui le constitue comme littérature. Derrière le texte balzacien, qui est une pratique, il est d'autres pratiques, censurées, déviées, transmutées, sous des pressions et sous des dictées puissantes. Par ailleurs, sitôt produit, le texte, qui masque tout le non-dit en même temps que, malgré tout, il promeut ce qui pèse aussi bien sur le dit que sur le non-dit, se met à avoir une existence culturelle. Il est absolument hors de question, pour une critique moderne, que Balzac vienne prendre sa place dans un Panthéon qui l'attendrait depuis toujours, non plus que dans une pédagogie du modèle et de la révérence. En revanche, et tout naturellement, il fera l'objet d'un questionnement de plus en plus pressant, de mieux en mieux armé, qui le constituera en texte en même temps que lui-même donnera son sens à ce questionnement et le rendra possible et nécessaire. Il est exclu que l'on puisse faire de Balzac un « maître », dans le domaine de l'esthétique comme dans celui de la morale. Corneille, Racine, Molière ont failli mourir de ce genre de traitement, et il a fallu que toute une fraction de la critique d'aujourd'hui s'empare de certaines de leurs œuvres pour qu'ils se mettent peut-être vraiment à vivre. Balzac a suscité trop de méfiances pour se voir ainsi réellement embrigadé. La

---

10. *Pour une socio-critique, ou variations sur un incipit*, in *Littérature*, n° 1, février 1971.

puissance récupératrice de la culture officielle est telle, toutefois, que l'on voyait commencer à se dessiner des conseils du genre : « Écrivez donc des romans comme Balzac, faites donc des descriptions comme Balzac », de même qu'on avait souvent entendu : « Faites donc des tragédies comme Racine et des comédies comme Molière ». Il ne s'agit pas de faire de Balzac un maître du style ou un connaisseur du cœur humain, c'est-à-dire un empêcheur d'écrire autrement que lui, un empêcheur de dire l'homme et le monde autrement que lui. Le vrai destin de Balzac aujourd'hui est un destin critique, et l'œuvre balzacienne peut et doit être l'un des lieux où l'on apprend vraiment à *lire.* A lire Balzac, à lire le dix-neuvième siècle et ce destin qui est encore en grande partie le nôtre, à lire le roman en tant qu'écriture spécifique à un moment daté de son entreprise. C'est dans la mesure où sera poussée avec suffisamment d'intelligence et d'efficacité la lecture des divers signifiants (celui de Balzac, celui de ses lecteurs) que se retrouvera peut-être une lecture des divers signifiés purgée de l'héritage positiviste. Il n'est pas de texte qui ne dise du réel. Il n'est pas de texte qui ne soit à son tour élément du réel. Le texte balzacien, comme tout texte, ne renvoie pas tant à un signifié mécaniste (en ce cas la littérature ne ferait que *vérifier* l'Histoire) qu'à quelque chose qui est plus vrai pour être devenu balzacien. Et peut-être lire Balzac est-ce aussi apprendre à nous lire nous-mêmes, qui ne sommes pas neutres, au moment où notre lecture essaie de s'écrire.

> Qui parlera de M. de Villèle, de M. de Martignac, dans cent ans? M. de Talleyrand lui-même ne sera sauvé que par ses *Mémoires,* s'il en a laissés de bons, tandis que le *Roman comique* est aujourd'hui ce que *le Père Goriot* sera en 1980.
> Stendhal, *Brouillon d'une lettre à Balzac,* 1840.

Index notionnel

principaux affleurements significatifs

Imprimerie Berger-Levrault, 54000 Nancy – N° 778243
Dépôt légal : 1973-1er – N° d'éditeur : 11565.
Imprimé en France *(Printed in France)* – 35001 D avril 1983